ALBERT SLOSMAN

LA TRILOGÍA DE LOS ORÍGENES
II
LOS SURVIVIENTES
DE LA ATLÁNTIDA

OMNIA VERITAS.

ALBERT SLOSMAN
(1925-1981)

Fascinado por el antiguo Egipto y la Atlántida. Profesor de matemáticas y experto en análisis informático participó en los programas de la NASA para el lanzamiento de Pioneer en Júpiter y Saturno. Su intención era encontrar la fuente del monoteísmo y escribir su historia. Su búsqueda de los orígenes de todo y de todos le llevó, de forma curiosa e inesperada, a centrar su atención en la antigua civilización egipcia, cuya formación y desarrollo fue abordado con una mente abierta e independiente a lo largo de su corta vida. Albert fue un luchador de la resistencia durante la Segunda Guerra Mundial, torturado por la Gestapo, y más tarde víctima de un accidente que lo dejó en coma durante tres años. Slosman era una persona de apariencia y salud extremadamente frágil, pero animada por una intensa fuerza interior que lo mantenía vivo, motivada por el deseo de completar una obra de 10 volúmenes que pretendía ser un enorme tejido de la permanencia del monoteísmo a través del tiempo, y que su prematura muerte no le permitió concluir. Un accidente banal, una fractura del cuello del fémur, tras una caída en los locales de la *Maison de la Radio* de París, le quitó la vida, tal vez porque su cuerpo, (su carcasa humana como le gustaba decir) ya bien sacudido, no pudo soportar una agresión adicional, por insignificante que fuera.

La trilogía de los orígenes II - Los supervivientes de la Atlántida

© Omnia Veritas Limited, 2020

La trilogie des origines I Les survivants de l'Atlantide, Robert Laffont, 1978
Traducido del francés por Antonio Suárez

Publicado por
Omnia Veritas Ltd

www.omnia-veritas.com

Reservados todos los derechos. No se permite la reproducción total o parcial de esta obra, ni su incorporación a un sistema informático, ni su transmisión en cualquier forma o por cualquier medio (electrónico, mecánico, fotocopia, grabación u otros) sin autorización previa y por escrito de los titulares del copyright. Ninguna parte de esta publicación puede ser reproducida por ningún medio sin permiso previo del editor. La infracción de dichos derechos puede constituir un delito contra la propiedad intelectual.

A MODO DE PROLEGÓMENOS 13

INTRODUCCIÓN 15

CAPÍTULO I 23
  TA MANA ! LUGAR DEL SOL PONIENTE 23

CAPÍTULO II 43
  LA VIDA RENACE 43

CAPÍTULO III 61
  OUSIR EL RESUCITADO 61

CAPÍTULO IV 80
  HORUS EL PURO 80

CAPÍTULO V 99
  LA ALIANZA CON DIOS 99

CAPÍTULO VI 116
  LA PARABÓLICA DE LOS NÚMEROS 116

CAPÍTULO VII 136
  LOS "RA-SIT-OU" 136

CAPÍTULO VIII 155
  TA OUZ LA MORADA DE OSIRIS 155

CAPÍTULO IX 171
  EL GRAN DUELO 171

CAPÍTULO X 186
  LOS HERREROS DE HORUS LOS MASNITIOU-HOR 186

CAPÍTULO XI 201
  SÂ- AHÂ-RÂ LA TIERRA QUEMADA POR EL ANTIGUO SOL 201

CAPÍTULO XII 219
  LOS TREPANADORES LA ESCUELA DE LOS SERK-KERS, LOS ABRIDORES DE CRÁNEOS 219

CAPÍTULO XIII 239

CRONOLOGÍA DE LOS "CUATRO TIEMPOS" 239

CAPÍTULO XIV **259**

LA ERA DE GÉMINIS O LA LUCHA PREDINÁSTICA DE LOS DOS HERMANOS 259

NOTAS Y BIBLIOGRAFÍA **279**

NOTA A: A PROPÓSITO DEL "TIMEO" DE PLATÓN 295
NOTA B: A PROPÓSITO DE LA ANTIGÜEDAD DEL ZODÍACO DE DENDERA 298
BIBLIOGRAFIA 301

OTROS TÍTULOS **305**

"La razón humana no posee ningún conocimiento razonable en su concepción de Dios". (A. Slosman.)

Albert Slosman, 1925-1981

Apasionado por el antiguo Egipto y la Atlántida. Profesor de matemáticas y doctor en análisis de logística informática, participó en el programa informático "*Pionner*", en la NASA, y en el lanzamiento de los cohetes sobre Júpiter y Saturno en los años 1973. Su intención era volver a encontrar la fuente del monoteísmo y escribir su historia. Su búsqueda de los orígenes de todos y de todo lo llevó por curiosas e inesperadas sendas, hasta fijar su atención en la "antigua civilización de Egipto", cuya formación y desarrollo fueron estudiados con espíritu abierto e independiente a lo largo de su vida.

Albert Slosman participó en la resistencia en la segunda guerra mundial, torturado por la "Gestapo" y más tarde, víctima de un accidente estuvo tres años en coma. Su aspecto y salud siempre fueron extremadamente frágiles, pero animado por una gran fuerza interior que lo mantuvo en vida, y motivado por su deseo de poder llevar a término una obra de diez volúmenes que expondría la trama de la permanencia y constancia del monoteísmo a través de los tiempos... Sin embargo su muerte prematura no permitió concluirla. Un banal accidente de oficina, una fractura del cuello del fémur por su caída en los locales de la "Casa de la Radio" en París, le quitó la vida, quizás su cuerpo, "su cascarón humano" como a él le gustaba describirlo, ya muy gastado no pudo soportar una agresión suplementaria por insignificante que pareciera.

A MODO DE PROLEGÓMENOS

Hicetas, transformando el movimiento de traslación en un movimiento de rotación, como Heráclito el discípulo de Platón lo había predicho, no resolvió el problema. Fue, en definitiva, Aristarco de Samos el que afirmó los dos movimientos y fue acusado de impiedad por haberse atrevido a desplazar a Vesta.

PLUTARCO
De fac. in orb. Lun

La teoría según la cual el Sol se encuentra en el centro del mundo y permanece inmóvil es falsa y absurda, formalmente herética y opuesta a las Santas Escrituras. En cuanto a decir que la Tierra se desplaza, animada de una revolución diaria, y no se encuentra en el centro del mundo, es una doctrina tan falsa como absurda desde el punto de vista filosófico y no menos errónea en teología.

Extracto del Juicio de los teólogos
que juzgaron en 1916 las "Realidades
Astronómicas" de COPÉRNICO

Y, sin embargo, Platón comienza su relato por la historia de la isla Atlántida que, por supuesto, no estaba en Egipto. Esta asociación de hechos extraños y de los que son propios a Egipto, es prueba positiva de lo que acabo de establecer, y que al mismo tiempo es el testimonio formal de que los egipcios tenían su origen común en esta isla.

Carta sobre La ATLÁNTIDA
de Bailly a Voltaire

Otra suposición quimérica, incluso también seductora, podría ser la que asocia a los bereberes a la Atlántida, lo que implicaría una llegada del oeste hacia el este, y ¡No lo contrario!

E.F. GAUTIER
El pasado de África del Norte

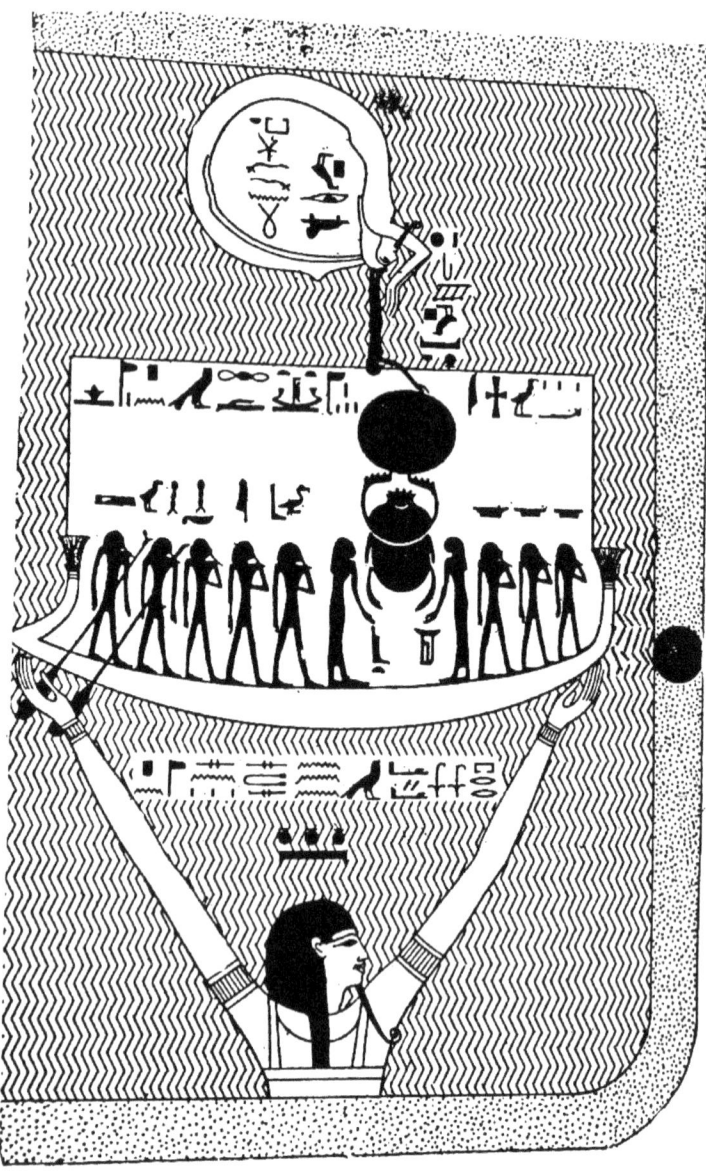

Benditas sean estas generaciones salidas de los "Descendientes rescatados de Aha-Men-Ptah". Libro de: "l'Au-delà de la Vie", Cáp. XVII, v.47.
("Más Allá de la Vida", o "Libro de los Muertos").

INTRODUCCIÓN

¿Quién no podría decir que sois los cómplices de los que Dios hizo morir a la hora del cataclismo? Vosotros sois de esa raza de faraones que fueron reyes en Egipto. Vosotros sois de la raza de Sodoma y de Gomorra, y de todos los que han luchado contra Dios por incredulidad ¡desde el inicio!

SENUTI El Profeta,
Papiro demótico del VI a.c

La extraordinaria antigüedad de la civilización egipcia es aún una opinión muy reciente, molestando demasiado a tantas opiniones contrarias como para que hubiese podido establecerse sin opositores, que no faltan.

CHAMPOLLION-FIGEAC
Egipto antiguo, pág. 95b

El lector, no avisado, quizá se sorprenda al leer aquí acerca de una humanidad que surge de los tiempos más remotos, desafiando los milenios, a fin de intentar "reconstituirse" en una segunda patria, ya que su "Primer Corazón", o "Ahâ-Men-Ptah", había sido aniquilado por el Gran Cataclismo[1].

No debemos olvidar que nuestros conocimientos actuales hacen remontar el primer homínido a tres millones de años, por lo que no sería "anormal" que dentro de la evolución étnica, un pueblo haya vivido en paz y en constante progreso durante quinientos siglos, para luego desapacer al ser engullido su continente, sus supervivientes consiguieron fundar un "Segundo Corazón".

---

[1] *El Gran Cataclismo*, primer tomo de la Triología de los Orígenes, mismo autor, publicado por Omnia Veritas Ltd. *www.omnia-veritas.com*

Mi propósito es narrar la historia del monoteísmo desde su origen, tal y como está escrita en los textos sagrados en jeroglíficos, porque en la noche de los tiempos, entre los hombres más primitivos, una tribu fue elegida, fue instruida en la ley divina de la creación, gracias al nacimiento de un primogénito, el "Ahâ". Esta fue la razón por la que todos los reyes de las dinastías egipcias tomaron el nombre de "*Pêr-Ahâ*", "Descendiente del Primogénito" que los griegos fonetizaron como "*Faraón*". Estos primogénitos, por supuesto, sabían que eran imagen del Creador y que era vital para ellos, sus criaturas, fiar su vida a la Legislación Celeste, con la que una constante alianza hacía reinar la armonía. Sin embargo, la incredulidad traída por el olvido con el paso del tiempo acabó por transformarse en inconsciencia, luego, en impiedad.

El hombre se tomó por dios mismo, y su brusco despertar ocurrió con un castigo proporcional al crimen. Para evitar la repetición de tal abominación los rescatados grabaron todos los detalles de forma imperecedera en cuanto pudieron. Y por ello, hoy, después de doce milenios podemos recrear los acontecimientos y la epopeya que siguieron, bajo la luz de los textos jeroglíficos, recuperando el significado de los innumerables grabados rupestres que jalonan la ruta de este largo "éxodo". Desde Marruecos a Egipto, esta "Vía Sagrada" que se estira siguiendo una dirección de "oeste a este" bien marcada. Su término es el lugar en el que Menes, fundador de las dinastías faraónicas, hizo construir el primer templo para gloria de Dios, dándo las gracias por la buena llegada a esta "Segunda" tierra a orillas del Nilo.

Los anales más antiguos cantan las alabanzas de este magnífico edificio religioso, cuyo nombre en jeroglífico, "Ath-Ka-Path", incluyó más tarde la ciudad que se elevó a su alrededor y por extención al país entero. Este patronímico fonetizado por los griegos "Ae-guy-ptos", "Egipto" en castellano, es preciso en su significativo: Segundo Corazón de Dios.

El avance, largo y penoso, hacia esta tierra de alguna forma prometida, duró varios milenios y se extendió sobre miles de kilómetros. Este período agotador y trágico desafía nuestra imaginación contemporánea, y en los textos originales se llama el "Gran Duelo". Su meta constituye la conclusión de este segundo tomo en el que leeremos cómo el odio, de los clanes fraticidas salidos de Set y de Horus, condujo a una batalla de "gigantes" tanto a través del tiempo como del espacio que cubrió, y que más tarde, fue acreditada por los helenos en una mitología delirante que transformó el monoteísmo egipcio en una ¡bárbara zoolatría!

Todos los faraones veneran el símbolo del alumbramiento de Isis bajo el Sicomoro, dejándose así penetrar ellos mismos por el Santo Espíritu, tal como vemos para Ramsés, representado aquí, en su establecimiento eterno como "Hijo de Dios".

La élite griega despreció sin complejo alguno la espiritualidad antigua y sustituyó en ella cierta iconografía que es posible seguir en la parte mítica. La personificación de este comportamiento es sin duda "*pseudo*-Plutarco", que comprendiendo "nada" de los Textos Sagrados, se dio el gusto de inventar significados a lo que le era incomprensible. De este modo, hizo una interpretación muy libre de "Isis y Osiris", que no desarrolla más que obscenidades y absurdos, acumulados con el único objetivo de demostrar la ¡superioridad de la inteligencia griega! y ello, no impidió que Plutarco fuese ¡tomado en serio! por los eruditos del mundo entero durante los dos milenios que siguieron ¿quizá para poder mantener una buena conciencia de cara a la ética de su tiempo?, o ¿para evitar un abismo de preguntas sobre el porqué de las monumentales construcciones dedicadas a la gloria de un sólo Dios en épocas tan remotas?

La proliferación de jeroglíficos sobre estos edificios religiosos no fue el menor de los enigmas para los que pensaban que durante este mismo tiempo sus ancestros vivían en cuevas ahumadas, apenas vestidos con pieles de animales. ¿Cómo hubieran podido imaginar que esta escritura conservara el "Conocimiento"? La nueva combinación jeroglífica, sólo fue pensada para reproducir con un máximo de facilidades, pero también de protección, la historia original de la Creación y del monoteísmo que había dirigido en Paz la vida de los ancestros en "Ahâ-Men-Ptah", que no fue más que una ilusión, cuando, con el objetivo de preservar el resto de la tierra, en su dolor y en su cólera Dios tuvo que aniquilar el continente que Platón llamó "*Atlántida*", que fue "*Amenta*", o la "*Tierra de los Bienaventurados del Más Allá*".

El momento del "Gran Cataclismo", con el hundimiento del "Corazón Primogénito", inolvidable para los supervivientes tuvo lugar el 27 de julio de 9792 a.C. Y por entonces, ya estaba definida la localización del "Segundo Corazón" sobre una tierra lejana pero accesible. Esta certeza nos es dada en las diversas salas del Templo de la "Dama del Cielo" en Dendera, por la explicación que sigue el grabado del planisferio circular cerca de la gran terraza, y por el zodíaco rectangular de la sala hipóstila.

Fue el odio mortal, el que separó a los hermanos enemigos: los "Seguidores de Horus" y los "Rebeldes de Set" desencadenando la condena de la raza elegida, tanto el uno como el otro se disputaron la supremacía del territorio olvidando sus obligaciones, y favoreciendo de este modo el desarrollo de una idolatría bárbara. Es por lo que en el día en el que la copa de la amargura se desbordó en el "Cielo", las exclusas celestes se abrieron ahogando "Ahâ-Men-Ptah" y una inmensidad líquida cubrió como un lienzo decenas de millones de seres humanos que habían sido favorecidos por el Creador antes de ser tan terriblemente aniquilados.

Para los supervivientes, estupefactos, que atracaron catastróficamente en otra tierra, la primera y la más duradera de sus reacciones fue un temor inconmensurable a Dios; jamás nadie nunca más, debería mofarse del "Todopoderoso" abiertamente o en el fondo de su corazón. Los rescatados se remitieron a su clemencia atrayendo con su arrepentimiento una nueva benevolencia. Y su esencial preocupación, desde los primeros días en la nueva tierra, fue hacerse perdonar las faltas a través de una sólida unión entre el Cielo y la Tierra con una nueva Alianza entre Dios y los hombres, esta vez indestructible, a pesar de todas las veleidades posteriores. De modo que la Paz eterna reinase sobre la tierra. Esta bella preocupación filosófica y espiritual, no tuvo en cuenta un factor extraño del alma humana: "El olvido". Decenas de siglos después del Gran Cataclismo, un espeso velo cubriría el acontecimiento en las conciencias de las nuevas generaciones; y la imaginación de las masas se encargó a lo largo de otros milenios más, trasformar al son de las inteligencias poéticas la "Verdad" en mitos de héroes, luego en leyendas alegóricas, para acabar siendo cuentos y fábulas.

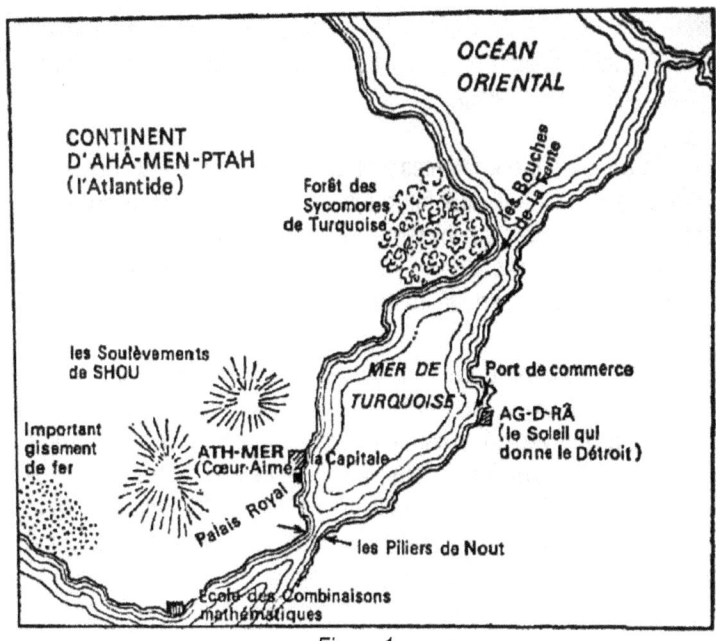

Figura 1.
Continente de Ahâ-Men-Ptah, la Atlántida.
Las "Gargantas del Estrecho", "Les Bouches de la Fente".

Sin embargo, la "Historia" se repite sin cesar y el monoteísmo también. Los períodos que marcaron sucesivamente al más antiguo de los pueblos elegidos en una predestinación constante para un espectador de nuestro tiempo, que medita con perspectiva, se resumirían de este modo:

- La Era del "Descendiente": El "Ahâ" o el "Primogénito". Su progenitura reinó el tiempo de una larga dinastía divina, que integró la multitud naciente de un pueblo cuya tierra fue nombrada Primogénito de Dios, Ahâ-Men-Ptah.
- La Era de los "Descendientes de los Semidioses": Ellos fueron los "Hijos de Horus (Hor), y los de Set (Sit)". Guiaron a los supervivientes del hundimiento, intentando aniquilarse el uno al otro mientras se dirigían al Segundo país que les fue prometido.
- La Era de los "Descendientes" llamados "Héroes": Fueron los que instituyeron la unidad gubernamental del Segundo *Corazón de Dios*: Ath-*Ka-Ptah*. Instaron al retorno del monoteísmo original y fueron derribados por los idólatras del clan enemigo.

La Era de los "Descendientes Humanos": Fueron los usurpadores de los Pêr-Ahâ. Los antiguos faraones de esencia divina cedieron su lugar a tiranos zoólatras que hicieron del carnero "Amón" el nuevo dios. Fue el preludio de la decadencia y la pérdida de una civilización, de lo que nada quedó, al paso de la invasión persa en 525 a.C.

Los que enseñaron durante la primera Era en unos tiempos tan remotos, que nos parece inconcebible, se beneficiaron indudablemente de lo que se ha convenido en llamar la "Luz". Era el único origen posible y proyectaba el esplendor de sus miles de facetas sobre todos los "Menores" haciendo penetrar brillantemente la "Sabiduría". Pero cuando cedieron su lugar a las primeras familias humanizadas, en el momento y lugar previsto en la gran Espiral del Espacio ligada al Tiempo, ya nada podía cambiar la Creación, excepto el Creador mismo. De esta forma se perdió poco a poco todo contacto con el "Latido Divino" que engendraba las Almas. El Hombre se tomó entonces por dios mismo y la historia del nacimiento del mundo, tantas veces cantada por los Primogénitos de Ahâ-Men-Ptah y tan venerada por los

Sacerdotes no fue más que un hecho irónicamente ensalzado para adormecer a las conciencias temerosas. Y la inconsciencia persuadió a los espíritus fuertes que ellos eran los ¡únicos dueños de sus destinos!

El avance de la civilización, con la mejora del bienestar demostró con todo ilogismo un poder destructor sin piedad, y la dualidad entre el bien y el mal se instituyó. El "Origen" no podía más que usar la destrucción para volver a empezar un "Nuevo Origen", bajo otra forma, a fin de mostrar y demostrar que la Eternidad sólo pertenece a Dios.

También seguiremos, a lo largo de los capítulos, el período de transición de la descendencia de Horus, que aseguró paso a paso, la unión entre los Primogénitos de Ahâ-Men-Ptah y los Menores de Ath-Ka-Ptah y que fue fácil y fielmente retrazado, ya que fue preservado de viva voz a lo largo de generaciones y generaciones, hasta que les fue posible grabarlo en los muros de los templos de las primeras dinastías egipcias. Más tarde, los griegos se apoderaron de los textos para producir escritos épicos y fábulas según su concepto de vida. Fueron en estas leyendas donde se transfirieron los dioses del Olimpo que se peleaban, se envidiaban, y cometían las peores acciones, contrarias a la naturaleza divina de los "Primogénitos". Fue pues lógico que de esta conducta, estrictamente humana y culpable, provinieran de nuevo rumores de una próxima destrucción. Hesíodo, Homero y Virgilio, por sólo citar algunos de los poetas universalmente conocidos y apreciados, se sirvieron ampliamente de estos relatos oídos, y ya deformados durante su paso en Egipto; los utilizaron como nuevos temas heroicos, y el éxito fue tal, que aún hoy perduran ¡dos mil años después! con justa razón. Y sabemos que todos estos temas han sido tratados de algún modo para poder "interesarnos", aunque no fue el caso para Plutarco, que integró su "*Isis y Osiris*" en sus "*Obras Morales*" (¡sic!).

Lo que es fascinante para un investigador, es intentar discernir la verdad detrás de la narración de estos autores, llegar al origen de los ídolos que describen y comparar (después de haber quitado el débil barniz de autenticidad), con el original aún grabado en jeroglífico. Las múltiples aventuras abominables encuentran así su identidad hereditaria, de lo que una vez, fue objeto de una veneración muy lejana, pero única al "Eterno" "Dios Único" y "Todopoderoso Creador", es decir: "PTAH".

CAPÍTULO I

TA MANA !
LUGAR DEL SOL PONIENTE

Cuando Ifrikios vio este pueblo de raza extraña y los oyó hablar un idioma cuyas variedades golpearon sus oídos, se sorprendió y exclamó: "Qué verborrea es esta". Por ello fueron llamados bereberes ya que en árabe berebere significa mezcla de gritos ininteligibles.

IBN KHALDOUN
Historia de los Bereberes

Del renaciente universo he aquí los primeros días:
Los siglos pasados reinician su curso;
ya vuelve Themis y Saturno con ella,
desde lo alto de los cielos baja una nueva raza.

VIRGILIO
Égloge IV

El primer libro de esta triología que partía del origen de todas las cosas y de todos los seres, acabó con el gigantesco cataclismo producido por la cólera divina obligada a demostrar la plena potencia del Creador para devolver la armonía desaparecida en la tierra, donde la humanidad olvidadiza de sus responsabilidades puso en peligro el planeta entero al igual que a ella misma. A pesar de las numerosas advertencias de los sacerdotes, y de las señales celestes precursoras, el continente de Ahâ-Men-Ptah fue destruido el día previsto con una serie de terremotos antes de ser totalmente engullido por un enorme maremoto. De esta forma desapareció este famoso territorio paradisíaco que Platón inmortalizó de boca de su antepasado Solón con el nombre legendario de la "Atlántida". Los rescatados de este Gran Cataclismo, y sus descendientes, transmitieron con temor generación tras generación la alucinante historia.

Muchos milenios más tarde seguían relatando la espantosa catástrofe en los textos significativos, cada vez más legendarios y mitológicos. Este temor sin igual se relató con desesperados lamentos en los "Anales", en sus mínimos detalles, y a fin de que nadie lo ignore, sobre los muros de los primeros templos egipcios. Esta tierra prometida, convertida en lugar de paz y de acogida para los descendientes de los rescatados. Su primer nombre le fue dado por su primer rey Menes, y es significativo: Ath-Ka-Ptah o "Segundo Corazón de Dios" a modo de imploración para conjurar la mala suerte.

A lo largo de toda su era faraónica se vio sometida a sobresaltos y contragolpes; cada una de las convulsiones de la corteza terrestre de cualquier país vecino, aportaba un refuerzo a la extraordinaria fe de este pueblo, encabezado por un nuevo Pêr-Ahâ convertido en faraón o hijo divino, que acercaba los lazos distendidos de la alianza con Dios a través de grandiosas construcciones, y ofrendas a misma escala dedicadas al Creador... y el seísmo cercano, pasaba de largo de las criaturas del Eterno. Sin embargo otros desórdenes coincidieron con el inicio de una nueva dinastía hacia su apogeo religioso.

Beroso, un sacerdote de *Caldea*, tres siglos antes de Cristo, cuenta la vieja tradición de *"á Idzubar-Gilgem"* que hace constar con fuertes detalles terroríficos un diluvio acontecido en el tiempo de Abraham, cuyo texto original está conservado en la biblioteca de *Erech*, famosa ciudad de *Caldea* que había mantenido estrechas relaciones con los sabios egipcios que la frecuentaban en aquel tiempo. El pueblo elegido tenía pues perfecto conocimiento de este cataclismo como de otros más, el miedo a otro castigo idéntico frente al politeísmo que se implantaba permitió la instalación de la nueva dinastía, convirtiéndose rápidamente en una potencia extraordinaria: la de Ramsés.

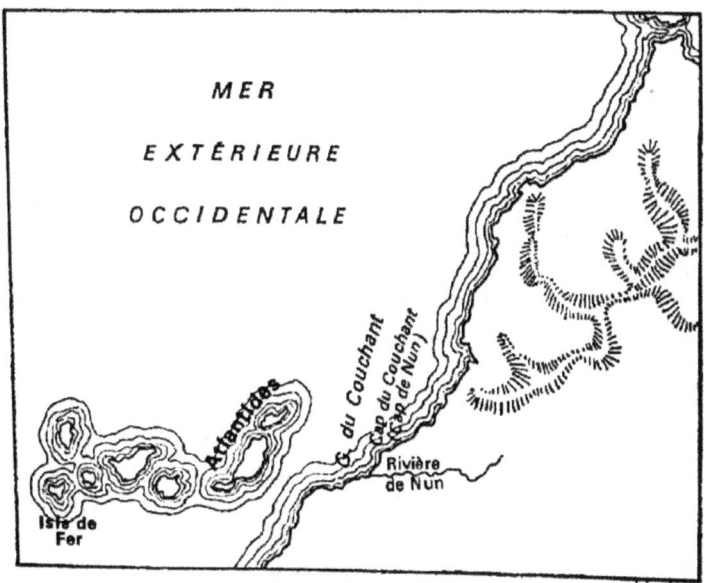

Figura 2.
Según Ptolomeo: investigaciones sobre las costas occidentales de África, y sobre las islas conocidas por los antiguos en el océano Atlántico.

La crónica de Ahâ-Men-Ptah, en el primer volumen, restableció la real historia de la Atlántida platónica, igualmente aclaró la única era del monoteísmo integral. El tiempo y el olvido alejaron a esta humanidad civilizada de su origen y de sus obligaciones. Se convirtió en egoísta, impía e inconsciente de sus sacrilegios, profanó su Creador hasta el día fatídico del 27 julio de 9.792 antes de nuestra era.

Los rescatados de este naufragio colectivo se esparcieron a ambos lados del continente hundido, tema que ampliamente se trata aquí, ya que atracaron en número relativamente importante en las costas africanas más cercanas: una distancia de un centenar de kilómetros los separaban: las *"Gargantas del Estrecho"* [2] del que conocían todos los contornos de antemano, estando la navegación muy desarrollada. Pero, sin embargo, este territorio les seguía siendo extraño, como situado en

---

[2] Véase figura 1. "Les Bouches de la Fente", con perfil abrupto.

una indefinida lejanía a la que se vieron proyectados, a merced de las olas y los vientos enfurecidos.

Estos desgraciados náufragos comprendieron entonces en el seno de su estupor que eran los únicos responsables de este error, y sólo les quedaba arrodillarse y agradecer seguir con vida, que debían a la valerosa humildad de los últimos Pêr-Ahâ, que sin tener en cuenta las críticas y burlas, habían seguido su estudio imperturbable y el programa de construcción de las doscientas mil "*Mandjit*". Estas barcas insumergibles que estaban destinadas a superar el maremoto y llevar a término la prevista evacuación.

A todo lo largo de la costa africana el cataclismo se sintió en menor grado, aunque los autóctonos y los colonos del lugar subieron a las cumbres de montañas elevadas por prudencia. El comercio y el intercambio floreciente además de la explotación de las minas habían favorecido la implantación de un personal especializado destinado a venir en ayuda de los rescatados. Y aunque algunos puntos de la orilla se vieron muy sumergidos, en conjunto no hubo grandes daños y la configuración de la costa se mantuvo idéntica. Pero no ocurrió igual en todos los lugares, lejos de ello, tres movimientos habían cambiado el resto del perfil africano:

En primer lugar el hundimiento de Ahâ-Men-Path creó un vasto océano "*oriental*" que sustituyó a la tierra desaparecida, para convertirse en el "océano *occidental*" y finalmente en el "*Atlántico*", del cual sólo surgían unas cuantas islas volcánicas, juiciosamente llamadas "Islas Afortunadas" antes de convertirse en las "Canarias".

- El derrumbamiento, al mismo tiempo, de la cadena hispano-atlántica dibujó la desembocadura del actual Estrecho de Gibraltar.
- La apertura simultánea en esta convulsiva contracción de la corteza terrestre, dibujó el estrecho de "Bab el-Mandab", separando Egipto de Arabia.
- Sin embargo, aquel día los rescatados que atracaron buscaban en vano los puntos de referencia inexistentes debido al cambio axial de nuestro planeta, que

aparentemente había "precipitado el Sol en el mar" trastocando todos los datos geográficos.

Textos como los de Herodoto dan testimonio. Pero todo no fue más que "apariencia", ya que permaneciendo fijo el astro del día, fue el giro de la tierra lo que causó la retrogradación de la navegación solar al alba de este primer día "*por encima del horizonte este*" y no "*en el oeste como la víspera*". Este inicio de una nueva era celeste, donde el Sol dejó de navegar siguiendo su curso habitual, también cambió la armonía universal y el ritmo de las "Combinaciones Matemáticas" fragmentando la Ley de la Creación Divina. El astro solar pareció retroceder en la constelación de "Leo", donde avanzaba normalmente antes del "Gran Cataclismo".

Actualmente, el fenómeno astronómico es explicable de modo científico, al igual que es previsible matemáticamente, con un margen mínimo de error, calculando exactamente la diferencia angular precesional de los equinoccios terrestres con diversas relaciones de "Fuerzas, de Masa y de Atracción".

El movimiento terrestre nos enseña un Sol que navega lentamente en el cielo, dentro de un estrecho cinturón ecuatorial, como lo haría una barca en un gran río lechoso: la "Vía Láctea", sembrada en sus orillas por doce configuraciones astrales geométricamente definidas, con diferentes brillos, y teniendo cada una de ellas una propiedad específica. Se trata de las doce constelaciones zodiacales que rodean nuestro globo a una distancia que varía entre 80 y 120 años/luz. Nuestro Sol a partir de aquel día navegó en el interior de esta circunferencia en sentido inverso, pero manteniendo sus 25.920 ciclos, es decir el "Gran Año".

Abandonando el lugar por donde solía levantarse, nuestro astro solar apareció desde entonces en el "este", para acabar su navegación en el "oeste", ahí donde se estancaban los escombros de todo tipo, cubriendo un inmenso mar con los restos esparcidos sin forma surgiendo en una tumba líquida gigantesca de millones y millones de vidas, en esta nueva era retrógrada de "Leo". El horizonte occidental fue para los supervivientes "El Reino de los Muertos", inmortalizado en todos los grabados monumentales por los jeroglíficos que se leen "A-

MEN-TA" y se fonetizan "AHÂ-MEN-PTAH", el "Corazón desaparecido", cuyo recuerdo, es el único en subsistir.

En todo tipo de edificios, como en el sarcófago de Ramsés II, figuran también dos leones adosado el uno al otro, con un sol brillante entre ellos que descansa sobre un cielo invertido y mantenido por una cruz de Vida. El símbolo es evidente por esta "renovación" de la marcha solar personificando una regeneración radical de la vida terrestre, y marcando así el terrible temor y el desasosiego por un eventual nuevo cataclismo. Esto explica igualmente la edificación primitiva de enormes monumentos destinados a conjurar la mala suerte celeste, y a asegurar solidamente la nueva "Alianza" con Dios en este "Segundo Corazón".

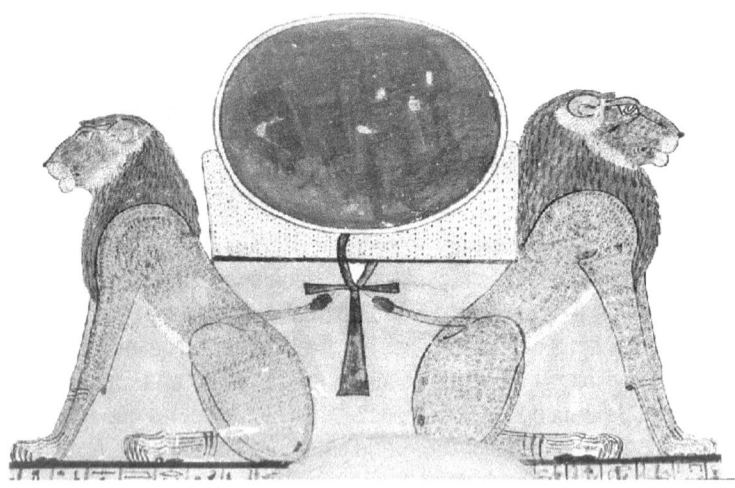

Mucho antes de la primera dinastía un templo de Ptah con imponentes bloques monolíticos se elevó en la planicie de Giza, y cerca de él, tallado en la roca, apareció al mismo tiempo, el monumento que los árabes aún llaman "*Abou I Hol*", o el "Padre del Terror". Los griegos, en cuanto lo vieron por primera vez, se quedaron mudos frente a este enorme rostro con los ojos abiertos que sobresalía de la arena. Es por lo que lo llamaron: la "*Esfinge*". Sin embargo, su origen nada tenía de enigmático, ya que personificaba una advertencia universal recordando a todas las almas humanas que Dios era el Todopoderoso en materia de "Creación" o de "Devastación", con sus ojos siempre abiertos. El

"Padre del Horror" de esta forma siempre recordaría el Gran Cataclismo y el Poder Divino.

Pero al igual que el Nilo, todo esto, aún estaba lejos para los pioneros proyectados en una orilla hostil, desprovistos de todo, y viviendo en consecuencia el espantoso drama, que más tarde sería literatura relatando "la azarosa marcha de tres milenios a lo largo de más de tres mil kilómetros", con su lejana meta "*Ta Merit*", o, la "*Tierra Amada*" que se convertiría en su "Segunda patria" bajo el nombre de "Ath-Ka-Ptah" que no ofrecía por entonces, más que una débil luz bajo una gran esperanza. El pontífice superviviente preparó meticulosamente el éxodo que sus sucesores dirigieron "generación tras generación" hasta llegar a la meta. No hubo desplazamiento igual, de tal población, en la "Historia" humana que deja muy atrás al del pueblo judío.

Existieron múltiples retos a lo largo de este periplo africano y de "oeste a este" hay grabados sobre las piedras sucediéndose a lo largo de esta peligrosa ruta, desafiando la Eternidad y más, ya que el camino se desdobló: Set no había muerto, tampoco Horus y una lucha sin piedad se desarrollaría a lo largo de la larga marcha, siglo tras siglo y milenio tras milenio. El primer tomo de esta trilogía terminó con una sombría descripción de Ath-Mer, pero ahora, el nuevo Sol despuntaba sobre Iset y Horus vivos, al igual que sobre Osiris, que a pesar de estar muerto y bien atado dentro de una piel de toro abordó esta tierra africana.

La Triada Divina de tal forma constituida estará dispuesta a guiar al pueblo, si éste consiente levantar sus ojos hacia el Cielo que bien había demostrado a lo que quedaba de la descendencia, que era "Todopoderoso". Y Dios dejando su "cólera" volvió a ser el "Padre" benefactor y magnánimo que conviene honrar, desde ahora, como es debido para evitar un nuevo cataclismo, aún más grave. Por este motivo, desde el final de la catástrofe, después de los comprensibles primeros momentos de estupor, todos los supervivientes se posternaron en acción de "gracias" colectiva al "Eterno" a fin de que vuelva a poner el "Tiempo" en marcha en armónica con la Tierra. Y cada alba que siguió vio como todos los seres se arrodillaban frente al Sol en espera de poder construir los altares portátiles, y luego los templos. Un mismo agradecimiento unánime brotaba de todos los pechos vivos y desde entonces se entonó un canto vibrante de esperanza por una nueva vida hasta que el resplandeciente y glorioso "Sol de Oro" apareciera en su circulo completo aprobando el día empezaba con benevolencia.

Ello se hizo rutina natural para los que se reunían en las playas donde aún se esparcían todo tipo de vestigios de los barcos dislocados. Y con un mismo impulso instintivo, agradecían el "Señor del Cielo" y a su brazo vengador, el "Astro del día", su supervivencia. Comprendiendo, al fin, que fue por haber olvidado la "Ley Elemental" instituida para que reinara la "Vida en la Paz" de cada uno, que el "Corazón" había sido borrado de la superficie del globo con todos los que no habían podido escapar, y volvieron a comprender con inmenso dolor que el "Legislador Universal" era una "Realidad tangible" y que fue "Fuerza" y "Luz" pura ante de engendrar la Creación, y que... todo le era posible.

Los textos estudiados por los sacerdotes, entraron por un oído y salieron por el otro, olvidados en la euforia de la quietud de Ahâ-Men-Ptah, pero ahora pronto retomaron su verdadero sentido con una nueva esperanza que animó a esta renaciente humanidad. La misma que aún 4.000 años más tarde animaría a los constructores de los templos bajo los faraones. Dios había enseñado los límites de su Ley, castigando como debía a los que la habían transgredido. Los pobres humanos que se habían tomado por dioses no tuvieron tiempo para comprender su desdicha ni su derrota. Pero los recatados veían, con sus ojos aún desconcertados, que los mandamientos resultantes de la "Ley Divina" no habían sido simplemente formulados por la clase de los Sacerdotes para el uso de los fieles convertidos en esclavos de una falsa teología, sino porque esta Ley, "no podía no ser". La Vida, y la libertad no podían existir más que a este precio, insertándose en la "Armonía Celeste".

Así pues, llegado el día fatal del desequilibro, ya nada pudo impedir la realización del giro de la tierra sobre su eje.

De tal forma, fueron engullidas las bases del desorden provocado por los habitantes de Ahâ-Men-Ptah. Este primer corazón, que parecía tan indestructible como los fundamentos mismos de la moral religiosa instituida por el primer "Primogénito", y que se hundió con el egoísmo colectivo de los "Menores". El olvido en el bienestar, fue el catalizador.

Esta humanidad primitiva, monoteísta por nacimiento y por esencia, en la que se había impuesto, de la forma más natural del mundo, las bases de la primera ética espiritual al no tener necesidad alguna de hacerse preguntas inútiles sobre su origen ya que lo conocía perfectamente, y además, aún no habiendo transcurrido suficiente tiempo para que fuera puesto en duda por otros, vivían de forma natural en constante comunión con su Creador. El instinto de la lucha entre el bien y el mal era una noción desconocida, ¡ya que no pecaban!, y no sólo para los sacerdotes que la leían en los textos y que la enseñaban a sus discípulos tal cual. Pero, para invertir este concepto "inmortal" del alma, le fue suficiente la idolatría sugerida por los sucesivos razonamientos "insensatos" a lo largo de algunos milenios. La quietud de una vida exenta de guerras con el pan y el vino de cada día asegurados en todo momento, provocaron que la "Razón" menoscabara la felicidad de todo un pueblo que se consideraba "Elegido de Dios". Y a lo largo de los siglos de prosperidad, se incrustó una inconsciencia ciega que selló muchos párpados implantando los gérmenes del egoísmo, estos fermentos indoloros se activaron con rapidez personalizándose de forma diferente en cada ser perdido en su propia contemplación.

Los lugares de culto fueron abandonados, ya que no existía nadie bastante consciente para agradecer a Dios la abundancia que les llegaba naturalmente, o para implorarlo en previsión de maleficios que jamás ocurrirían. Vivir con beatitud se había convertido en la palabra clave, contemplando su propia imagen en los espejos perfectamente pulidos que sólo podían reflejar un rostro humano. Además esta contemplación creó los primeros pleitos que fueron de orden indumentario, demostrando así, "otra forma de pasar el tiempo" y de ello nació un placer malsano, generador de querellas donde la razón del más fuerte se convirtió en la mejor, aunque no lo fuese.

La fuerza humana suplantó de esta forma los mandamientos divinos. Los altercados degeneraron en batallas ordenadas entre clanes, luego en rebeliones abiertas contra las instituciones. Los hombres se convirtieron en lobos, olvidando que, a diferencia de las bestias, ellos poseían un alma que les había sido confiada por Dios. De esta forma empezó en el antiguo continente la lucha de Set y Horus.

En cuanto a los sacerdotes, a pesar de que intentaron llamar a las masas a mayor moderación por temor a las represalias celestes, éstas se mofaron abiertamente de sus sermones llegando incluso a saquear los lugares de culto. Hasta tal punto llegó la situación, que los mismos servidores de Dios dudaron del buen hacer de los propósitos que algunos admitían, y solicitaron que se revisaran los mandamientos largamente superados. Los más inconscientes y los menos preocupados aprovecharon para encastrarse en indescriptibles orgías, al mismo tiempo, los blasfemadores invadían los templos y profanaban los lugares de todas las formas posibles.

El propio Pontífice, a pesar de no dudar de su fe ni de la ley, ya no creía en la invenciblibad del Eterno, pasaba gran parte de su tiempo encerrado en el "Santa Santorum" para buscar en la tranquilidad propicia, alguna otra "fórmula de oración", mejor adaptada al presente, que serviría otra vez a esta entidad impalpable y totalmente invisible que era el "Dios Único". La tan antigua veneración de un "Padre" original había sido tan desfigurada por la inconstancia que la tarea le pareció insuperable antes del Gran Cataclismo. La "Fe" vacilante se apagó por completo y Dios fue ignorado.

La ignorancia es la madre de todas las miserias que no tardaron en llegar a Ahâ-Men-Ptah y sin restricción alguna cuando la corteza terrestre se convulsionó, la inmensa muchedumbre, en su mayoría no creyente, enloqueció. Los templos, tanto tiempo abandonados, fueron invadidos. El miedo llenó de un terrible clamor las filas de los bancos de piedra, entre los que caían los que imploraban el perdón, que ya no podría ser. Las oraciones rituales se habían olvidado.

El "Hombre" se vio renegado por aquel al que negaron cualquier poder sobre él, y los gritos de desesperación se perdieron en el estrepitoso estruendo de las titánicas deflagraciones de los elementos de una naturaleza desencadenada que hacía reventar el suelo y abría ampliamente las entrañas de la tierra: los edificios religiosos y sus ocupantes fueron engullidos como el resto del país, porque no había palabra de fe alguna en sus lamentaciones. En cuanto llegaron a esta otra tierra, los rescatados tomaron consciencia, sin que nadie los convenciese de una absoluta necesidad: a partir de este día, ningún sentimiento humano podría, ni debería, de ningún modo sustituir la creencia incondicional en el poder divino y de sus mandamientos.

Para seguir mejor la extraordinaria odisea de la descendencia de los "Héroes", los "Seguidores de Horus" y los "Rebeldes de Set", debemos comprender que esta gente no tenía más que sus brazos para asegurar un futuro aún incierto. Los rescatados habían conservado su inteligencia, desarrollada a lo largo de milenios de progresos civilizadores, así como la memoria de los "*Principios*" de todas sus "Ciencias".

Además, se preocuparon de que la totalidad del "Conocimiento" fuera grabado de forma indeleble en todos los espíritus de los Sacerdotes rescatados, y desde el principio de esta nueva vida, el Pontífice se propuso encontrar los medios de preservar intacta la expresión literaria de la cultura religiosa y matemática que aún se conservaba tan perfectamente, y consiguió poner a punto un método de enseñanza oral para los temas de las diferentes disciplinas que eran repetidos sin tregua. Después de haber sido memorizados generación tras generación hasta ser reunidos en inmensos colegios de aprendizaje, para por fin, ser preparados en grabados unos 4.000 años más tarde en los muros de los principales templos de Egipto.

Los dogmas de la "Creación" se hallan ahí, desde "An-Râ" (Heliópolis) hasta "Dendera", a lo largo de mil kilómetros de fachadas bordeando el Nilo de una ciudad a otra:

"Dios es el Dios del Universo. Él solo engendró cada astro y cada "errante" antes de crear todas las cosas que están por encima, y todos los seres vivos que están en la tierra. Ya que ninguna vida hubiera sido posible si la Ley del Creador no hubiera ordenado, en un primer tiempo, que el Sol brillase. Así, la "Luz" surgió de la "Tinieblas".

Algunos monumentos, ciertamente, no son más que de una antigüedad relativa: el templo de Dendera por ejemplo, remonta a Ptolomeo II, pero en su ¡sexta reconstrucción! y siguiendo los planos originales muy antiguos hallados en los numerosos papiros, recopiados de manuscritos aún más antiguos, demuestra si es necesario, la unanimidad que existe en las diversas narraciones antiguas, y autentifica la historia de este pueblo y de sus "Ancestros Divinos".

De esta forma se pudo restablecer el origen del Templo de "Ptah", en Giza, edificado cerca de la Esfinge, y del que ya era cuestión hace unas páginas. Este templo aún visible hoy en todo su esplendor, desconcierta a miles de turistas que se apresuran todo el año. Automáticamente una sorpresa sin límites posee a cada visitante cuando accede, ya que la entrada se realiza por un pasillo donde la más pequeña piedra de la base, admirablemente tallada y encastrada, pesa varios centenares de toneladas. Fue despejado por tercera vez por el duque de *Luynes*, y ello valió la pena. Los inmensos pilares monolíticos del interior son de una austeridad soberbia. Ni molduras, ni grabados, ningún ornamento desluce el pulido. Y sigue siendo el homenaje incondicional de todo un pueblo llegado al fin, a su Segundo Corazón y agradeciendo a Dios habérselo permitido.

Esta antigüedad del momento está demostrada por varios documentos. En una inscripción conservada en el museo *Boulac*, en Egipto, el escriba real del Faraón de "Voz Justa", "*Khufu*", el "*Keops*" griego, anota la dedicatoria que él mismo tomó de un documento "anterior", expresando que el Sol en persona presidió la gigantesca construcción cuyo origen se perdía en la noche de los tiempos. Es innegable que en estos tiempos, la mitología ya estaba sustituyendo poco a poco a la antigua realidad que el olvido estaba borrando. Pero es bastante fácil reconstituir la "Verdad" edificada en el monumento a la gloria solar.

El escriba de "Khufu" dice a continuación que el templo estaba enterrado en las arenas del desierto cuando los obreros que trabajaban en la limpieza de la esfinge lo descubrieron causalmente.

"Su Majestad, del reinado bendecido millones de veces por Dios, el Pêr-Ahâ Khufu, ordenó inmediatamente la limpieza del monumento".

Cuando pensamos que este reinado "bendecido" se sitúa unos 4.000 años antes de nuestra era, nos vemos confundidos por la verdadera antigüedad de este Templo, cuya "reconstrucción", debemos admitir, puede remontar como mínimo a un milenio antes.

Por doquier abundan los manuscritos, al igual que las inscripciones jeroglíficas, aún enterrados en monumentos sin despejar. Tal es el caso para el lugar delimitado por Dendera y Nagadah, donde los textos recuperados a lo largo de las campañas de investigación, año tras año repiten, incansablemente, las mismas frases a fin de que nadie las ignore. Son las que recuerdan la "Causa Original" e instrumental de las cosas y de los seres salidos del "Caos", naciendo de la "Voz Suprema", animando con vida propia a minerales, vegetales, animales, antes de personalizarse en la Humanidad. "Maestro de la Palabra y del Verbo". Dios se encuentra por excelencia en todas las transcripciones epistolares de los primeros tiempos. Fue pues esencialmente gracias a sus escuelas de escribas, dedicados a la conservación del conocimiento y de la sabiduría, que el mundo volvió a aprender, las tradiciones transmitidas en Ahâ-Men-Ptah por el primer primogénito después del Gran Cataclismo.

En sus inicios los escritos fueron grabados rupestres sembrados a todo lo largo de la ruta del éxodo africano en centenares de paredes de arenisca y en los muros de las cuevas. Describiremos su descubrimiento en los siguientes capítulos. Durante largo tiempo, los adultos especialmente seleccionados, y educados para este propósito, memorizaron cada uno, una parte del "Saber", repitiéndolo día tras día hasta que tuviera un límite de edad imperativo y transmitiese a su vez a su primogénito todo el estandarte intacto del *saber* para que llegase un día al territorio que sería su "Segundo Corazón".

Por esta causa y de repente nació la "Civilización", cuando la última generación llegó a la segunda patria que sería Egipto. A pesar de tener medios limitados, restablecieron de pleno derecho su "Ciencia". Es fácil observarlo, aún hoy, en Dendera en el Templo de la Dama del Cielo, y en Nagadah, donde seguimos desencombrando las cámaras de acceso al "Más Allá de la Vida Terrestre", que son las tumbas que albergaron a los reyes predinásticos, estos famosos "Seguidores de Horus" que reinaron mucho antes de Menes.

Estas últimas construcciones funerarias demuestran perfectamente el dominio que tenían los artistas en todas las materias. Las mastabas en ladrillo sin cocer tenían pinturas tricolores, el negro, el ocre y el blanco siendo fáciles de realizar con los medios disponibles. La cerámica encontrada en estas tumbas, los muebles rústicos pero elegantes, y sobre todo las joyas de cualquier forma y tamaño, engarzadas o montadas con piedras más preciosas unas que otras; todo ello es testimonio de una perfección jamás vista en los ensamblajes, (que joyeros experimentados de nuestra época tendrían problemas en realizar), además, los cristales de roca tallados necesitan por sí solos unos utensilios que la propia experiencia no basta para poner a punto. Y esto se ve multiplicado en buen grado en las casas funerarias: alfileres con cabeza de marfil, pendientes de jade, anillos de oro y de lapizlázuli, joyas de piedras como ágata, calcedonia, ópalo, coralina, jaspe y otros como porcelana imitando la turquesa[3].

Sin hablar de los peines de cuerno grabados con los primeros jeroglíficos conocidos, cajas de pomadas de uso tópico y pinturas rojizas, una caja de farmacia, llena de frascos habiendo contenido diferentes sales amoniacales, ungüentos, esencia de trementina, y todo este conjunto envuelto con juncos trenzados con un asa plegable, y depositado en el seno de dicha caja dispuesto para su transporte de un lugar a otro evitando cualquier rotura. Entre los espejos encontrados en esta tumba, uno con cartucho de reina, tiene un mango decorado en relieve con una cruz de Vida, el Tau, que resurge así de un pasado inolvidable mucho antes al primer rey de la primera dinastía.

El periplo sahariano está jalonado por muchas tumbas, yendo desde las más primitivas en Marruecos hace cuatro milenios, idénticas a las de Nagadah por las joyas y la alfarería encontradas en Libia. Durante este largo espacio de tiempo el pueblo vivió como nómada recorriendo las áridas arenas con paso cada vez más arduo antes de llegar a su

---

[3] Fayenza, en el campo de la cerámica vidriada artesanal tradicional, es una de las denominaciones que reciben diversos tipos de loza fina cocida entre los 1000 °C y los 1300 °C, que posteriormente se cubre con esmalte opaco mezclando plomo y estaño.

meta, pero jamás olvidó su tarea de transmitir el "Conocimiento", la "Fe", en este único Dios que lo iba a salvar.

Sé que aún hay lectores que se erizan frente al asombroso número de milenios recorridos en el primer volumen de esta trilogía, que hace remontar el origen del monoteísmo a unos treinta y seis mil años. Y antes de que la Comisión bíblica del Vaticano concediese luz verde para realizar una investigación seria sobre la cronología de los primeros capítulos del Génesis, una obra que nadie puso en duda, escribía sobre la palabra Génesis:

> "Podemos afirmar que no hay cronología bíblica para los tiempos anteriores a Abraham. La Biblia deja por consiguiente toda libertad a los sabios para determinar la antigüedad del hombre".[4]

Por ello, las siguientes páginas no deben ser consideradas como un inicio para una discusión polémica, ya que no son el punto de partida de ninguna doctrina, y constituyen exclusivamente una meta para las investigaciones abiertas a todos, que deberían permitir un conocimiento más profundo y exacto de las teorías avanzadas.

- *"El Libro de los Muertos"*, incorrectamente nombrado, no es más que una compilación de textos muy antiguos, que ya anunciaban unos castigos ejemplares o unas esperanzas en un *"Más Allá Eterno"*, ya en uso en la *"Primera Tierra"*, de unos 10.000 años anteriores.
- El ciclo precesional del "Gran Año" es el símbolo de este eterno regreso donde cada "Menor" seguirá el camino, como su "Mayor", en el espacio que le es destinado, al igual que la nueva espiga de cebada crece en el lugar donde la anterior fue cosechada. La gran rueda gira, muy lentamente, al ritmo del Sol marcando la pequeña aguja, girando en una ronda eterna.

---

[4] Fictionn. Apolog. Alès, col. 290.

- Los sucesivos pontífices encargados de poner por escrito los Mandamientos Divinos, comprendieron convenir de antemano con la mayor humildad, que el alcance de la inteligencia humana no supera, ni superaría jamás, en ningún momento del presente o del futuro, el límite infranqueable donde Dios desea que la "Razón" se detenga para que se inicie la "Fe". De ahí este primer axioma fundamental de los antiguos sacerdotes repetido hasta la saciedad y que inspira a más profunda meditación:

"Dios no debe demostrase por la razón, debe vivir por la fe".

- Los supervivientes de Ahâ-Men-Ptah desde el primer día vivieron en esta ética perdida y reencontrada para el mayor bien de todos, y que aún estaba en vigor 5.000 años más tarde a la hora de la inauguración del Templo de "Médinet-Habou" que tiene grabado en sus cimientos la fórmula siguiente:

"El soplo está entre tus manos, ¡Oh Path!
Porque eres la Vida.
La condición de la Tierra es la que tú has hecho,
y siempre le obedeceremos.
Tú has abatido el mal y el vicio,
y nos concedes el bien y la paz.
Mantengámonos atentos a tus palabras."

Lo que debemos pensar al leer estas líneas, es al menos, que estos hombres y mujeres de la más remota antigüedad poseían una visión de Dios que nos es extraña. Ningún humano de nuestra época puede vanagloriarse de seguir tan abiertamente los mandamientos instituidos por Dios para permitirle vivir en armonía con la Tierra tanto como con el Cielo.

Pocos sabios poseen hoy la espiritualidad indispensable para la conservación sutil de un acuerdo limitado en su más simple expresión con el Cielo. Y los gritos de una minoría que actúa son asfixiados en el seno de una mayoría amorfa que acaba por hacerle dudar de la intangibilidad dogmática, especialmente resaltada por el sacrificio de

"Cristo" que recompró los pecados del mundo. Pero este tema es tan amplio que supera ampliamente el contexto de esta obra. Contentémonos pues leer esta pregunta con las mismas palabras que pronunció el último sabio de Ath-Mer, la maravillosa capital engullida, mientras todo se desmoronaba a su alrededor tal y como él mismo había predicho y previsto:

"¿Dios, por qué estamos alcanzados por tal ceguera?"

Este pontífice del colegio de los Grandes Sacerdotes, después de haber preparado la salida colectiva de sus subordinados y haber transmitido todos los poderes a su primogénito para sustituirlo ahí donde llegase, había preferido hundirse con el Corazón que había sido toda su vida. ¿Se le habría dado la respuesta a su pregunta en ese "Más Allá de la Vida"? Donde había llegado en compañía de millones y millones de sus conciudadanos obligados a seguirlo. Los rescatados guardaron eternamente el horrible recuerdo de esta tierra que vieron hundirse lentamente bajo las aguas. *Ovidio* que tuvo ecos, puso en boca de "Pitágoras" esta terrible frase, clara imagen de una realidad insoportable:

"He visto con mis ojos lo que fue una tierra sólida convertirse en el agua del Diluvio".

Desembarcando en la orilla firme, los rescatados se sintieron muy vivos y rápidamente la vida retomó su curso. Llamaron este lugar "*Ta-Mana*", el "*Lugar del Poniente*", ya que no se acostumbraban a ver el Sol ponerse por encima de este horizonte líquido donde debería haberse levantado, sobre su continente. Fue, en ese mismo momento del año 9.792 a.C., cuando hombres, mujeres y niños fueron proyectados en extrema desnudez en las playas africanas, siendo a la vez poseedores de su inestimable patrimonio, y del "Conocimiento". Europa aún vivía en el alba de su humanidad, en una prehistoria de lo más remota.

Los bípedos humanos vivían replegados en los rincones cubiertos de hollín, desperdigados en los bosques lujuriantes en los que reinaban grandes fieras de forma posesiva, dueños de territorios preciosos, que eran objetos de sangrientas luchas. Y si los humanos, en sus agujeros, vivían tan miserablemente y desnudos, era porque aún no habían conocido nada más. En ese mismo año, Grecia aún no existía, ni el emplazamiento de lo que sería Atenas, la capital del mundo sabio (¡sic!). Debemos comprender bien, que por entonces, incluso la primera piedra de lo que sería más tarde el elegante Partenón no se había ni extraído de la cantera, ¡aún por descubrir!

Pero desde aquel día, hace pues unos 12.000 años, los rescatados del Gran Cataclismo recobraron su fe, y con ella nació la esperanza, al mismo tiempo que volvió la consciencia de ser para siempre los "Descendientes del Primogénito". Sólo les quedaba llegar hasta esa segunda tierra para rehacer su Segundo Corazón. Si el primero, tan espiritual como científico, ya no existía, el segundo no saldría de la nada, ya que el conocimiento adquirido estaba grabado en los cerebros de los sacerdotes. En cuanto al resto, la generosidad del lugar proveía las necesidades. Palmeras, cocoteros, mangos, papayos y otros árboles frutales abundaban, al igual que numerosas verduras salvajes. Los miles de naúfragos aún diseminados estaban protegidos de la hambruna fuese el que fuese el lugar de su abordaje. La temperatura bajo el 25º paralelo era clemente y no planteaba problema alguno al hábitat a cielo abierto, los animales eran fáciles de domesticar y proveyeron inmediatamente leche a los bebés huérfanos.

Únicamente la fisionomía cambiante de esta tierra planteó problemas de orientación. La tierra africana, su norte al menos, no era lo que fue después del Gran Cataclismo. El Sahara era entonces una zona muy fértil cubierta de una vegetación tropical abundante que había sucedido a un período glacial intenso. Las aguas corrían en fogosos ríos encajados en profundas gargantas, fue a lo largo de estas orillas paradisíacas, al menos en el inicio de su recorrido, cuando grabaron su historia y contaron las peripecias del largo éxodo hacia la Luz.

También fue a lo largo de estos milenios de ardua caminata cuando el pueblo se dispersó en numerosas familias que fueron más tarde los "tuareg", los "kabylas", los "bereberes", que hablaban un idioma semejante, bárbaro para nuestros oídos, recordando los rugidos de un león, perfectamente idénticos en sus definiciones al lenguaje de los guanches, habitantes de las Islas Canarias. Aún hoy, en estas diversas poblaciones muy orgullosas de su origen, las mujeres son aptas para ejercer el poder político. Yo mismo vi en 1974, en el Atlas marroquí, una mujer jefa de una tribu berebere que con notable serenidad aseguraba una administración alabada por su justicia. Porque, y es la diferencia más importante entre árabes y bereberes, ya que estos últimos son monógamos, y su ley principal reside en la igualdad del hombre y de la mujer en todos los dominios. Además, desde el punto de vista espiritual, la cruz es el símbolo de reconocimiento de estas tribus; se encuentra por doquier: en el alfabeto, en las armas, en los escudos y sobre todo en el único tatuaje que se hacen. Una sencilla cruz de cuatro brazos iguales, en la frente para los hombres, a fin de que sus almas recuerden eternamente la primera "Ley", y en el dorso de la mano izquierda para las mujeres, de forma que esta mano, puesta sobre el corazón, hace el juramento de criar a sus hijos en la "Fe" de un único Dios.

De esta forma, desde "*Ta Mana*", -el Poniente-, hasta "*Ta Meri*", -la Amada-, volvemos a encontrar los antiguos rescatados de la familia original de los "Descendientes" a lo largo de su éxodo, cada vez más agotados porque cruzaron durante un milenio lo que se convirtió en un "mar sin agua", o "SA-AHA-RA", "*Tierra Quemada por el Antiguo Sol*", lo que es toda una declaración, la contracción de esta palabra se tranformó en "Sahara".

Su errante progreso pasaba por grandes valles abandonados de las aguas, pero donde aún los vegetales y los animales abundaban en el momento de la partida. El valle del "Drâa", entre otros, del que hablaremos ampliamente en el próximo capítulo, empezó a guiar el grupo principal por su curso sinuoso hacia su avance en el seno de Marruecos, nombrado "Lyautey", pero que en árabe tenía el mismo significado: "*País del Poniente*", o "*Moghreb el-Aqsa*".

Pintada en rojo, negro y blanco en una de las paredes de una tumba predinástica cerca de Nagada, donde la escena de la huída el día del gran cataclismo está muy bien representada. La tumba es del tiempo del rey Escorpión datando de antes de la primera dinastía, unos 5.000 a.C.

CAPÍTULO II

LA VIDA RENACE

Gloria a ti, ô Râ, Maestro de la Luz, por tus espléndidas apariciones. Te has elevado aquí durante un Gran Año. Has elegido el mismo refugio en el Horizonte occidental, que se convierte en tu lugar de reposo. Desde ahora, tu puesta te situará en Ta Mana.

Libro de los Muertos,
Capitulo XV

Mi vida no bastaría, si deseo exponer y demostrar en detalle todos los plagios de los griegos cuya vanidad les hizo atribuirse invenciones las mejores que tienen en sus dogmas, después de haber aprendido con los egipcios.

Clemente de Alejandría,
Stromatas, libro VI

El horizonte occidental que debería recortar la costa visible a contraluz, ya no abrazaba Ahâ-Men-Ptah con ese color púrpura ensangrentado, irreal, que una gigantesca luz había hecho bailar por encima de las aguas aquella noche. Las llamas del incendio de Ath-Mer, la capital del inmenso continente, se habían apagado, a su vez, hundiéndose al igual que el resto del país. Todo desapareció bajo las tumultuosas aguas en este amanecer del 28 de julio de 9792 antes de nuestra era, pareciendo que había pasado una eternidad desde el día anterior. Nadie entre los supervivientes hubiera asegurado, una vez llegados a esta tierra aparentemente firme, que no estuviesen en algún lugar del reino de los muertos al día siguiente del cataclismo. La víspera, sin embargo, antes de que empezara la noche más larga en la memoria del hombre, el Sol se había acostado como de costumbre en el oriente. Pero la catástrofe empeoró, y las explosiones de lava incandescente escupieron y vomitaron sus desechos hasta por encima de las "Mandijt", la negrura de la niebla con fuerte olor sulfuroso había formado otro cielo, muy bajo, escondiendo el verdadero con su manto asfixiante y apocalíptico, y la noche no acababa nunca.

Duró tanto que su descuento matemático hubiese sido un engaño, pero nadie pensaba en ello. En cuanto aparecieron los primeros inciertos rayos que obligaron a la oscuridad a replegarse, los gritos de alegría salieron de los pechos oprimidos, aunque una extraña sorpresa nubló las miradas de los eruditos que se preguntaban si estaban bien conscientes. En efecto, ciertamente, un fenómeno celeste aún más increíble que los precedentes producía aparentemente la claridad, débil aún y mal difundida por la niebla malsana que planeaba, pero esta claridad que anunciaba el alba provenía de oriente. Se elevaba de las tierras hacia las que las frágiles embarcaciones se veían empujadas. Por consiguiente, el sol aparecía en el lugar mismo donde había desaparecido el día anterior, en el inicio de una larga noche dramática.

EL SOL HABÍA SUSPENDIDO SU CURSO Y SU NAVEGACIÓN DURANTE EL CATACLISMO, Y HABÍA RETOMADO SU CURSO EN SENTIDO INVERSO.

Un maremoto, provocado sin duda alguna por gigantescas láminas del fondo traídas a la superficie, por el hundimiento de este mundo hasta las profundidades submarinas, había captado demasiado la atención de los náufragos en total perdición como para preocuparse por algo más. No buscando más que mantenerse en vida, en equilibrio muy precario en sus "Mandjit" que se derrumbaban pesadamente en el hueco de las olas de más de doce metros, los desgraciados no podían soñar en preocuparse de una extrañeza celeste más. Sólo realizaron el pleno alcance de este cambio en la Armonía Divina, en el momento en el que Dios les concedió la posibilidad de encontrar una existencia más humana. Entonces, el Tiempo retomó su significado en un nuevo año solar normalizado.

Pocas horas después de este inolvidable día, la armonía cíclica volvió a tomar su nuevo sentido. Con los elementos calmados, empezó la llegada a las playas de arena de los primeros supervivientes y el sol simbolizó en todos los espíritus el signo por el que Dios demostró el acto de su poder, a la vez que ofrecía un renacer. En su santa cólera, el Creador había hecho desparecer la parte malsana de su creación y tendió la mano a las criaturas supervivientes. Como prueba eterna, había cambiado la faz de la tierra, invirtiendo el mundo. De este modo los movimientos celestes en el seno del Gran Río Celeste, la Vía Láctea, se efectuaron a partir de este día de "este a oeste", acabando su recorrido por encima del horizonte donde descansaban desde ahora los millones de "Bienaventurados" engullidos.

Durante varios días, a lo largo de centenares de kilómetros por los alrededores de la actual estación balnearia de *Agadir*, en el sur de Marruecos[5] miles de seres humanos, azarosos y lívidos llegaron a la costa más o menos deshechos, por suerte, en toda esta parte de la orilla, las playas eran arenosas y la llegada no aumentó, el inmenso número de cadáveres vomitados sin parar entre los escombros de todo tipo que llegaban a la costa.

Todos esos cuerpos dislocados y troceados, cuyos ojos aún reflejaban el espanto indescriptible que había sido el suyo antes de entregar el alma; sus miembros aún crispados antes de volverse rígidos por la muerte testimoniaban el esfuerzo por intentar sobrevivir.

Los supervivientes tuvieron tal recuerdo imperecedero, que atormentó durante mucho tiempo sus noches. A pesar del inmenso dolor, no pudieron asegurar las sepulturas de todos sus compañeros de desgracia, viéndolos desaparecer con el oleaje que los llevaba a las profundidades donde los peces se deleitarían con estos trozos humanos tan amados en el Primer Corazón.

---

[5] Agadir viene del jeroglífico *Gad*, que significa angosto y por extensión estrecho. Era el punto de cierre sur de "*Bouches de la Fente*" (las Gargantas del Estrecho), cerrando el acceso desde el mar oriental. El terremoto que destrozó Agadir en un 98% en 1964, demuestra la violencia de esta línea de ruptura.

Horus lleva el Sol muerto en Amenta después de haber conducido los Rescatados del Gran Cataclismo sobre la tierra firme de Ta Mana (lugar de Poniente), punto de partida del éxodo que los llevó a Ta Merit (lugar Amado) es decir de Marruecos a Egipto, o desde Ahâ-Men-Ptah a Ath-Ka-Ptah, el Segundo Corazón de Dios.

De ahí el odio tenaz, largamente mantenido y conservado durante milenios contra esta calamidad, muy viva aún en las primeras dinastías en Egipto. Con las aguas calmadas, todos los ojos se llenaron de gran dolor mirando por encima del insondable horizonte occidental. Hombres y mujeres debieron rendirse a la evidencia: nada, absolutamente nada, emergía ya de la inmensidad líquida.

Más al sur, aunque nadie lo sospechaba aún, algunos picos y volcanes rodeados de islotes habían escapado al hundimiento total, y cuando más tarde algunos pioneros llegaron a estos lugares, encontraron supervivientes fueron llamados rescatados de las "Islas Afortunadas", nombre que se mantuvo en uso hasta el siglo XVI de nuestra era, después se convirtió en las Islas Canarias.

Hecho extraño, el *maelstrom*[6] que se arremolinó en espiral en el momento del hundimiento del continente se ha convertido en un viento tibio, agradecido, que siempre gira alrededor de la misma zona: es la corriente del Golfo, que aún rodea hoy perfectamente la inmensa superficie de la Atlántida que era Ahâ-Men-Ptah. *Buffon* ya escribió en su *Historia natural*:

"Unas corrientes proviniendo de occidente y que se dirigen hacia oriente son muy violentas. De forma que las naves pueden llegar en dos días de Moura a Río de Bénin".

Más precisamente aún, Dapprès informó en su "Hydrographie française" (Hifrografía francesa):

"Lo que provoca que los barcos creyendo llegar a Tenerife, en las Canarias, y no conociendo esta nueva corriente portadora, a menudo se han encontrado en el cabo Noun, al sur de Marruecos".

Sin embargo, el cabo "*Nun*" (*cabo Chaunar*), que aún lleva este nombre, es el de la "Dama del Cielo", madre de Osiris y de Iset, la última reina de Ahâ-Men-Ptah, y es precisamente el promontorio donde arribaron Iset y su hijo Horus. El lugar tomó pues de forma natural el

---

[6] Mailström es un gran remolino que se halla en las costas meridionales del archipiélago noruego de las islas Lofoten, en la provincia de Nordland.

nombre de la última descendiente directa que abrió la vía al nuevo pueblo.

Los Anales conservaron el número mínimo de 144.000 seres vivos llegados a este lugar de poniente en Ta Mana, en el extremo límite de su resistencia, tanto física como moral, salvados gracias a la "insumergibilidad" de las *Mandjit*, delicadas pero magníficamente concebidas y realizadas, ya que la voluntad y el aguante de los pobres desharrapados tirados en la tormenta no hubieran sido suficientes. Por suerte, las embarcaciones encallaron en la arena de las playas, anclándose profundamente rompiendo sus cascos, evitando así convertirse en el juguete de las mareas, lo que permitió a los infortunados pasajeros al límite del agotamiento, tomar alguna fuerza antes de intentar salir a tierra firme donde a continuación, comprendieron que estaban seguros, y en este remanso de paz tuvieron tiempo de meditar sobre su desesperada aventura y su propia pequeñez en relación a la inmensidad que los rodeaba. Del total embrutecimiento de los primeros días, con la profunda tristeza que llenaba las miradas y con la evidente falta de la menor organización, nacieron algunas tentativas, por aquí y por allá que reunieron localmente en diferentes lugares las familias esparcidas y aisladas según sus afinidades. Después de la octava aparición solar matutina en oriente, el rumor de que el cadáver de Osiris había abordado en compañía de Nek-Bet se propagó rápidamente a lo largo de la orilla y suspiros de alivio salieron de muchos pechos.

Osiris seguía siendo, más allá de la muerte, el Guía y el Primogénito de Dios, representando una cierta esperanza a pesar de que nadie supiera decir el porqué. Excepto, quizás, Nek-Bet, que justamente se sentía investida de una misión divina. La hermana gemela de Iset se había reunido por consiguiente con su esposo el An-Nu que tenía junto a él sus cuatro hijos y que preparaba la opinión de su familia para dejar a Osiris en paz encerrado en su piel de toro. Cuando la mañana siguiente un enviado, a lo largo de la costa, les anunció que Nut, la Reina Madre, venía hacia ellos, hubo una ovación estruendosa. Una desbandada general de todas las almas en pena se dirigió hacia esa playa favorecida donde los "Descendientes" fueron el polo de atracción.

El lugar era particularmente propicio para un desarrollo étnico. Una amplia bahía lo bordeaba, protegido de los vientos por una doble cortina de altos cocoteros y frondosos palmerales. Esta humanidad desamparada que afluía numerosa se situó rápidamente bajo la tradicional tutela de los primogénitos, únicos susceptibles de insuflar el valor para enfrentar los múltiples problemas causados por esta nueva partida a ciegas hacia un destino que sólo Dios podía conocer. Esta avalancha de una multitud desesperada, fue la boya de salvación que permitió a Nut superar su propio dolor, por la irreparable pérdida de Geb, ya que un drama horrible la había golpeado en su propia carne, con la lucha fraticida que había enfrentado a sus dos hijos, nacidos de sus entrañas, hermanos, pues, sin duda alguna.[7]

Las almas en pena reclamaban toda su atención presente, y se aplicó en dar valor y en protegerlos de sus sentimientos desesperados. También se puso a albergar de la forma más humana posible a todos y indicó los medios primitivos que podían asegurar construcciones decentes. Cierto que los medios mecánicos usados en las grandes construcciones reales brillaban por su ausencia, al igual que las piedras, pero la solución era fácil. Nut volvió a su juventud cuando amasaba la arcilla y la dejaba secar en ladrillos, recordando cuando tuvo que hacer un refugio para esconderse, de forma que empezó por trenzar grandes matojos con las hojas de las palmeras, luego las hizo ensamblar en paneles y se montaron cabañas precarias pero que constituyeron un primer refugio seguro.

En un día, una gran barriada había nacido, cada uno en poco tiempo participó en estas construcciones provisionales. La reina madre hizo a continuación rodear el poblado de un muro alto de tierra seca, muy ancho para asegurar una buena resistencia asignándole ocho codos, es decir, más de cuatro metros de espesor. Nada en su aspecto exterior podía recordar la majestuosa muralla de su palacio de Ath-Mer, pero Nut no se sintió demasiado melancólica por ello, esta muralla le

---

[7] Esta ley matriarcal imperativa de los Atlantes se encuentra aún hoy en un proverbio de los Bereberes que en pocas palabras dice: "*El vientre hace al niño.*" Si una mujer noble tiene un hijo con un campesino, el hijo es noble; si nace de una campesina y de un noble, el hijo es un campesino.

recordaba más las primeras defensas que rodeaban los antiguos pueblos primitivos de Ahâ-Men-Ptah, miles de años habían pasado desde entonces, y el pueblo se volvía a encontrar en el mismo punto. Aquí no era cuestión de defenderse, sino de contener el flujo de animales que encontraban ahí un alimento a su alcance, aunque resultó que esta muralla tuvo una utilidad más importante e inesperada más adelante.

Entre las numerosas especies de animales que proliferaban en los alrededores, algunos eran pacíficos, viniendo a masticar algunas hierbas dispersas recordando a los mamíferos que proveían de leche a algunos campesinos, estos los atraparon sin grandes dificultades. También había muflones, gacelas, gamos, enormes bueyes con las jorobas colgantes y varias ovejas cuya leche procuraba alegría a pequeños y grandes.

Durante este tiempo de adaptación revuelto con mucho movimiento, un hecho pasó desapercibido o casi. Sin embargo, tomó gran relevancia.

Nek-Bet, ayudada por algunas mujeres, había construido sobre un montículo una "Morada" provisional rodeada por una muralla para dejar reposar a Osiris, era el "*Lat-Ousir*", o "Tierra de Ousir", (Osiris). Esta construcción emanó de una visión que tuvo la joven mujer, y que la inquietaba sin que pudiera decir el porqué, dando orden de no enterrar el cuerpo del primogénito de Nut, ni de quitarle la piel de toro en la que estaba envuelto. El pontífice, su esposo, había manifestado ciertas reticencias sobre este reposo desprovisto de ritual funerario, pero conociendo el poder divino de la segunda vista que poseía, no se atrevió a oponerse.

Por otra parte, este cerro tenía en su cima un sicomoro, el recuerdo y la similitud con el "*Nahi*" sagrado donde se había refugiado Nut la víspera de su boda con Geb, incitó al An-Nu a esperar con paciencia a que, de una forma u otra le viniera alguna luz. El pontífice había decretado, por razones obvias, que este lugar de Lat-Ousir sería sagrado. Una linde lo separó del mundo profano, él mismo dibujó un pequeño recinto cuadrado y para la ocasión Nut fabricó, ella misma, los primeros ladrillos crudos, demostrando a todos la técnica antigua para mezclar la arcilla rojiza semejante a la que cubría las rutas de Ath-Mer y del palacio.

La primera noción de unidad divina volvió a brotar con fuerza, con devoción y veneración por parte de los descendientes del primogénito desde este momento. Pero el enfado de Nut no se calmó por ello, ya que no comprendía por qué el pontífice autorizaba que su hijo estuviese metido en esa piel execrable con el consentimiento de Nek-Bet. La reina madre además hizo saber con claridad a su hija que todos murmuraban y su gemela Iset[8], esposa de Osiris al llegar, se había excusado con una media mentira, pretendiendo que sólo su hermana tenía el poder de decidir lo que convendría hacer con la piel de ese toro, ya sagrada a su vez por el propio contenido, aunque Iset estaría dispuesta llegado el momento a tomar la decisión que traería tranquilidad, al igual que una nueva realidad para Osiris. Este enigma a la vez que aliviaba a Nut, la intrigó aún más, ya que conocía el poder que su hija poseía, y cedió pues, a pesar de sus reservas.

Detengamos la narración sencilla, para participar directamente a través de los diálogos, casi tal como están transcritos en los "Archivos de los *Cuatro Tiempos":*

- "Está bien Net, pero aún no tenemos noticias de Iset."
- "No temas por ella, ¡Oh tú, nuestra madre! Ella se ocupa de su hijo   muy herido, pero vivo. Y están en camino para venir."
- "¡Qué buena noticia! Estaba tan ansiosa. Dime: ¿No podríamos enviar algunos hombres para recibirlos? ¿Dónde están?"
- "No necesitan nada, Oh, tú, mi madre, están haciendo los saludos pertinentes a lo largo de su recorrido. Prevé muchas más cabañas suplementarias para albergar a todos los que vendrán con ellos."

Nut pensó en la alegría que le daría abrazar a Iset y coger su nieto en sus brazos, preparó febrilmente una morada propia para acoger a Horus, herido, siempre había sido su preferido, porque este hijo era la

---

[8] Iset, Isis en griego; su transcripción en egipcio es *"AST".*

protección de su Padre. Los Anales son muy formales sobre estos términos.

Durante este tiempo Iset, ex-reina en título de un continente que ya no existía, ex-esposa de un cuerpo inerte esperando su llegada, seguía su calvario. Naufragó hasta la desembocadura de un río, agotada por la interminable noche se había hundido junto a su hijo, siempre bien atado al mástil roto de la Mandjit. Horus estaba tuerto, ensangrentado, la rodilla derecha rota y un hombro desencajado, yacía en un segundo estado, fluido, donde su alma tenía gran dolor en pervivir.

Cuando el sol estuvo bien alto y sus ropajes algo más secos, sacó a su hijo de la embarcación, mitad a cuestas mitad a empujones. Exhausta lo llevó lo más lejos que pudo sobre la arena, lo reconfortó con su propio calor. Apenas recuperó el aliento, no sabiendo qué camino tomar y deseando encontrar ayuda lo más rápidamente posible para sanar a su pobre hijo incapaz de desplazarse por él mismo, se lo echó a hombros y con tan pesada cargada, siguió el curso del río hacia el interior del país. Fue muy penoso, ella se daba perfectamente cuenta de la realidad y de que Dios era su único protector. Horus, en cuanto a él, se agarraba fuerte e instintivamente a los débiles hombros maternos, sin retener los quejidos que el dolor arrancaba de sus labios tumefactos. Punzadas insoportables subían de su pierna deformada por las heridas a la altura de la rodilla. Su rostro destrozado a la altura de los ojos le impedía darse cuenta del lamentable estado al que él y su madre estaban reducidos. A lo largo de la lenta progresión, Iset se preguntaba qué había hecho para verse reducida a esta lamentable pesadilla. Si su pueblo no había sabido conservar su fe tradicional, ¿en qué era ella responsable de esta impiedad, para verse tan duramente afectada? Ninguna respuesta vino a turbar los débiles ecos que le llegaban de un mundo refractario a todas las súplicas. Dispuesta a dejarse caer de agotamiento en el declive de un día, en este nuevo horizonte occidental, creyó de pronto ser presa de una alucinación cuando oyó voces. Enloquecida por el cansancio, se detuvo y levantó los ojos al cielo, pero las ramas de los grandes árboles no la dejaron ver. Ella no supo realmente cual era la situación hasta que las palabras que había creído oír, sin comprenderlo, se transformaron en apariencias humanas, Iset se dejó caer a tierra, comprendiendo que la ayuda tan suplicada había llegado a su lado.

Se trataba de un pequeño grupo de rescatados que se había aventurado al interior de las tierras y se había visto detenido por las altas montañas. Volviendo a su punto de partida tuvo lugar el encuentro. Desde las primeras palabras, Iset fue reconocida a pesar de su extrema debilidad, hombres y mujeres se arrodillaron y uno de ellos se apresuró en sostenerla, ya que acababa de desmayarse. Dos camas espesas de follaje fueron rápidamente preparadas para los dos cuerpos, fruta jugosa estaba depositada junto a ellos para su despertar, todos acamparon esa noche ahí. Y por la mañana después de una breve explicación con Iset, el grupo retomó su marcha hacia la desembocadura, pero el avance no daba resultado y dos hombres tomaron a Horus suavemente en sus brazos entrecruzados, asegurándole un asiento que aliviaba sus piernas.

De vuelta hacia el punto de partida sin problemas añadidos, Iset volvió a ser más optimista viendo en este encuentro el punto favorable que deseaba, finalmente ya se sentía casi recuperada cuando el grupo llegó a la desembocadura. Ahí vieron a otro grupo de una veintena de hombres supervivientes que subía hacia el norte siguiendo el contorno de la orilla, porque un mensajero les había dicho el día anterior que el An-Nu, su esposa Nek-Bet, al igual que la reina madre Nut, Protectora Amada de Dios, estaban reuniendo a todos los supervivientes que deseaban encontrar un "Segundo Corazón" y una "Segunda" patria. Comprendiendo que todos estaban vivos, una alegría delirante invadió a los presentes. La ex-reina que por un momento se creyó huérfana y perdida, en un mundo hostil se sintió alcanzada por una alegría tal que se transformó en crisis nerviosa y lloró, probablemente por primera vez en su vida, hasta donde se recordaba.

Supo más adelante, mientras que el convoy fue en aumento a lo largo de su ruta en la nueva dirección para reunirse con su madre, cómo el ruido de esta aglomeración recién implantada corría rápidamente a través de los grandes bosques por doquier, ya que cada vez que un grupo se ponía en marcha delegaba a un miembro solidario para encontrar a otros supervivientes abandonados y darles la buena noticia.

Después de unos días, a lo largo de una ruta menos rigurosa, los hombres se relevaban para llevar a Horus y facilitar el avance. Iset estimaba que habían recorrido la mitad del camino, cuando otro mensajero les dijo que Nek-Bet estaba esperando su llegada y había puesto en un lugar seguro el cuerpo de Osiris. Y supo de esta forma, que no sólo los esperaban, sino que pronto podría ella misma asegurar una sepultura decente a su esposo, y volvió a tomarle gusto a la vida y mientras su hijo evolucionaba bien. Además en su alrededor había suficientes llamadas de auxilio y penas sin fin que no le permitía abandonarse a su propio dolor. Frente al insondable misterio que había precedido al cataclismo, y a la muerte que planteaba el problema ineludible de la impotencia humana frente a un fenómeno celeste independiente de la voluntad del hombre, la fe encontró un estrechamiento de los lazos con los descendientes que habían sido tan maltratados en los últimos tiempos de Ahâ-Men-Ptah.

La idea de formar una segunda patria se propagó rápidamente, sería un nuevo corazón que uniría el Creador y sus criaturas, y nadie pensaría más en combatirlo. Pero otro problema, casi tan angustioso para su consciencia, puso a Iset frente a sus responsabilidades cuando, desde el día siguiente su grupo aumentó con cuatro hombres que reconocieron su pertenencia a los "Estados Rebeldes", es decir a las ex-provincias que habían participado en la destrucción de los descendientes. Estos rescatados, aunque sin duda no habrían participado directamente en el asesinato de su esposo y le habían asegurado su entera devoción, no dejaban de plantear una interrogación que sería vital para la respuesta que debería dar: ¿qué decirles a los hijos de la "Rebelión de Set" supervivientes, que deseaban unirse a ellos? Y, más precisamente: ¿qué hacer con todos los que no lo dirían, pero que de hecho habrían pertenecido a esa banda de criminales?

Iset miró a su alrededor, pero no se atrevió a expresar lo que pensaba. Su hermano Usit, convertido en Set (Sit) cuando renegó de su descendencia, quizás había muerto. Desorientada, acabó por desearlo en lo más profundo con gran ardor. Pero éste rebelde esta bien vivo, había soportado muy mal la alucinante travesía después de la dramática lucha que lo había enfrentado a Osiris "el repugnante bastardo usurpador". Este odio fue alimentado en su soledad, y enloquecía irremediablemente el espíritu debilitado de Set, que se situaba a dos días de marcha más al sur, sentado sobre una piedra en la desembocadura de un río que tomó el nombre de "*Iliouna*", es decir, los "Rescatados del Cielo".[9]

Pero a pesar de todo, Set aún tenía algunas parcelas lúcidas en el fondo de su alma, y estaba haciendo balance de la matanza sin nombre que había precipitado y desencadenado la destrucción de su país. La conclusión, cierta, era que el abominable Osiris estaba bien muerto, y que se veía liberado de él, pero ahora, ni uno ni otro podrían reinar en un país que ya no existía. Pronto la idea brotó en su cabeza febril, conseguiría el éxito a pesar de todo con una revancha póstuma. Intentó reunir a las pobres almas humanas que se cruzaban, y consiguió convencer fácilmente a los seres errantes, abandonados a sus más bajos instintos, entregarse a alguien que sabía valorarlos. Set, en su locura inconsciente, no dudó en demostrar que todos los males caídos sobre ellos habían sido provocados por la despreocupación de los Descendientes, felizmente muertos.

El jefe de los Hijos de la Rebelión se volvió a convencer de que seguía siendo un guía que nadie podría igualar. A fuerza de repetirlo, cada uno se impregnó de esta verdad en la tropa que iba aumentando poco a poco. A los pocos días fue avisado de la creación de un gran centro donde Nut y Nek-Bet ayudada por su esposo, que habían sobrevivido, organizaban una vida perfecta. Algunos expresaron su deseo de integrarse en lugar de vivir del aire, del tiempo y de bellas palabras. Y al día siguiente, otro mensajero les anunció que el cadáver de Osiris, encerrado en un recinto sagrado aseguraba la protección eficaz del nuevo poblado, y que todos estaban invitados a unirse. Entonces, espumeando de rabia y literalmente babeando, Set lo estranguló con sus propias manos antes de dirigir un largo discurso a

---

[9] De Rougé, en el tomo XVI de la Revista arqueológica, reitera una teoría insostenible en cuanto a la denominación. Este nombre está grabado en múltiples lugares, incluyendo la tumba de Sesostris. De Rougé cita un país conquistado: Dardani, transformado en Dardanos el homérico (lo que es cierto), y otro *Iliuna*, "esa antigua ciudad *Ilios* o *Illion*, capital de los Dardanos" (¡sic!). En efecto, si Dardani es un nombre tracio por excelencia, Iliuna no significa nada, ni en griego, ni por asomo. Sin embargo, la fonética jeroglífica nos transmite "E-lou-Na", es decir los "*Rescatados del Cielo*", son ellos que en un principio, permitieron a Sesostris, descendiente de Set, ser el *Gran Victorioso*.

sus tropas con el fin de cesar los titubeos de los dudosos, después ordenó ponerse en marcha hacia esa ciudad que ocuparían y pondrían bajo su dominio y su control. Este anuncio bastante diplomático gustó a la mayoría, que nunca supo que la primera cosa que Set deseaba hacer, era devolver a Osiris al mar, donde creyó que este odiado hermano ya habría sido devorado por los peces.

En el primer descanso Set apartó a los que le eran más susceptibles de no tener ni fe ni ley, y les demostró que habría que detener el reino de esas dos mujeres para asegurar el suyo, omitiendo reconocer que una era su madre y la otra su hermana, lo que todos sin embargo sabían. Pero no soñando más que en un nuevo dominio muy lucrativo sobre esta comunidad, los nuevos rebeldes cruzaron de antemano brillos de complicidad en sus ojos, y ninguna voz se elevó en contra de este proyecto de invasión. Set con una mueca de alivio cerró los párpados en un tic nervioso, con el fin de no demostrar que su concepto de despotismo incluía a sus soldados en el rebaño de esclavos.

Cerca de un millar de personas, sin contar a los niños, formaban el primer eslabón de este clan que se convertiría más adelante en el rival encarnizado de las dinastías faraónicas del sur. Hasta entonces, una lucha constante, titánica cavaría entre los dos gigantes una fosa que sería infranqueable. Y cada noche que los acercaba al faro brillante que los atraía, tenían la oportunidad de entregarse en los preparativos de la invasión en un rincón alejado de las fogatas del campamento. Set les había enseñado cómo fabricar mazas eficaces y arcos de flechas mortales, los rebeldes se pusieron mano a la obra, a escondidas para no asustar a las mujeres. Sin embargo, era difícil esconder todas esas armas y a los que se sorprendían, les contestaban que se trataba de herramientas destinadas a asegurar su defensa contra las bestias salvajes.

Tomaron su tiempo para viajar, porque deseaban llegar al final del viaje frescos y dispuestos en compañía de las mujeres y de los niños para no asustar a los habitantes, y sobre todo poder engañar a Nut, que no dejaba de hacerse preguntas sobre Set y organizaría la defensa si su tranquilidad no fuese inmediatamente aquietada, así que tomaron todo el tiempo deseado para organizar la toma de poderes. Pero pocos días antes de llegar a su objetivo, en un momento de terrible cólera, el jefe de los Rebeldes desveló sus intenciones para gran espanto de los más pacíficos. Set, se enfureció frente al rechazo de una joven mujer por seguirlo, babeó, amenazó con matarla, tal y como lo haría con Nut, Nek-Bet y todas las que se opusieran a su deseo. Como la tropa estaba cerca de la meta, nadie se atrevió a huir por miedo a verse sometido a una suerte poco envidiable por parte de los guardias y de la gente armada, con rostros cada vez más patibularios.

Pero antes de ello, tanto Iset y su grupo, ahora muy numeroso, penetraron en el recinto de la ciudad, reconfortada a lo largo del camino por el amistoso respeto que la rodeaba y a pesar de su agotamiento se enderezó para responder a las ovaciones que aclamaban su llegada. Horus, muy debilitado, pero recuperando poco a poco la consciencia de lo que le rodeaba intentó, sin poder, incorporarse sobre el lecho de hojas en el que era llevado por dos hombres en unas parihuelas. Su visión era nula, su ojo herido estaba cerrado por la sangre que se había coagulado, pero su madre lo mantuvo al corriente a lo largo del camino recorrido bajo aclamaciones y pronto llevados en triunfo Iset y Horus, se sintieron abrumados por la expresión del pueblo hacia ellos. De pronto se vieron frente a la cabaña donde les esperaba Nut, Nek-Bet y el An-Nu. Ahí fueron depositados con mimo, rodeados de atenciones por parte de todos. Mientras que la reina madre abrazaba al fin su hija contra su pecho y la gemela miraba la escena enternecedora, su esposo, el pontífice, se inclinó respetuosamente seguido por todas las personas presentes. En este instante, la "Tradición" reapareció, trayendo civilización, por las palabras que pronunció el An-Nu con voz firme:

- "Oh tú, Iset Divina, Maestra del Cielo, has permitido encontrando a Horus vivo que cesara el Gran Cataclismo. Porque es el Hijo del Hijo, y es él quien dirigirá desde ahora el nuevo pueblo de Dios reconstituido. Seas bienvenida Ise., Bienvenido Horus; este pueblo es eternamente el vuestro, ya que su nombre es Ta Mana, hoy y para la eternidad."

Cada uno había encontrado cierta dignidad durante esta breve alocución, y después volvieron a brotar las efusiones y ovaciones. Nek-Bet aprovechó y le dijo a Nut:

- "Es urgente, madre bien amada, que Horus se beneficie del descanso en la cabaña que le has preparado. Volveré para asistirte en los cuidados que le vas a dispensar en cuanto haya conducido a mi hermana Iset, mi otro yo mismo, cerca de su esposo. La "Iat", edificada especialmente para mantenerlo en dulce espera, de la única que tiene la delegación de los poderes celestes y está presta a recibirlo."

Los grupos salieron cada uno por su lado mientras el pontífice se ocupaba de los recién llegados confundidos y atónitos por la intensa actividad que los superaba. Por el camino Nek-Bet empezó a realizar la primera parte de su misión, intentando hacer el vacío completo en el alma de su hermana, para que esta fuese más receptiva a ciertas influencias a su llegada al túmulo, en la Morada Sagrada construída, para conseguirlo debía hablar intensamente de un tema susceptible de acaparar toda su atención. Así que eligió explicar el significado de "Poniente" llamado Ta Mana:[10]

- "Para demostrar su poder absoluto, la cólera divina eligió unos signos invisibles. Cambió el curso del Sol provocando el Gran Cataclismo y todos los acontecimientos que ello conllevó. Ningún humano podía luchar en contra. La víspera de este horible día, el sol se elevó en el oeste como lo hacía cada día anteriormente. Hemos contemplado suficientemente los rayos dorados de ese globo cuando se levantaba en occidente. ¿Lo recuerdas?"

Iset asintió con la cabeza, lo que demostraba que había seguido bien este monólogo a pesar de su evidente cansancio y de su deseo de llegar cerca de su esposo. Pero no añadió nada, y Nek-Bet retomó en seguida:

---

[10] Ta Mana sigue siendo el nombre de un pueblo situado a 60 kilómetros al norte de Agadir [*Tamanar*]. Y si actualmente está alejado de la orilla del mar algunas millas, se sitúa sobre la arena donde las conchas no fosilizadas abundan, prueba de que sólo llevan ahí una decena de milenios.

- "El día siguiente, después de la catástrofe, la evidencia apareció a todos los ojos atónitos: Dios se había manifestado haciendo retroceder el Sol en el cielo, obligándolo a ponerse ahí donde precisamente deberían brillar las luces de los hogares de Ath-Mer, y donde no quedaba más que el mar cubriendo millones de almas de nuestros queridos antepasados."

Estremeciéndose del recuerdo sangriento, Iset quedó sin voz. Caminó sin pensar ya en sus propios problemas, intentando comprender lo que había provocado tal encadenamiento de sucesos catastróficos. Su hermana, estuvo satisfecha de esta evolución que facilitaría indudablemente la llegada de algo extraordinario, y se apresuró en seguir hablando para que ese estado pudiese mantenerse hasta la llegada al montículo:

- "Los signos Divinos deben servirnos de experiencia, a nosotros los supervivientes, porque son castigos que se pueden expiar. La devastación se ha producido durante la navegación solar bajo la dominación de la Fijas de la Gran Fuerza: la que nos viene del León. Justamente la que dependía de nuestro primer Pêr-Ahâ, el Primogénito. Dios deseó pues que la Humanidad comprenda al fin que era Dios, y al mismo tiempo que el Sol era uno de sus propios ojos en cólera, y que el león le servía de brazo: Dios es todo, él solo."[11]

Sometida a la presión verbal que emanaba de esta evocación, Iset no observaba nada de lo que le rodeaba, ni a la muchedumbre que se hacía más densa conforme ambas se acercaban al lugar sagrado, tampoco notaba las miradas avergonzadas o apenadas que se desviaban rápidamente de las dos mujeres que ya no tardaron en estar frente a la piel que contenía Osiris. El precioso contenido esperaba efectivamente su llegada. Nek-Bet, que de pronto se paró a pensar, se preguntó con ansiedad si las visiones que la habían poseído se revelarían ciertas. Pero ya no se podía retroceder, y era necesario que Iset siguiese pensando en algo que no fuera su esposo, por lo que

---

[11] "¡Yo soy Râ! Y también soy el León". Libro de los Muertos, capítulo 62, VIII.

siguió hablando para no concentrase demasiado ella misma en el montículo:

- "Hoy, un Consejo se reunió en Ta Mana. Ha sido el primero y nadie conocía tu llegada, excepto yo. Pero no dije nada, ya que las decisiones tomadas iban en la dirección del renacer que se necesitaba. Lazos armónicos están previstos para retomar con el nuevo "León y su doble", a través de varios símbolos que sólo tendrán su pleno significado si un Descendiente, y sólo él, posee la unión firme entre su pueblo y su Padre, Dios. Así, en cuanto tu hijo, Horus, esté curado y apto para tomar las riendas como Pêr-Ahâ, una ceremonia lo coronará con la inmolación de un león. La cola de este animal le servirá de cinturón, como signo de alianza celeste, rodeando las Doce. Este lazo, uniendo la Tierra al Cielo, será su protección, al igual que la de su pueblo, eternamente. Ya que el día que sea de otra forma, un cataclismo aún más horrible destruirá para siempre nuestra civilización, y no quedarán más que piedras, que no serán más que los símbolos de una gloria pasada."

Estas últimas palabras sonaron lúgubres en la cabeza de Iset, que subió sin darse cuenta al montículo que las llevaba bajo el sicomoro, delante del "*Iat* de Osiris". Sólo percibió como un golpe en el corazón, al otro lado de esta débil pared, el cuerpo de su esposo la esperaba, y se sintió empujada por la mano firme de su gemela para entrar en la Morada. Esta parte realizada, Nek-Bet pensó ahora, volver con Nut muy ocupada en curar a Horus.

Una de tantísimas piezas de cerámica predinástica donde el gran cataclismo está igualmente bien representado.

CAPÍTULO III

OUSIR EL RESUCITADO

Él es el Primogénito, el jefe de cuatro hijos, y es el que hará reinar la paz en la segunda tierra para siempre. Sobre el trono pondrá a su hijo Horus que fue la alabanza de Geb y el amor de Nut. Esto será impuesto al mismo que lo odia por haberlo matado cobardemente: su hermano Set.

HIMNO A OSIRIS
I- 17/24

Detente "Toro celeste, enemigo del Sol", porque ya no tienes cuerpo, ni brazos, ni piernas y no puedes vivir porque no tienes cabeza. ¡Oh, alma muerta!, desvíate del sol, te has convertido para todos en un tema de abominación. Mi alma no sustituirá jamás la tuya en esta piel, y tú no te levantarás más contra mí.

Papiro de Nesi-Amsou,
Cólera de Set

La rodilla parecía estar en su sitio, y los trozos de hueso se estaban consolidando por un ungüento espeso hecho con un tipo de tierra arcillosa que hoy calificaríamos de radioactiva. Nut la había descubierto el mismo día de su llegada, en el borde humeante de una fuente caliente donde acababa de lavarse. Había sentido ahí un nuevo vigor invadirla y pronto se dio cuenta de su uso y antes de extenderla sobre la rotura de la rótula, había impregnado el barro con agua de mar. A su entrada en la habitación había asentido con la cabeza en signo de aprobación, era evidente que Horus estaba en manos experimentadas, y que se restablecería rápidamente, en lo que se refería, al menos, a sus piernas. Ella se volcó sobre el rostro para observar los ojos sangrientos que acababan de ser lavados. Una órbita estaba vacía, pero la otra, cuyo párpado hincado estaba cerrado, no tenía muy mal aspecto y Nek-Bet dedujo que la retina debía estar sana.

Al tiempo que le murmuraba a su sobrino unas palabras tranquilizadoras de consuelo, la joven mujer puso su mano izquierda sobre los dos ojos, dejó fluir en el cuerpo debilitado una parte de su flujo vital, para permitirle una regeneración más rápida de los tejidos parcialmente destruidos. Horus sintió instantáneamente un alivio general apoderarse de su interior. Una fuerza esencial de inmediato lo envolvió tranquilizándolo, y relajando cierto número de sus células, obligándolas a reformarse y reproducir de nuevo todas las funciones interrumpidas. De pronto cerró sus párpados y se quedó dormido apaciblemente por primera vez desde hacía tiempo.

Las dos mujeres emocionadas y aliviadas expresaron sus sentimientos recíprocos llorando en los brazos la una de la otra. No duró mucho, ya que Nek-Bet sintió que el gran momento para Osiris había llegado, y debía unirse rápidamente con su hermana, no quería en su precipitación perder el acontecimiento. Dejando su madre a los pies del enfermo en vía de curación, salió hacia la Morada donde "esa" piel de toro no contendría por más tiempo el enigma tan particular que la ponía nerviosa, a ella también.

Entrando en la estancia se sintió inundada por una extraordinaria paz, observó con alivio que su gemela aún estaba desplomada sobre la piel que contenía su esposo y que aún no había tocado nada. Acercándose, sonrió viendo que su hermana, rendida por el cansancio, se había quedado dormida después de haber abrazado la parte del cuello, como si no hubiese piel; se quedó abrazada a su marido. El ruido que produjo al inclinarse bastó para despertar a Iset, que se sobresaltó, como pillada en un fallo. Frunció las cejas antes de preguntar con voz dudosa:

- "Dime Nek-Bet, tú que lo sabes todo... ¿Por qué no estoy derrumbada de dolor, yo que tanto lo quería? Debería haberme vuelto loca e incapaz de hablar, y sin embargo, me siento vergonzosamente tranquila."

Viendo a Iset tan desamparada por su falta de tristeza, su hermana respondió con voz ligeramente burlona:

- "Quizás tienes ese estado de alma porque es el que, justamente está en perfecta comunión con la de Ou-sir, tu adorado esposo y mi tan querido hermano."
- "No te rías de tu hermana que está en la desolación. Es horrible sentirse así. Su espíritu ciertamente está aún en mí, ¡pero está muerto! permanentemente."
- "Quizás si, y quizás no..."
- "¡Qué quieres decir!"

De repente Iset se asustó y echó hacia atrás indicando con el dedo la piel redondeada por el cuerpo que yacía, prosiguió:

- "¿Es... es él, está ahí? o, ¿...me quieres decir que no está en esa horrible piel?"
- "Por lo que sé. Sí, se trata de Osiris, tu esposo, el que yace ahí, con su alma unida a la tuya. Esta piel lo ha ceñido tan bien, que ha impedido a su espíritu unirse a los Bienaventurados."
- "Debe ser por ello que no me he atrevido a cortar las trabas: tenía miedo de que su alma se fuese para siempre."

Una sonrisa maliciosa apareció furtivamente en los labios de Nek-Bet. Se acercó a su hermana y le propuso con voz suave pero persuasiva.

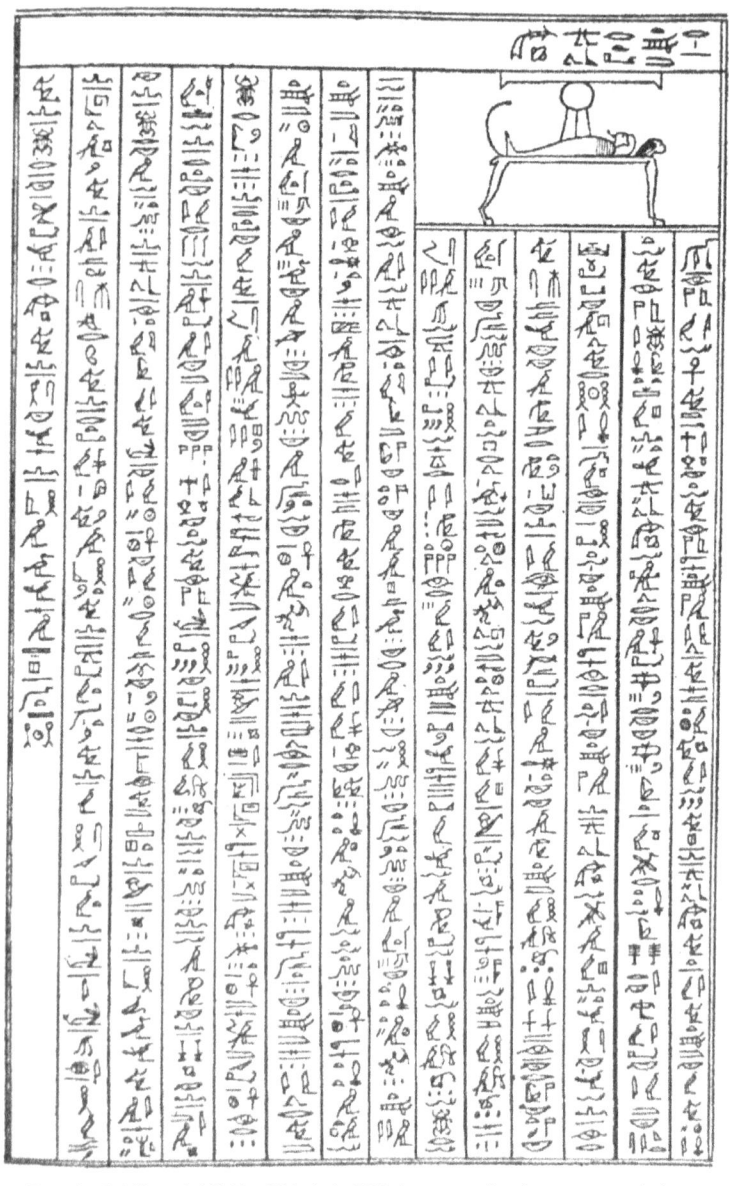

Pasaje del libro del "Más Allá de la Vida" que explica la epopeya de los rescatados y la resurrección de Osiris.

- "¿Deseas dejarlo así y construir su Morada definitiva?"

- "¿Qué propones pues? ¿Quieres que lo deje en esa piel...?"

Horrorizada por la imagen, escondió su rostro en sus manos, por poco tiempo, y con voz arisca, retomó:

- "¡Oh, no!... ¡Este pellejo animal no le servirá de mortaja para entrar en el Más Allá Eterno... Nunca!"
- "Superas mi pensamiento prestándome tal idea, ¡Oh, tú!, que eres mi otro yo mismo. Sólo quería saber si tu deseo era ver Osiris en un otro lugar... o que se quedase junto a ti."
- "¿Junto a mi?... Sería magnifico si la vida no le hubiera sido arrebatada por su Padre. Aún estaría vivo... y aún no consigo sentir sentimiento de desesperación alguno, ni incluso el más mínimo sentimiento de soledad."

Su expresión daba pena de ver cuando se acercó a su hermana, mirándola a los ojos:

- "Dime Nek... ¿me estaré convirtiendo en un cuerpo sin alma, para no sentir dolor alguno por la muerte de mi esposo, que tanto adoraba?"

Nek-Bet tuvo una sonrisa teñida de burla para mejor esconder su emoción y ternura, ya que el momento se acercaba rápidamente con la llegada de su madre y de su esposo. Acarició el pelo de su hermana y vió a Nut, al Pontífice y dos sacerdotes más, iniciar la pequeña cuesta errosa para llegar hasta ellas. Pronto entraron en la estancia.

Cuando todos estuvieron reunidos, Nek-Bet supo que el momento deseado por Dios había llegado. Ella tendría el honor de realizar lo que había sido escrito por Él a fin de que la fe pueda renacer en este Segundo Corazón. Dejó a Iset perdida en sus pensamientos y se dirigió hacia su esposo, del que contempló el noble porte, recuperado al fin a pesar de su sencillez, lo que la conquistó algunos años antes. Levantó su frente para apoyarla respetuosamente a su vez sobre los dos hombros fuertes, que la reconfortaban cuando tenía necesidad, como en este momento, en el que debía solicitar su ayuda espiritual al igual que su ayuda moral. Lo que pronunció, sin embargo, no cuadraba con sus pensamientos íntimos, al menos aparentemente, así que no se sorprendió ver al Pontífice fruncir el entrecejo en signo de incomprensión. Pero él intentaba comprender el sentido oculto de las palabras para poder ayudar a su esposa que sabía lo necesitaba.

- "Nuestra Iset bien amada está al fin recuperada, nuestra venerada hermana por fin entra en nuestro círculo familial de los Primogénitos, siente un dilema en su consciencia. ¡Oh, tú, esposo mío!, favorecido por Dios y por sus consejos, he aquí el momento de ayudarla a fin de que recupere un equilibrio perfecto. Lo que debería ser bastante fácil ya que su hijo Horus se va a recuperar y nuestra hermana reconoce no sentir tristeza alguna frente al cuerpo del noble Osiris encerrado e inerte a nuestros pies. Esta animal concepción del fin de un esposo no la desespera, y..."

Ofendida por el tono silbante, Iset se incorporó de puntillas para cortarle la palabra:

- "Nek, ¿Cómo puedes hablar así?"

La incomprensible diatriba de Nek-Bet los sorprendía a todos, y aún más a su hermana, que corrió a su vez hacia el pontífice, su cuñado, que acababa de rechazar ligeramente a su esposa para mirarla e intentar percibir el misterio que sentía llegar sin comprender lo que iba a ocurrir. Entrecortada por los sollozos, la voz de Iset prosiguió angustiada:

- "¿Acaso olvidas hermana mía que horrible fin acabó con la vida de Osiris?"

La sonrisa enigmática de Nek-Bet persistió, sin que nada pareciera justificarla. Iset retomó más vehementemente:

- "Esta piel de toro contiene el cuerpo de mi esposo, ¿No lo habrás olvidado? ¡Es a él a quién insultas riéndote de mi!"

Cogiendo la mano del pontífice y apretándola fuertemente, imploró:

- "Oh tú, que eres el venerable conductor de nuestras almas sobre el frágil camino del renacimiento, tú, que eres el Pontífice introductor de la nueva esperanza en todos los corazones, tú, que eres el justificador de los actos humanos ante Dios, ordena construir cerca de aquí, la "Morada de Osiris". Que sea lo más sencilla posible, pero lo más agradable, para que su alma se quede eternamente en la "Paz" que siempre pidió para nosotros.

Todos los asistentes enmudecieron ante estas justas palabras. Nut mantenía una mirada de desaprobación sobre Nek-Bet mientras que el An-Nu, de repente se inquietó aún más y lanzaba miradas furtivas y avergonzadas, porque debía apaciguar a Iset. Ya que se trataba de su esposa, que además, había exigido dejar la piel tal cual y no abrirla. Lo que iba en contra de la "Tradición Sagrada", que él estaba trabajando para restablecerla con el ritual ancestral íntegro. Nek-Bet, que evidentemente leía en él, no lo dejó por más tiempo aventurarse en una expectativa nefasta. Antes de que se arrepintiera de las palabras que iba a pronunciar, intervino adelantándose de poco:

- ¡Oh, hermana mía! Si ese es tu deseo..., construir una simple morada a Osiris para dejar descansar su cuerpo, cuyas alabanzas sean eternamente glorificadas, nada hay más fácil. Y los Anales de los nietos de nuestros nietos cantaran al Alma que salió de una piel de toro y fue transportada sobre una barca dorada alcanzando el Reino de los Bienaventurados, movida por Doce..."

Iset arrancó a llorar de forma compulsiva, no sabiendo ya qué decir ni qué hacer frente a su gemela que leía en el futuro y que parecía desafiarla. El An-Nu la abrazó contra él, haciéndole comprender su desaprobación hacia su esposa. Nut, en cuanto a ella, parecía una estatua tal como los otros dos sacerdotes, que no comprendían nada en el desarrollo de una situación que los superaba. Sin embargo, con toda tranquilidad, Nek-Bet no apresuró los acontecimientos que debían desarrollarse poco antes de la puesta de Sol, y que era la única en conocer, sabía que había llegado el momento y los últimos rayos solares resplandecían con luz cambiante sobre el montículo y el sicomoro. Dirigiéndose hacia la apertura de la *Morada,* rogó a los que esperaban en silencio en el exterior unirse a ellos para la ceremonia deseada por Dios. Volviendo sobre sus pasos cruzó la estancia en silencio y se detuvo delante de la ventilación del fondo, para retirar de debajo de una piedra plana uno de los cuchillos metálicos salvados de la debacle y recuperados entre los escombros de la playa, lo había puesto ahí en espera de la excepcional tarea que sería la suya. Volvió hacia su esposo que tenía en su semblante algo extraordinario sin poder definir la cualidad. Ella elevó la lámina con sus dos manos, mirando la muchedumbre acumulada en una inmensidad muda, y esta vez, dijo con tono solemne:

- "Que nuestro venerado Pontífice pronuncie las palabras de purificación sobre este cuchillo de modo que pueda cortar el lazo fétido y todas sus impurezas, para liberar el cuerpo de Osiris de su largo sueño dentro de esta piel. Que el antiguo ritual previsto para la Protección de los Vivos se desarrolle delante de nosotros. Que el Hijo Primogénito sea devuelto a su esposa y a todos los Menores."

Perplejo por el contenido de este discurso de imploración, ya que había pronunciado las frases del rito consagrado a la "*Protección de los Bienaventurados*". El pontífice pensó pronunciarlo, y no dudó en acercarse a su esposa para tomar con delicadeza la hoja tendida sobre la que "*recaería desde ahora el poder de abrir todas las bocas, con la ayuda del Padre muy justo y bueno*". Aunque ese fuera el menor pensamiento de Nek-Bet, que seguía con atención los movimientos de su esposo que se giró hacia los dos sacerdotes que lo habían acompañado hasta ahí. Con una mirada rápida les pidió su ayuda, con el fin de estar secundado de forma eficaz durante la ceremonia que iba a tener lugar, inmediatamente, asintieron inclinándose respetuosamente antes de situarse a cada lado del Pontífice.

Los tres servidores de Dios se acercaron entonces, lenta y solemnemente a la piel redondeada. Llegando a la forma sagrada, el An-Nu elevó el cuchillo y suspendió durante algunos segundos todo movimiento. Un silencio recogido planeó hasta que el oficiante tomó una profunda inspiración para implorar al Creador con ferviente fervor. Desde las primeras palabras todos los asistentes se arrodillaron.

- "Glorifiquemos a Dios en este momento excepcional, a fin de que nos asista en su inmensa benevolencia y nos guíe para la apertura de esta boca. Gloria a ti, Padre nuestro de todos, por los beneficios que pones a nuestro alcance desde nuestro desembarco en esta segunda tierra."

Los dos oficiantes elevaron entonces sus brazos igualmente en signo de imploración antes de que el pontífice volviese a hablar con voz vibrante de pasión:

- "Ven a nosotros, ¡Oh, Padre Todo Poderoso!, a fin de apoyarnos a lo largo de esta ceremonia que devolverá a Osiris, tu hijo, y padre de Horus, entre nosotros. Él vino de ti, ilimitado Creador en sus creaciones, él volvió hacia ti, Padre de todos los bienaventurados. Pero te suplicamos devolvérnoslo bajo su apariencia humana, a fin que su alma no se convierta en una errante. Que esta hoja cortante, que te presentamos para su purificación, sea lavada de todas las impurezas y que el lazo roto, los labios abiertos de la piel, esta boca, deje aparecer Osiris a nuestros ojos tal como lo deseas...[12]"

Cogió en la mano un pequeño cántaro tallado de una corteza leñosa de una gran nuez de coco. Nek-Bet se acercó. Ella misma la había purificado la víspera manteniendo minuciosamente el desarrollo del antiguo ritual. Uno de los dos sacerdotes tomó la preciada ánfora inclinándose, y se la tendió al Pontífice que introdujo el cuchillo antes de elevar el conjunto y decir con voz fuerte:

- "¡Mira con benevolencia este agua viva, ¡Oh, tú, Dios de la Eternidad! Que la ofrenda purificadora de este líquido renueve el alcance de nuestros actos y la fe que los anima. Que este metal purificado, bendito por ti, sea tu instrumento liberador y

---

[12] Las imploraciones litúrgicas reproducidas a lo largo de estas páginas provienen de diversos textos relativos al "*Himno de Osiris*" y las "*Lamentaciones de Isis*" al igual que del "libro de los Muertos", o, "Más Allá de la Vida".

presente a Osiris a nuestros ojos, ¡tal como siempre lo hemos visto!"

Disponiéndose a bajar el recipiente el Pontífice se preparaba para formular el encantamiento benéfico que precedía al acto tan esperado, cuando sintió la presión de los dedos de la mano de su esposa tirando ligeramente de su vestido de lino. Sorprendido, suspendió sus palabras durante un instante. Como teniendo una inspiración súbita, ella tomó ventaja para emitir unas palabras que formaron frases apenas creíbles. El An-Nu tembló interiormente desde el inicio. Pero no emitió protesta alguna y no hizo nada para encausar el flujo de sonidos que penetraba en todas las almas desconcertadas desde el principio como él:

- "¡Oh, tú! que eres nuestro esplendor, brillando en el oro de tus millones de años, tú, del que nadie aún ha contemplado el rostro sin estar cegado, tú, Maestro de Justicia y de la Verdad, tú, nuestro Señor, adorado por las dos hermanas aquí presentes que te imploran, tú, el Amado de todos los Menores reunidos aquí, tú, el venerado de Nut, la madre de tu hijo, que te implora... Que tu bendición se extienda sobre esta morada donde está Osiris, en esta piel aún cosida. Que tu potente soplo purifique la apertura de esta boca, y devuelva su apariencia humana dormida al que siempre sigue vivo en nuestros corazones, porque vivirá en él eternamente. ¡Devuélvenos al Primogénito, ¡Oh, tú, el Todopoderoso! al que nada es imposible!"

Después de un corto silencio que oprimió a todos los asistentes arrodillados, Nek-Bet pareció volver a tomar consciencia y tiró de su esposo suavemente, de forma que se situaron exactamente por encima del cuerpo encarcelado. Ella se contrajo de nuevo, y elevo sus brazos hasta sentir las manos de su esposo sujetando el pequeño cántaro. Le ayudó a bajar el recipiente, pronunciando con voz dura, cargada de una extrema emoción interior:

- "Que esta hoja purificada aporte el renacimiento a nuestro pueblo. Que el que tiene el cuerpo inerte aquí, renazca. Que el que tiene los miembros aquí encarcelados reaparezca. Que el que es tu hijo, Osiris, renazca y reaparezca entre nosotros. Que

Osiris ya no esté inerte; que sus miembros retomen vida porque es tu hijo, a Ti que has creado la multitud. ¡Devuélvenoslo VIVO!"

La sorpresa ante tales palabras alcanzó entonces su apogeo, dejando atónita la totalidad de la asamblea frente al desarrollo fantástico que tomaba la ceremonia. Cada uno sentía inconscientemente, sin aún asumirlo por completo, el sentido preciso de lo que debía seguir, algo poco habitual no tardaría en ocurrir en la penumbra que invadía cada vez más la estancia, todos aguantaron la respiración buscando comprender lo incomprensible. ¿Lo imposible se realizaría frente a sus ojos?, a fin de demostrar que el poder del Divino no era un engaño y que podía realizarlo todo.

Nek-Bet hizo un signo de la mano intencionadamente distintivo hacia su marido, de arriba hacia abajo. El Pontífice comprendió lo que quedaba por hacer, pero a duras penas controlaba el temblor de dedos que lo invadió a la hora de realizar el acto de su vida. Tomando una buena reserva de aire en sus pulmones para darse el aplomo suficiente, se inclinó hacia el cordel de cuero resecado que se había apretado, atrapando aún más el despojo de Osiris. A su vez, recitó de viva voz una ferviente oración al tiempo que buscaba una grieta en los filos de la piel para poder introducir el cuchillo:

- "Que tu fiel y sumiso servidor, que celebra tu poder, pueda con esta hoja romper este lazo, siguiendo tu voluntad. Haz que tu hijo esté preservado de todas las impurezas y de todas las maldiciones pasadas y futuras. Que tu voluntad se lleve a cabo, Oh, tú, Poderoso Señor del Universo..."

Esta última frase fue repetida una primera vez por los dos oficiantes, luego tres veces más por todos los demás presentes. Este espacio de tiempo permitió al Pontífice asegurar su mano en el cuchillo. En el silencio que siguió, cada uno oyó el chirrido del cuchillo que, como un escalpelo manipulado con arte consumido de un cirujano moderno, encontró su camino sin dificultad alguna en la base posterior de la piel, en el cruce del cuero que unía los dos muslos del toro entre ellos. Siguiendo un tipo de punteado dejado del lazado, la punta subió guiada con mano firme, a pesar de que no fuera tan fácil. El Pontífice había actuado rápidamente como en un estado de trance, y sólo comprendió su éxito viendo como la piel de toro, de repente, se distendió por completo y los labios se apartaron ampliamente, abriendo así esta enorme boca devolviendo su contenido.

Todos los pechos exclamaron una respiración retenida demasiado tiempo, sin embargo, los cuerpos arrodillados en un mismo reflejo, retrocedieron arrastrándose todo lo que pudieron para no sentir el hedor que acababa de desprenderse de esta carne en putrefacción, y no ver el asqueroso espectáculo que debía ofrecer.

Nek-Bet, después de una breve duda muy comprensible, se inclinó ya que la oscuridad era casi completa. ¿Se habría equivocado? No tardó en darse cuenta de lo evidente; había calculado bien el significado de las premoniciones que la habían asaltado tantas veces. Osiris no estaba reducido a polvo, sino que parecía que acababa de dormirse. Únicamente la barba había crecido, oscureciendo el rostro y desmintiendo la teoría del sueño; pero la actitud general del cuerpo demostraba una languidez y somnolencia lejos de la rigidez de la muerte.

Poco a poco, frente a la inmovilidad alegre de Nek-Bet, su hermana se acercó a su vez y dio un grito de exclamación. Los sollozos volvieron a sacudirla, pero para nada denotaban horror, por lo que poco a poco los asistentes se acercaron detrás de Nut, y los gritos estallaron, sorprendidos y alegres frente a este milagro de preservación de un cuerpo que tenía los rasgos del rostro serenos. Entonces, nada volvió a parecerle imposible a Iset, de parte de un Dios que le permitía volver a ver a su esposo así, después de haber sido devorado por un toro. Este milagro de la contemplación de una imagen querida, tan semejante a la imagen que había tenido en su corazón, le hacía presentir otro acontecimiento aún más grandioso espiritualmente, que el provocado por el Gran Cataclismo. Frente a esta visión, estalló con gritos histéricos y se derrumbó sobre el cuerpo recuperado de su marido cuya elasticidad estaba intacta.

Inundó con sus lágrimas el rostro barbudo, empezando así el proceso que desencadenó el "Acontecimiento" del que los "Anales" recuperarían el eco eternamente. Iset inició la letanía de sus "Lamentaciones", que más tarde, se convirtieron en el prototipo del

Amor en estado puro. Estan transcritas sobres los muros de decenas de tumbas reales en Tebas, en Saqqara y en muchas más, con el fin de que un ser amado por otro reviva como consecuencia de estos encantamientos que son las réplicas orales, transmitidas de generación en generación, desde el tiempo en el que la esposa de Osiris se las dirigió a Dios. Un grabado cerniendo la verdad, a pesar de sus 12.000 años que lo separan, tiene esta invocación:[13]

- "Oh, tú, Maestro Supremo de la carne y del espíritu, esta morada también es la tuya. Oh, tú, Señor sin enemigo, son tus hijos los que te imploran. Contesta a la oración de tu hija que no puedes abandonar con la esperanza que tú hiciste nacer en mi corazón. Mi alma vuela hacia Ti, a quién daré mis ojos, rogándote volver a esta Morada que también es la tuya. Ven a ver a la que ama tu hijo con todo su corazón, y toda su alma, como te quiere igualmente. Oh, Señor, ven a la llamada de tu hija. ¡Ven!... ¡VEN!"

Derrotada por sus imploraciones, y la intensidad misma desprendida por su espíritu, la esposa de Osiris se dejó caer sobre el cuerpo que inundó de nuevo con sus lágrimas. Acarició dulcemente ese rostro reencontrado con tibieza viva, y manifiestamente, el cuerpo parecía descansar. ¿Pero, era posible? La noche caía en la habitación, donde todas las cabezas acumuladas justo por encima de la suya reforzaban esta impresión fantasmagórica, pequeñas luces bañadas en un aceite humeante aparecieron en este momento creando reflejos bailarines que aportaron un entorno de lo más alucinante. Un halo irreal se había creado sobre la piel abierta alrededor de Osiris, rodeado de un conjunto místico extraordinario, de donde salían gritos de sorpresa y de incredulidad.

Pero Iset, no vivía ese instante del entorno, y se concentraba en su esposo, con voz vibrante de emoción se dirigió a él, hablándole al oído:

---

[13] Citación del papiro de Berlín, computado en la colección egipcia bajo el n° 3.008 y concretamente con el nombre de "Lamentación de Isis".

- "Mi amado, al que amo profundamente. ¡Oh, tú, Osiris!, vuelve a extender tus brazos sobre la que tiene tu misma sangre en ella, que es de la misma madre, y que también es la que ha dado a luz a tu hijo Hor..."

Por un momento se detuvo para persuadirse de que sus palabras penetraban bien en él, hasta lo más profundo del alma aún adormilada, pero receptora. Sin ocuparse de los que asomaban por encima de él, apoyó su mejilla contra la tupida barba en varias ocasiones, como para recordarle algunas alegrías pasadas juntos. Pero nada ocurría, y volvió con tono más suplicante:

- "Soy tu esposa, ¡Oh, adorado mío! Te necesito, al igual que tu pueblo. Vuelve cerca de nosotros, no permanezcas tendido, inerte, tan cerca y sin embargo tan lejos. Vuelve a traer tu alma a la vida terrestre, para hacer compañía a la mía que te baña de lágrimas. ¡Te lo suplico! ¡DESPIÉRTATE!"

A punto de desfallecer por el esfuerzo mental tan prodigioso que acababa de realizar intentando en vano devolver su esposo a la vida, Iset se levantó para admirar ese rostro donde nada dejaba presagiar el entendimiento del mensaje que acababa de lanzar tan fervientemente. Nek-Bet se arrodilló cerca de ella para intentar ayudarla en esta iniciativa de resurrección de la que estaba segura, era deseada por Dios. No debía ser más que una cuestión de Fe y de Oración para que el resultado ocurriera. Extendió sus dos manos por encima del cuerpo inerte, cerrando los ojos para percibir mejor la visión que iba a desarrollar el Acontecimiento. Segura de que únicamente una comunión total de todos en una sola oración ferviente permitiría el regreso a la Luz, profetizó en voz baja:

- "Todos los que estamos aquí, unámonos en una oración única y palpable. Que todas nuestras palabras echen así sus raíces en el alma de Osiris para devolverlo a nosotros. Señor, Padre nuestro, despierta a tu hijo, te lo rogamos. Despiértalo antes de que toque el sol el horizonte occidental y acaricie a los Bienaventurados. Que Osiris renazca entre nosotros para guiarnos según tus mandamientos."

El Pontífice se dejó caer en ese momento sobre la tierra batida, comprendiendo que el Eterno no podía permanecer insensible a esta fuerza que emanaba de las dos hermanas. Su rostro aplastado contra el suelo, gritó lo más fuerte que pudo su oración, de pronto se sintió débil y desprovisto frente a la grandeza del Amor Divino; las dos hermanas debían conseguir su propósito[14].

- "Dios Todopoderoso ¡Sí!... ¡Que Osiris despierte! ¡Que Osiris despierte!"

Los dos sacerdotes se postraron a su vez, sus frentes tocaban la piel ampliamente desplegada, repitiendo bajo forma de encantamiento las mismas palabras, retomadas a su vez por la asistencia casi en trance:

- "¡*Que Osiris despierte!...*
¡Que Osiris despierte! ¡Oh, Dios Todopoderoso!"

E ISET SINTIÓ BAJO ELLA EL CUERPO VENERADO TEMBLAR ENTRE SUS BRAZOS

Narraciones tan múltiples como grandilocuentes intentan describir justamente este "Acontecimiento", pero no lo logran perfectamente. En los grabados en los Templos consagrados a Isis, Osiris u Horus, -que son en mayoría edificios religiosos- los textos hacen resaltar la veneración que siguió a esta "Resurrección del Hijo de Dios", el "Primogénito de los Menores". El resumen que se citará aquí de la escena que siguió, no es el más antiguo, pero subraya la intensa fe que el resultado provocó[15]:

"Entonces el Dios muerto, el que se convertiría en el Toro Celeste, despertó. Osiris retornó su alma a su Padre que se la devolvió con placer. La Fe volvió a tener su lugar en el pueblo. El esposo de Iset extendió primero un brazo para acomodarse

---

[14] Texto de "el velatorio de las dos hermanas" en el pequeño templo de Isis en Dendera.

[15] Extraído del "*Ritual de Resurrección*" del gran Templo de Medinet Habou.

sobre su costado, como si se despertase de un simple sueño. Apoyó su cabeza en las dos manos temblorosas de su esposa a punto de desfallecer por el exceso de emoción que la embargaba. Él le sonrió para tranquilizar su nerviosismo. Después de tanto tiempo pasado en las tinieblas de esta piel donde había sido protegido de todo y de todos, el inmenso amor de su esposa acompañado de fervientes imploraciones lo había despertado de su largo sueño. ¡El triunfo de la fe estalló con todo su esplendor con la resurrección de Osiris!"

Hubo un gran momento de delirio colectivo alrededor de esta pareja tiernamente abrazada sobre la piel de toro, convertida desde este momento en un objeto sagrado y venerado, el tiempo pareció detenerse. Una intensidad espiritual más allá de cualquier descripción se apoderó de toda la asistencia. Los dos jóvenes sacerdotes chillaban tan alto como los demás, los brazos elevados bailando sus cánticos de alegría. El An-Nu, muy pálido, sintió que el Soplo Divino lo había rozado. Abrazó estrechamente en sus brazos a su esposa y a Nut para tranquilizarlas, ya que las dos lloraban a lágrima viva, no era capaz de hablar, la sorpresa lo había vuelto mudo. Osiris por fin se levantó sin demasiados esfuerzos, ayudando galantemente a que su esposa hiciera lo mismo. La muchedumbre volvió a arrodillarse, postrándose a sus pies, antes de abrazar la piel de toro y desgarrarla para poseer cada uno un jirón de esta envoltura animal, de esta boca conservadora que se convertía ya en algo Sagrado.

C.G. Jung, el célebre filósofo que se interesó mucho en ese simbolismo, citó en una obra el significado de esta piel, "el contenedor del alma"[16], que ciertamente hubiera desarrollado más en su siguiente libro si la muerte no se lo hubiera llevado. Si el recipiente contiene el alma, esta contiene en sí misma, la "Fuerza Divina que por su Impulso da y vuelve a dar la vida". Lo que es cierto es que esta piel se convirtió pronto en objeto de veneración muy especial, simbolizado, algunos milenios más tarde, por un culto privilegiado, la alianza del pueblo de

---

[16] En su notable estudio *Wandlungen und Sybole der Libido*. C.G. Jung nombra un bajo relieve del templo de Dendera, donde el cuerpo de Osiris envuelto como una momia está retenido por una rama de sicomoro.

los Descendientes de Horus, con el Toro Celeste, pero la sutileza jeroglífica en los traductores (¡sic!) conllevó una serie de menosprecios que transformó los ritos religiosos comprensibles en una serie de ¡cuentos abominables!

Los textos que hablan del Toro, nombran a Apohis, la serpiente. Pues como *PTAH* se convirtió en *PHTAH* en griego (P se pronuncia F), Apophis es en jeroglífico, Ap'Pis, o Api-Apis, es decir "Toro de la Vía Celeste", que es el nombre sagrado de Osiris. No hay ahí, pues, nada de abominable, todo lo contrario.

Pero volvamos al "Iat-Ousir", de Ta Mana, donde una efervescencia extraordinaria reinó durante toda la noche. No queriendo despertar a Horus que dormía serenamente por primera vez desde mucho tiempo, Iset y su esposo se retiraron lejos de los gritos de alegría que prosiguieron honrándolos. Es probable que el nombre de Dios no haya sido a menudo tan glorificado y agradecido, con tanto fervor como aquella noche. Pero en medio de este entusiasmo popular, las efusiones de Iset a su "Osiris-el-resucitado" (que pronto se convirtió en el nuevo nombre de su esposo), le demostraron su retorno a la vida. Pero, sin embargo, sólo había vuelto para realizar una tarea muy precisa: la de educar su hijo Horus para que pudiese reinar, y enseñar a su pueblo cual era su destino al ser *"elegido" de Dios.* Esta nueva alianza contraída no debería ser renegada nunca más, ya que esa segunda vez significaría una destrucción aún más terrible de la que había engullido Ahâ-Men-Ptah.[17] Y a pesar de saber lo que les esperaba a sus Menores, el Primogénito sabía que Dios siempre, y sólo él, tendría el poder de dirigir el porvenir y el movimiento de los demás, haciendo las combinaciones de las que sólo él sería el juez. Así fue, y fue para poder enseñar a Horus, por lo que la Vida le fue devuelta.

Durante siete milenios la *Resurrección de Osiris* fue glorificada por doquier en el Segundo Corazón, gracias a su regreso y a la enseñanza, la obra de Dios, su ley y sus mandamientos fueron muy bien

---

[17] Este texto, *"Nahi de la piel de toro"*, está grabado sobre los muros de la escalera que conduce a la famosa sala de los Archivos del templo de Dendera, detrás de la que venían a meditar en el Santo Lugar los sucesivos pontífices y únicamente ellos.

comprendidos y respetados. Lo mismo ocurrió en la transmisión de las artes, de las letras y de las ciencias que se conservaron para la posteridad para el mayor bien de la obra del Creador. Pero el olvido se instaló... y en el tiempo de los césares, centenares de estelas ya no glorificaban más que un panteón carnavalesco. Además las elucubraciones grecorromanas sustituyeron la decadencia teogónica y mezclaron con los jeroglíficos, en parte ya incomprensibles, una nueva iconografía salvaje desprovista de toda espiritualidad monoteísta.

Antes de abordar la historia de esta larga marcha, y la lucha de los dos gigantes, un preliminar se introduce en el capítulo siguiente con la vida de Horus, ya que efectivamente se convierte en el guía que dirigirá en el primer momento el inmenso éxodo hacia el segundo corazón al tiempo que inicia el combate contra su tio Set, y consigue neutralizar muy a menudo gracias al conocimiento adquirido a través de su Padre. De forma que se convirtió en "*Horus el Puro*". La mejor referencia jeroglífica que existe de este importante episodio es la estela llamada de *Metternich*, que fue el descubrimiento más importante del egiptólogo ruso Vladimir Golenitschef. Su traducción debe verse con mucha precaución, porque bajo elogiosos y enfáticos epítetos encontramos unos cuentos abominables que la traducción al francés no mejoró de forma alguna.

Es pues a través de una comprensión personal de los anaglifos insertados en esta estela como se reescribió la historia de *Horus el Puro* para vuestra instrucción. Esta piedra fue grabada bajo el reinado de Nectanebo I, de la XXX dinastía en 365 a.C. De ello nos informa el escriba encargado de volver a copiar este texto bajo la demanda del gran sacerdote *Nestoum*, del templo de la necrópolis de los toros sagrados de *Am*, o *Heliópolis*, a fin de que el antiguo ritual espiritual permanezca.

Un manuscrito muy antiguo en vía de desaparición, a su vez reproducido de un documento aún más antiguo, atestiguaba el origen y la veracidad. El título general, después de la primera traducción de *V. Golenitschef*, es "*Horus el Salvador*". Pero preferimos su verdadera denominación jeroglífica "*Hor-Ro*", es decir "*Horus el Puro*".

El pasaje a continuación (col.126/130) es perfectamente lógico para la conclusión de este capítulo:

"Él se acerca a su hijo herido;
Él es Sirio, que navega como el Sol,
Él también es el Toro Celeste.
Él dejo su Morada provisional:
ÉL ES OUSIR EL RESUCITADO."

CAPÍTULO IV

HORUS EL PURO

De toda la teología egipcia, domina el sistema de manifestación que consiste no sólo en distinguir, sino en separar los diversos atributos del Gran Ser, de tal forma que cada uno de ellos sea una persona diferente y que un Dios pase a ser una multitud de dioses.

G.F. CREUZER
Religiones de la Antigüedad

Soy Horus, el Descendiente de millones de años. El trono me ha sido transmitido y lo gobernaré porque la boca hablaba ¡pero enmudeció! Osiris partió hacia el Horizonte Occidental; vengo por el Influjo que posee, y que él necesita, y que, ciclo tras ciclo, vuelve a ser el Guía.

HORUS-EL-PURO
Templo de Edfu 3, IV

Las diferentes interpretaciones de la estela de Horus, descubierta por el ruso *Golensitschef*, provienen esencialmente de la adaptación efectuada con vista a hacer concordar el texto con las elucubraciones plutarquianas del *"Isis y Osiris"* que fue una autoridad en la materia a pesar de estar en el extremo límite de la indecencia, o quizás a causa de ella. Únicamente un griego de hace 2.000 años podría "traducir" una elevada espiritualidad en abominables cuentos al alcance de su poco entendimiento, pero que satisfacía plenamente a sus compatriotas como prueba de superioridad.

Debemos restablecer pues, con la ayuda de otros documentos muy anteriores, la redacción original de un relato aún grabado sobre piedra, apenas deformado por una anaglífica hierática de los tiempos remotos. Las fabulaciones perceptibles de los últimos siglos anteriores al cristianismo fueron realizadas esencialmente por los mismos Grandes

Sacerdotes, que deseaban dejar creer a los bárbaros grecorromanos que no eran ellos los que eran unos salvajes.

"Hor-Pa-Ro" sigue siendo el título de este ritual que simboliza perfectamente este pasaje del ritual ancestral. El artículo jeroglífico **Pa**, situado entre **Hor** y **Ro**, tiene una importancia que supera ampliamente el simple estudio lingüístico y filosófico. Al igual que tiene un significado de "precisión" cada uno de los signos grabados en las 249 columnas verticales y horizontales referentes a la vida heroica de Horus. Porque si la lengua antigua no utilizaba habitualmente en su contexto usual los artículos (ni definidos, ni indefinidos) dejando el cuidado del determinativo de su género, al sentido general de una frase (por ejemplo en una frase latina la palabra *Frater* quiere decir *un hermano, o también el hermano*), unos caracteres jeroglíficos aseguraban la precisión indispensable en algunos casos, como en esta estela y en los muros del Templo de Edfú.

El artículo *pa*, notablemente, es masculino singular, eleva el nombre que tiene junto a él a una "precisión celeste". *Pa* está representado por un pato que vuela: 🦆

Éste da todo su valor simbólico al nombre, en este caso *Ro:* "Puro". *"Hor-Pa-Ro"* es pues la certeza de la pureza del alma de Horus, ya que está unida a Dios por esta parcela engendrada por la divinidad. Ahora bien, esta pureza no está en absoluto referida en las interpretaciones referentes a Horus, provinientes de los textos conservados en los museos de *Turín*, de *Leyde*, o en del *Louvre* en París, y sin embargo, proliferan las escenas de magia o de encantamiento, cuando para nada existían en la verdadera historia.

Pero volvamos a Osiris, que al día siguiente bien descansado entró bajo el techo de espesas hojas de la cabaña donde dormía Horus. Lo observó tumbado sobre una gruesa litera de plumas y de pelos, y emitió esta constatación:

- "Tú has esperado en la clemencia de Dios, ¡Oh, hijo mío!, y has tenido razón: "mientras que tu alma permanezca pura, tu cuerpo no se pudrirá".

Viendo que su primogénito no se despertaba, se acercó de él y pasó una mano tranquilizadora sobre el ojo lisiado pero desinchado, murmurando:

- "Horus, ¡Horus!... tu alma no ha cedido al fuego del Gran Cataclismo. El transcurrir del tiempo se ha suspendido en espera de tu decisión. Por ello tu corazón siguió latiendo aquella noche. Ahora el día ha vuelto, no hay nada que temer."

Al sonido de la voz al tiempo que la suave caricia y las convincentes palabras hicieron abrir el ojo sano. Horus sonrió atónito.

- "¡Padre!, ¡estoy salvado!"
- "Ya lo estuviste, ¡Oh, hijo mío!, porque debes sucederme. Tú sanarás rápidamente, y los que no desesperan de la Bondad Celeste igualmente sanarán. Tu fuerza renacerá y los que se sublevaron contra tus órdenes deberán huir. Nadie se apoderará jamás de esta tierra, nuestro Segundo Corazón, que Dios pone a nuestro alcance y donde únicamente reinarán los que llevarán el título de Descendientes del Primogénito."

EL GRAN CATACLISMO

Una de las numerosas copias constantemente recopiada desde milenios, contando la vida de Horus, hijo de Isis y Osiris.

Y este piadoso deseo siempre fue realizado al lo largo de los milenios que se sucedieron en esta tierra de Ath-Ka-Ptah, porque incluso los usurpadores, todos los invasores y los romanos mismos, se coronaron con el título de Pêr-Ahâ (Faraón), que significa en jeroglífico "Descendiente del Primogénito".

Osiris ya lo sabía pero pensaba que, dejando Dios el libre albedrío de actuar en los humanos, los Primogénitos podrían impedir el declive que llevaría al final de su pueblo elegido, por ello los menores del segundo corazón deberían ser bien educados, sin demora, empezando por su propio hijo que primero debía ponerse en pie. Observó que Nut y Nek-Bet habían preparado bien la cura de la rodilla rota, comprimiendo los trozos de la rótula con barro seco; de forma que se reincorporó para decir levantando los ojos hacia el Cielo bajo forma de un monólogo de un padre dirigiéndose al Padre:

- "Oh, Tú, que eres mi Creador, Tú que eres el Primero, el Único, la Protección de Horus porque es puro. Tú has detenido la navegación del disco de millones de años para que sobreviva. Tú eres la protección de Horus porque él es la esperanza de los Menores. Tú te situastes sobre "Meskit" para que el León se de la vuelta y empuje las Mandjits hasta Ta Mana. Tú eres la protección de Horus porque Tú has oído los lamentos de su madre y los gritos de su hermana. Tú eres la protección de Horus porque tú eres su nombre y su alma. Tú eres la protección de Horus porque has permitido que las tinieblas se dispersen. Oh, Tú, mi Padre, haz que nuestro Primogénito se levante, que pueda realizar la tarea encomendada que le ha sido asignada. ¡Haz que recupere el uso de su pierna y recobre la vista!"

A continuación, sin esperar respuesta alguna, Osiris empezó a quitar con delicadeza la espesa capa de barro que consolidaba la rodilla. Viendo que todo estaba perfecto, aplicó sus manos sobre la rótula rota, y la comprimió levemente. Miró a su hijo fijamente, que no dejaba de contemplarlo, mudo de sorpresa y sin gemir bajo el dolor que debía estar sintiendo, por ello prosiguió:

- "Tu cabeza te pertenece, Horus, tan sólida como la del Eterno, ella soportará tus pasos y los guiará lo mejor posible sobre la ruta de la segunda tierra. Tu ojo derecho sigue siendo tuyo, Horus, tan perceptivo a todas las visiones como el del Eterno, y soportará las realidades que te guiarán hacia el horizonte oriental. Tu rodilla derecha te pertenece, Hor, tan valiente como la del Eterno y soportará todas las vicisitudes sembradas en el camino del Segundo Corazón. Todas tus fuerzas ya renacen en tu cuerpo, tan potentes como las del Eterno, porque en este presente, eres el protector de los heridos y el defensor de los débiles: tus piernas soportarán con valentía la pesada carga de todas las dudas humanas en esta marcha hacia la Luz, al encuentro del Amado, al encuentro de Dios."

Con las últimas palabras, Osiris tomó solidamente la mano de su hijo y le ayudó a levantarse de la cama. Lo mantuvo de pie el tiempo necesario para que sus dos piernas recuperasen la seguridad al contacto con el suelo. La rodilla adquirió muy rápidamente su tono rosado natural. En poco tiempo, esta lucha épica vivida antes del Gran Cataclismo no dejaría huella visible, excepto el ojo derecho, irremediablemente perdido. Únicamente la posteridad probablemente se apoderó del acontecimiento para hacer la leyenda. Osiris, pensando en este reflejo popular y deseando evitarlo, añadió:

- "Que tus ojos se conviertan en símbolo vivo, que presidirá al renacer de la Historia. El pueblo aprenderá desde mañana que mientras respete los Mandamientos de Dios, Tú permanecerás siendo su defensor gracias a esta total "visión de tus dos ojos". El nuevo tiempo cíclico sólo proseguirá su curso armónico si esta condición de ningún modo sea renegada por tí. Tu ojo izquierdo simbolizará el día, porque será su protección, vigilando la navegación solar a lo largo del periplo de millones de años en el Gran Río Celeste. Tu otro ojo, cerrado, será el justificador de la noche, donde el tiempo está como suspendido. Tú serás la aparición de la Luz y la separación de las Tinieblas hasta el fin de los tiempos. Tú serás el Guía."

Horus retrocedió un poco, y se apoyó sólo con los párpados ceñidos:

- "Pero aún estás entre nosotros, Padre. Es en ti en el que recae guiar al pueblo. Tendré tiempo de aprender todas las cosas observándote."

Osiris sacudió la cabeza lentamente:

- "Mis días están contados, hijo mío: desde ahora debo inculcarte los símbolos originales y su significado, bajemos los dos a la orilla del mar para poder hablar más tranquilamente, y repárate, a recibir la alegría del buen pueblo, cuando te vea sobre ¡tus piernas!"
- "Tú llevas más "milagros" que yo Padre, y si hay un símbolo porperpetuar en el futuro, será el de la piel de toro... ¡que tan bien te ha conservado!"

Si los primeros pasos fueron inciertos e inseguros, los siguientes estuvieron más firmes. El entusiasmo que brotó del gentío al verlos juntos, ayudó a controlar los últimos espasmos nerviosos de la rodilla que acababa de ponerse en su sitio. Las ovaciones siguieron todo a lo largo del camino que llevaba a la playa. Las aguas estaban tranquilas, de un azul claro, recordando una época proscrita. Osiris, con un suspiro cansado, hizo un amplio gesto con el brazo, ante de hablar a su hijo que se apoyaba algo sobre él para poder descansar.

- "Mira, Horus, el mar es el mismo que antes, pero sin embargo es diferente ya que el sol se levanta en opuesto. Un nuevo ciclo empieza."
- "Recuerdo las profecías de tu Padre, el venerado Geb. Todas se han realizado. ¿Por qué era necesaria que tanta desgracia ocurriera, Padre?"
- "Para que los hombres comprendan, Horus. Ese es todo el problema de la inteligencia que se plantea de tal forma, con su esencial unión con Dios: el Alma. Pero es muy frágil, ya que está hecha a la vez de fuerza y debilidad."
- "¿Qué quieres decir, oh, Padre?"

Osiris no contestó inmediatamente escrutando el entorno para encontrar un lugar propicio a su diálogo. Observó una pequeña elevación no muy lejos, y ahí dirigió su hijo al tiempo que le contestaba:

- "El Alma es invisible e impalpable, a la imagen de nuestro Creador. Para forjarse un segundo corazón de Dios, la multitud de las consciencias espirituales no deberá ser más que "una sola", a imagen misma de las nuevas Combinaciones

Matemáticas que edificarán día tras día la Armonía con los movimientos Celestes."
- "Pero hemos perdido todos los escritos, Padre. No nos queda nada..."
- "Al igual que algunos rescatados, tengo las llaves del Conocimiento, hijo mío. Te enseñaré puertas desconocidas para los demás, luego, el Pontífice y Nek-Bet, te ayudarán a moldearte para ese "Saber". Lo que nunca deberás olvidar, Horus, es que nuestras almas deben estar en perfecto equilibrio entre los propósitos de la Tierra y del Cielo. Ya que son ellas las que han creado el desequilibrio fatal en Ahâ-Men-Ptah."
- "¿Y eso necesitaba tal cólera destructora, Padre? Todo podía haber sido maravilloso en el mejor de los mundos. ¿Por qué haberlo destruido... POR QUÉ?"

Osiris marcó una pauta, como para reflexionar mejor su respuesta. Luego, los dos hombres lentamente retomaron la ruta hacia la colina, y dijo:

- "Quizás, justamente, ya no era el mejor, a pesar de las apariencias. Ya no era el Ahâ-Men-Ptah, el Amado-de-Dios. ¿Acaso olvidas que Geb, mi Padre ha muerto porque ese país dejó de serlo mucho antes de su desaparición?"
- "¿Y Dios no es el único responsable, Padre? El hombre no era falto de reflexión..."
- "Al principio, quizás, pero hubo impiedad sacrílega. Al principio, esta gran quietud instaurada por el reino de Dios, generación tras generación, a lo largo de centenares de siglos, se acentuó tanto conforme pasaba el tiempo, que aparecía muy natural en el orden de las cosas establecidas, una vez por todas. Y el olvido se estableció sobre los deberes del Hombre hacia Él, que lo había modelado insuflándole un alma capaz de cosas mucho más magníficas que las que estaba realizando. Esto llevó a negar cualquier forma de oración o de agradecimiento hacia ese Dios que no podía procurarles un bienestar material porque ya lo poseían. Así empezó esa felicidad impía y estéril, donde la espiritualidad ya no tenía lugar."
- "Lo comprendo ciertamente, ¡Oh, mi venerado Padre!, pero el Hombre siendo lo que es por voluntad divina en última estancia,

no tiene toda la culpa, ya que sólo es el depositario de la parcela constitutiva del Alma..."
- "¡No, Horus! Porque los humanos han hecho un pacto solemne con Dios, y sus Menores no han respetado esta alianza. Es este perjurio el que ha desencadenado la cólera del Cielo. Mucho antes de Geb, el egoísmo, la envidia, el odio, iniciaron la obra de destrucción. Si el pueblo hubiera seguido frecuentando los lugares de culto para orar, Dios, seguramente, no hubiera actuado, porque es el Padre de todos. Pero los templos fueron abandonados o se convirtieron en lugares consagrados a la abominación. Fue esa impiedad que desencadenó el horror del Gran Cataclismo."
- "Sin embargo esta impiedad no puede justificar las decenas de millones de muertos, ¡Padre! Es tan monstruoso..."
- "Quizás en apariencia, hijo mío; pero los miles de supervivientes llegados a estas orillas son la prueba de la clemencia Divina. Si comprenden, gracias a ti y a los Descendientes que te seguirán, que deben seguir los Mandamientos instituidos por la Armonía Universal, reconstruirán un segundo país que será su "Segundo Corazón". Y esta nueva humanidad formará una nación poderosa de millones y millones de seres vivos en acuerdo con Dios, y se reiniciará la vida en el seno de una nueva "Alianza" reconstituida, donde la felicidad reinará de nuevo sobre toda la Tierra."

Mientras que hablaban había alcanzado la pequeña colina. El padre y el hijo la subieron lentamente. Horus sintió sur rodilla crujir, pero los huesos aguantaron, hizo una pequeña mueca para constatar su poca fe, antes de contestar la última frase a Osiris:

- "¿El retorno de tal olvido no corre riesgo de reaparecer, dada la debilidad del alma humana?"
- "Mientras que los "Sacerdotes" recuerden frente a todos la historia del hundimiento del "Primer Corazón de Dios", la "Paz", la "Prosperidad" y la "Felicidad" progresarán en la segunda patria."
- "Tienes razón, ¡Oh, Padre! Mientra los sacerdotes no olviden ellos mismos el significado de las enseñanzas que prodigarán, serán la garantía de la "Resurrección" que tú personificas hoy.

Pero, las nuevas generaciones y ¿si olvidan, o si dejan los dogmas...?"
- "Entonces será la negación definitiva de todo derecho a la supremacía del Hombre sobre la Tierra. Dios lo borrará de los seres vivos o lo subyugará por otra categoría hecha de carne y de huesos, a la que transferirá nuestras Almas."
- "Debemos, pues, encontrar los medios de instituir una veneración eterna hacia el Creador que ha hecho de nosotros lo que somos."
- "Veneración no es exactamente lo que hace falta, no más que una adoración. Él es el Padre, y siempre debe ser honrado como tal. Es ese culto que debe eternizarse y ser de uso corriente y cotidiano. Es un deber de piedad filial, al igual que de reconocimiento por habernos dotado de esta parcela Divina que nos permite emerger por encima de la masa de los animales de todo tipo para ser Hombres."
- "He aprendido sobre la formación de esta Alma, cuando estudié con el Gran Maestro de la Medida y el Número, en Ath-Mer, y el modo en el que todas estas circunvoluciones reciben la trama de las emanaciones del Gran Influjo Celeste. Y concibo muy bien los defectos a combatir en los hombres, a pesar de ellos mismos."
- "¡No todos, hijo mío! Son estudios arduos que deberás hacer, luego aprender y reaprender sin parar a todos los jóvenes niños y niñas con la ayuda del Pontífice y de Nek-Bet. Ellos mismos deberán transmitir su "Conocimiento" a los hijos de las próximas generaciones, y así sucesivamente hasta que los textos escritos puedan reaparecer en la nueva Patria."
- "¿Y las palabras Sagradas?"
- "Cada An-Nu y cada Primogénito detendrán en su espíritu una parte, que nunca deberá perderse, hasta la reapertura solemne de la Casa de Vida."

Llegando a la cima del pequeño cerro, una ligera brisa tibia los sorprendió agradablemente, al igual que el silencio que parecía haber cubierto todas las cosas aquí. Osiris señaló un emplazamiento mullido, tapizado de hierba tierna.

- "Sentémonos aquí, será perfecto para seguir nuestra conversación. La Fuerza Vital constitutiva del Alma es el símbolo mismo de la Fe que siempre está. Está en ti. Está en cada uno de nosotros, tal llama ardiente, tan viva como el Sol mismo, y será esta fuerza, únicamente en los corazones de la multitud, la que formará los cuerpos alrededor de la multiplicidad de las almas inmortales. Eso es lo que el espíritu olvida más rápidamente..."
- "¡Oh, Padre!"
- "¡Olvidas quizás que hace apenas ocho días tú pasabas por ser un iluminado, y el impío aparecía como un sabio!... La hipocresía era un valor y el alma no era más que un concepto caducado o, al menos, inútil. De ahí que se renegara de Dios y de sus Obras, y la preferencia de las Tinieblas a la luz."
- "¡Pero el Alma aún está presente en nosotros, Padre!"
- "Es por lo que ya no podremos fiarnos de la única comprensión popular para asegurarnos que las Palabras Sagradas alcancen las Almas. Y si algunas figuras simbólicas de los textos escritos expresaban perfectamente las ideas representadas, a partir de ahora deberemos explicarlas en cuanto estén de nuevo en uso, ya que no bastaron para impedir, por si mismas, la destrucción de las envolturas carnales que se creían inteligentes. Sin embargo, el Alma es la única personificación divina en el hombre. Es el símbolo **Ka**, con los dos brazos elevados y las manos abiertas en llamada a la unidad hacia el cielo, a fin de conectar el alma humana a su creador."
- "Y es lo que se deberá explicar, de ahora en adelante, ya que la única imagen no creó este lazo de unión."
- "Veo que comprendes, hijo mío. Puedan tus descendientes ser como tú, y que no haya divorcio entre Dios, el "Ka Creador", y sus imágenes de carne, los "Ka" engendrados. El segundo corazón se llamará entonces "Ath-Ka-Ptah", tanto para perpetuar la madre patria como para agradecer la "Armonía Celeste" por haber conducido a los rescatados hacia una nueva tierra habitable, parecida a la primera para que pudiera haber un reinicio."
- "Este recuerdo será eterno, ¡Padre! "Ath-Ka-Ptah" siempre nos recordará a todos la bella tierra de Ahâ-Men-Ptah, la Tierra

Primogénita, la tierra Amada. Será su doble físicamente para la Eternidad."
- "El Ka demostrará por su símbolo que no alcanzamos a Dios con nuestras dos manos, pero que conviene implorar su ayuda con los dos brazos. Y esta ayuda llegará. No olvides jamás esta frase tan reconfortante de nuestros desaparecidos escritos: "La Vida y la prosperidad te son dados más que a todos los otros seres vivos". Te he destinado a la excelencia, para la abundancia, al igual que para todas las cosas buenas que he situado en la tierra. Te he dado la Fuerza Vital que te hará semejante a mi; serás mi imagen, mi doble, mi Ka."
- "Así había nacido el Alma en el cuadrúpedo que se elevó por encima de los demás, pero la puede perder para siempre y el Gran Cataclismo fue la advertencia."
- "Empiezas a comprender, hijo mío. Tu tarea será ruda para evitar una nueva y peor catástrofe para la raza humana."

Siguió un pequeño silencio durante el que cada uno de los dos interlocutores dejó volar su pensamiento en el seno de ese pasado atroz, tan cercano, y sin embargo tan lejos para los que habían escapado. Fue Osiris el primero que murmuró:

- "De los ríos de sangre que ensucian el fondo de este mar, no queda nada frente a nuestros ojos, sólo este azul de una pureza celeste. Todo está recomenzando ya se está extendiendo el olvido sobre el pasado cuando el pueblo aún no se ha despertado al futuro que le aguarda. Te tocará a ti hacer todo lo posible para recordarle sin cesar que debe vivir en el temor eventual de una peor abominación, y la más definitiva pérdida, si no encuentra unos lazos indisolubles con Dios. Porque en verdad te digo solemnemente, Horus, que si los supervivientes no crean una nueva cabeza de puente hacia el Cielo firmando una nueva Alianza con su Creador, perecerán esta vez en la agonía de un castigo eterno."
- "Firmarán ese pacto, ¡Oh, Padre!, porque no olvidarán jamás el trauma pasado."
- "Ellos no. Sus hijos quizás tampoco... pero ¿y sus nietos? y ¿qué decir de los nacidos en la centésima generación?"

- "Los mandamientos estrictos de los Grandes Sacerdotes les ayudarán a recordarlo."
- "Si el pueblo permaneciera unido, quizás. Pero ya existen dos cepas enemigas, y numerosas ramificaciones poblarán no sólo nuestra segunda patria, esta tierra prometida a todos, sino muchas más regiones, formando de este modo otros clanes..."
- "¿Por qué sería causa de nuevos desacuerdos?"
- "Para justificar un deseo de independencia, nuevos dioses ficticios serán inventados e invocados provocando la impiedad original como en Ahâ-Men-Ptah."
- "¿Qué hacemos entonces?"
- "Sobrevolar las decenas de siglos para preveer lo que ocurrirá cuando nuestro pueblo llegue al Segundo Corazón... ¿Qué será de él? El completo olvido del pasado que es nuestro presente. Es pura evidencia. Tu único objetivo será preveer que todo no vuelva ha ocurrir. Que cada hombre se sienta vigilado por Dios en una multitud de facetas, a lo largo de su vida, en cada segundo del día, en cada acto cotidiano. Que cada uno sepa, desde ahora, que a la más mínima diferencia, atraerá la peor de las calamidades para toda la especie humana, y que su propia entrada en el "Más Allá de la Vida" no le será acordada más que después de una rigurosa pesada de su alma, donde la más mínima mala acción cometida le será descontada del peso requerido por el reglamento de los "Mandamientos". Y que cada uno sea educado para alcanzar tal comprensión prioritaria y se perpetúe en lo más profundo de la noche de las eras, sean cuales sean los gobiernos en el poder."
- "¿No preguntará el pueblo entonces a qué se debe ese temor que le será inspirado? Sobre todo si vive en un nuevo confort semejante al que precedió a la desaparición de Ahâ-Men-Ptah."
- "Por ello deberemos grabar para estas generaciones olvidadizas la historia del Gran Cataclismo en la piedra imperecedera, con su fecha precisa y lo que resultó. Los dos leones opuestos por un Sol central podrían ser el símbolo comprensible para todos los jóvenes futuros espíritus de los próximos milenios, sea cual sea su grado de inteligencia. El temor sobrevivirá..."

- "¿Así que piensas, ¡Oh, Padre!, que sería preferible que la Alianza con Dios esté basada en una creencia absoluta e incondicional en el Todo Poderoso de lo Eterno?"
- "Sólo podrá ser eficaz y efectiva de forma automatizada cierto número de actos cotidianos que asegurarían la omnipotencia al igual que la omnipresencia. La Bondad Divina, al igual que su Cólera jamás volverán a ser puestas en duda. El Sol se pone desde ahora en el opuesto al final se su navegación diaria, ahí mismo donde vuelven a ver cada noche en el horizonte los millones de almas de nuestros "Ancestros Bienaventurados". ¿Qué mejor prueba para inspirar el temor en un futuro lejano donde el astro solar hará otra vez lo mismo?"
- "Tienes razón, Padre, me queda mucho por aprender. Pero deberemos, en lo que nos toca, volver a calcular todas las Combinaciones Matemáticas con el fin de reencontrar la armonía con los movimientos del cielo. Un largo tiempo será necesario, ya que la carrera del Sol ha cambiado por completo el curso de su navegación."
- "No creo que ello sea tant complicado. Si no me excedo, comprenderás pronto que dentro de su gran clemencia, el Creador ha conservado íntegramente los movimientos del Universo. Únicamente la Tierra ha basculado y los seres vivos culpables desaparecieron del lugar mismo donde pecaron. Con lo que no ha provocado cambio alguno en el orden turbulento espacial. ¡Nada ha sido modificado en el orden preestablecido!"
- "¿El Sol está pues en el mismo lugar?"
- "Sí, pero la Tierra ha modificado su curso, el astro solar solamente "retrocede" para nosotros en esta constelación "Akher", el León."
- "¿Así que podríamos volver a ponernos en armonía con el cielo sin dificultad?"
- "Te he dicho que la Bondad Divina era inmensa. Si el cielo detuvo su barca dorada en su progreso en el seno del "Gran Río Lechoso", justamente, en esta configuración del León, es signo de cólera y de oposición a esta matanza fraticida desencadenada por mi hermano Set. Pero, esto no cambiará gran cosa al sentido de las "Combinaciones Matemáticas.""
- "¿Qué puedes enseñarme de esos cálculos, Padre, que aún no sepa?"

- "Hay tantos problemas por abordar que no tendré quizás tiempo de ayudarte a resolverlos todos. Pero este "Saber Matemático" te llegará conforme las necesidades del Conocimiento te obliguen a abordarlo. Y los elementos de comprensión que te voy a inculcar te permitirán acabar tu educación sólo en el recogimiento de la meditación. Has aprendido que al Origen Dios creó por el Verbo, fue el fuego de donde brotó la Luz engendrando el mundo material, físico, de donde nació a continuación la imagen humana terrestre. Es por lo que el Verbo-Luz está en ti ahora. Deberás transmitirlo a tu vez a los seres vivos, por intermedio de tu Ka a los demás Ka; con el fin que la elevación siga aumentado gradualmente, en lugar de desaparecer. Es esta alma la que permitirá comprender los Mandamientos de Dios, actuar con este Conocimiento, crear y procrear, complementando al Verbo por la Palabra."
- "Esta Fuerza Divina engendrada a partir de la Nada me es conocida, Padre: "Dios dijo, y ello fue...". ¡Pues era Dios, pero lo ha destrozado todo!"
- "Todo no, Horus, ya que estamos aquí y bien vivos, pensando cómo enseñar a los miles de rescatados el mejor método para volver a vivir en una Armonía Universal."
- "¿Realmente me crees capaz de realizar tal acto, Padre? ¡Me siento tan débil!"
- "No eres aún menos capaz que tu espíritu, seguramente intacto, que se desarrolla hacia una comprensión que jamás ningún humano poseerá. Te harás digno de esta superioridad enseñando el "Saber". La Palabra se basa en veintidós articulaciones fonéticas que reflejan el Alma que la rige, por ello es el espejo de cada individualidad en el seno de la multitud. Gracias a tu nombre, y al que identifica cada personalidad, cada uno es uno mismo y nadie más. Es el fundamento del edificio que pronto emergerá por la reunión bajo tu ala protectora, y si quieres subsistir más adelante en un segundo Corazón, deberás asegurarle desde ahora mismo unos cimientos tan profundos que serán inquebrantables."
- "Aceptará la razón humana este nuevo esfuerzo, cuando el alma acaba de tener tal conmoción, ¿Oh, Padre? ¡Incluso los muertos no han tenido la sepultura que se les debía!"

- "Dios les ha asegurado la más bella de todas, Ahâ-Men-Ptah. Por ello, los supervivientes deben recuperar el Espíritu sobre la Razón, en signo de renacimiento. La nueva Palabra Sagrada hará brotar en cada uno impulsos, intuiciones que abrirán la ruta del futuro. El Alma, saliendo del estéril letargo que la alejaba de Dios, percibirá al fin el sentido de las palabras. Será la iluminación que forjará las ideas y formará todas las facultades latentes."
- "¡La Palabra será verdaderamente un don Divino, si esto ocurre así!"
- "Así será hijo mío, pero ese don es exterior a la naturaleza humana, y, pues, muy frágil y peligroso."
- "Se debe, pues, rodear las Palabras Sagradas con todas las precauciones oratorias previsibles, de un rito intangible previsto para la Eternidad."
- "Sí, y que no quede lugar alguno posible para una intervención cualquiera de intuición personal, ya sea popular o emitida por una élite que desee hacer prueba de inteligencia ahí donde ésta no es de utilidad alguna."
- "De forma que la catástrofe que acaba de sobrevenir será el hecho histórico deseado por el Creador. Y permanecerá grabado en todos los espíritus ocupando siempre la preponderancia en las preocupaciones cotidianas como símbolo del temor divino. Los Anales que vendrán trazarán de esta forma el veradero origen."
- "Otra vez olvidas que los supervivientes tendrán hijos, que a su vez engendrarán, y así sucesivamente para cada generación. La VERDAD se modificará y atenuará su alcance a lo largo de los siglos. Dentro de 10.000 años, ¿qué quedará, Horus?"
- "¿Tanto tiempo, Padre?"
- "El ciclo de los "Hijos de Dios" se perpetuó previendo de antemano, lo que se produciría dentro de cien siglos. Y si las leyes estrictas no son decretadas desde ahora para la rigurosa conservación de los Mandamientos, los fundamentos se agrietarán y el caos renacerá antes de la desaparición final de todos."
- "Tú no podrás evitar que la Escritura renazca permitiendo al pensamiento realizarse ayudado por la razón. Y entonces habrá un desarrollo de todas las facultades que traerá con él un

constante progreso formando una nueva civilización, al igual que un retroceso de la espiritualidad necesaria a toda vida armónica."
- "Es por lo que se opondrá la Fe a la Razón, hijo mío. Nuestra revelación será sometida a lo largo de los próximos milenios a múltiples mutaciones que serán el precio a pagar por esos progresos. Deberemos, pues, hacer intervenir la Fe en Dios desde las primeras palabras que vayas a pronunciar. La Fe deberá ser inquebrantable para que a pesar de los futuros golpes dados por los razonamientos de la sinrazón, pueda permanecer intacta en su inviolabilidad eterna. La Fe deberá ser la prueba flagrante y tangible del Origen Divino de la Humanidad, y no podrá ser mermada en lo más mínimo, en ningún lugar, ni de ninguna forma."
- "¿Qué será del que piense, Padre?"
- "La simple razón humana, Horus, no poseerá jamás el razonamiento necesario para alcanzar la comprensión de Dios. Su percepción y su concepto de la divinidad son nulos, esta Razón está consagrada a la destrucción por su propia formación. Es por lo que la Fe debe sustituir a la Razón, ya que de ninguna forma necesita la justificación de un pensamiento razonable. La certeza de una única ley original y de unos mandamientos que deriven debería evitar un nuevo cataclismo y debería bastar para ocupar el pensamiento. ¿Por qué, quién, sino Dios, podría ser el Legislador que regula la Armonía Celeste?, ya que el ¡Hombre no existía aún!"
- "Esta lógica está bien razonada, Padre, aunque debería enunciarse de forma muy clara esta "Ley de la Creación", bajo un aspecto humanizado, para que el conjunto de la población se impregne y siga sus reglas."
- "Es una dificultad deseada por Dios, dejar persistir esta duda. La Fe justamente debe permitir al ser humano elevarse por sí mismo reconociendo todo lo que debe al Eterno. Por encima mismo de sus propias dudas. La única forma válida, es la parabólica ancestral de los cálculos de los Maestros de la Medida y del Número, y no nos pertenece a nosotros hacerla perceptible a la muchedumbre. Incluso creo que deberíamos, a partir de ahora, complicar algo la enseñanza de las "Combinaciones Matemáticas", ya que el ejemplo de los que nos

han precedido para nada ha sido concluyente, al menos en el sentido de la Fe."
- "Que vergüenza para el Colegio de los Grandes Sacerdotes, ¡Padre! Se han debilitado y se han humillado en vano. Las burlas y los sarcasmos de los innumerables escépticos aún suenan de forma atronadora en mi cabeza. ¡Pobre Geb, que lo intentó todo para salvar a todos sus hijos de Luz nacidos en la Tierra, y que consideraba como sus propios hijos!"
- "Es por lo que el Maestro Geb permanecerá en las memorias como el "Padre de la Tierra", y con ese doble título, ya que gracias a su tenacidad las "Mandjit" nos permitieron escapar del horror. Tú eres su nieto, Horus, y a tu vez también tendrás un Primogénito que, perpetuándote, asegurará nuestra unión con todos los futuros descendientes. La vía que debes seguir desde ahora para fortalecer la nueva cepa que ya está desarrollándose es la obediencia ciega en los "Mandamientos de la Ley", y el temor de no seguirlos."
- "En espera de formar un nuevo Colegio de Grandes Sacerdotes que enseñará esta capacidad a los novicios... Es evidentemente el mejor método para insuflar esta Fe inquebrantable que asegurará una buena marcha hacia esa luz que es nuestra segunda patria."
- "Será la promesa de la Alianza, y se llamará Ath-Ka-Ptah cuando llegue el momento propicio definido por las configuraciones celestes. De forma que las generaciones futuras pisando el suelo sabrán que han alcanzado su segunda Alma. Hasta entonces, tú y tus sucesores deberéis actuar como si hablaséis a unos ciegos y como si indicaseis el camino a unos sordos."
- "Ya veo, Padre; se debe permitir al pueblo distinguir sin ver, a la vez que debe oír sin comprender. De tal forma obedecerán más fácilmente y sobre todo sin restricción alguna."
- "De forma que este Segundo Corazón acogerá la multitud que vivirá eternamente, bajo la conducta iluminada del Pêr-Ahâ surgido del primer Primogénito de Dios, engendrado en Ahâ-Men-Ptah, desapareció por la ceguera de sus habitantes."
- "Para conservar su recuerdo intacto, deberemos llamar a este reino desaparecido, que hizo nuestra felicidad, con un nombre para siempre venerado."

- "El "Reino de los Bienaventurados" sería una perfecta imagen del acogimiento que Dios leshizo. Se llamará pues "Amenta", recordando de esta forma el país original donde las Almas que no hayan pecado se uniran a las de los Antepasados."
- "Así nuestro desaparecido continente, tan querido para nuestro recuerdo, al tiempo que será la advertencia de un terrible cataclismo, será el refugio igualmente de todos los que hayan merecido la Vida Eterna."
- "Veo que has comprendido muy bien esta lección, hijo mío. Realmente todos nuestros Menores son Bienaventurados, como perdón de las faltas colectivas de los que algunos no eran culpables. Y por esta razón no tardaré en unirme a ellos..."
- "¡Oh, Padre!"
- "Es necesario que alguien atienda la "Pesada de las primeras Almas" que no tardarán en presentarse a Dios. Y ¡recuerda, Horus, cuidado con aquellas que hayan infringido en demasía la Ley y sus Mandamientos!"
- "Velaré para recordárselo a todos sin cesar. ¡Oh, venerado Padre!"
- "Ahora vamos a repasar el mecanismo de las Combinaciones Matemáticas para que puedas conocer el conjunto de la armonía celeste y que puedas realizar la obra para la que has nacido. Incluyendo la de ser el "Vengador de mi Padre".[18]

---

[18] Esta frase inicia todos los papiros consagrados a Horus. Este conjunto jeroglífico significa. "Horus, vengador de Osiris, Hijo de Dios y del Sol, Dos veces Vivo y Resucitado".

CAPÍTULO V

LA ALIANZA CON DIOS

Comprender a Dios es difícil, hablar de ello imposible, ya que el cuerpo no puede expresar lo incorpóreo, porque lo imperfecto no puede abrazar lo perfecto. ¿Cómo asociar a Dios con lo que tan poco tiempo dura?

STOBÉE
Florilegium, LXXVIII

¡Que viva El Primogénito que viene del León! Que viva desde ahora bajo el cetro del Protector de las Tierras opuestas. Que siga el camino de las Estrellas Fijas para ser conducido junto con su pueblo a la segunda Alma de Dios. Y el "Este" así unido al "Oeste", santificará la llegada de los Primogénitos del Sol.

Inscripción de Unas
Tumba noreste de Saqqara

Después de la alocada noche que siguió la resurrección de Osiris, que tuvo al An-Nu despierto presidiendo las acciones de gracias que la muchedumbre, de repente consciente de su origen, no dejaba de dirigir al cielo. Una vida mucho más activa había renovado espiritualmente a las Almas, y el deseo de formar una segunda nación se materializó anclándose en la piedra angular que representaba el "Hijo" reaparecido entre ellos. Al alba, al fin, el Pontífice contempló a su esposa apaciblemente dormida, luego, acarició la frente de sus cuatro hijos, antes de volver al altar provisional que servía para celebrar el amanecer del astro y el acto de agradecimiento al Eterno. Dirigiéndose hacia el área consagrada, perseguido por los gritos de alegría de los vivos, pensó con consternación angustiada lo que hubiera ocurrido a Osiris si Nek-Bet no hubiese tenido la "visión" de su hermano resucitado y cómo ubiera alcanzado su última "Morada" en esta tierra. Llegando al lugar de oración, el Pontífice pactó con su conciencia, que

Dios le hubiera dado algún otro signo para demostrar su poder devolviéndole su "Hijo".

Ath-Ka-Ptah, el Segundo Corazón de Dios, es el significado de esta llama, que es la del segundo corazón renaciendo de sus cenizas gracias a Osiris, Primogénito, y a sus descendientes.

Los primeros rayos benefactores del Sol aparecieron en el este. Al tiempo que penetraban en los espíritus, aún despertaban la sorpresa de los que contemplaban este insólito prodigio. Esta costumbre natural entraba difícilmente en sus hábitos, incluso el An-Nu se sorprendía, a pesar de que él mismo, simultáneamente, agradecía al Creador el contidiano milagro renovado por esta aparición solar. Al final de esta ceremonia, los fieles se dispersaban, dejándolo meditar sobre increíble destino que era el suyo, llevándolo a la cabeza de los que restablecerían a Dios en su "Trono" hasta el fin de los Tiempos. Sintió su alma revitalizada por el "Influjo Divino", que le comunicaba de esta manera un aumento de sus fuerzas, necesarias para el éxito total de la misión por realizar y de la que sabía debía ocuparse de inmediato.

Esta fiesta sagrada incluye también el transporte de la "Mandjit", o barca sagrada que transportó el cuerpo de Osiris durante el Gran Cataclismo, sin descomponerse, hasta Ta Mana.

El día resplandeciente se instaló abrazándole, pero antes de volver a su enseñanza, no resistió la tentación de contemplar un "tesoro inestimable" que le había confiado uno de los colonos de esta nueva tierra a lo largo de la noche. La vista de Osiris vivo había transformado todos los espíritus, restableciendo valores en proporción.

El An-Nu sacó con cuidado de debajo de la mesa un tipo de pequeño cubo, ahuecado dentro de una sección de árbol... le había explicado que tenía posesión de este artilugio desde mucho tiempo, después de haber sido objeto de trueque con un barquero que era piloto experimentado de los navieros costeros que comerciaban hasta la extremidad del mundo lo había intercambiándo por *kesbet*[19]. Era un *"Gô-men"* (gnomon[20]) *muy antiguo, datando de mucho antes del "Cataclismo" que tenía hoy un valor excepcional con el que ninguna cosa en Ta Mana podía compararse.*

Esta cubeta, groseramente realizada, contenía el instrumento más preciado del mundo en este momento, nadaba al son de los movimientos del líquido que contenía. El An-Nu contempló con placer conmovedor la rueda maciza que flotaba; le recordaba los viejos escritos, cuando él aprendía que este objeto se mantenía en horizontal, sea cual sea el movimiento del cubo, la masa líquida para nada se veía afectada por la inclinación del recipiente ya que la rueda ligera, siempre planeaba en la misma línea horizontal. Lo más importante de esta vieja obra, residía en su varilla, que se erigía perpendicularmente, cuya longitud de sombra proyectada permitía localizar el lugar exacto deseado. Las operaciones de cálculo se efectuarían cotidianamente en el momento nulo del cenit.

Una serie de círculos concéntricos grabados en la madera con diferentes anchuras precisas, definidas de antemano, permitía a su poseedor dirigirse a cualquier lugar en el curso de la navegación.

---

[19] El *kesbet* era un derivado metálico muy preciado por sus propiedades. Se trata probablemente del oricalcum, del que hablaba Herodoto. En los textos jeroglíficos, este nombre venía inmediatamente a continuación del oro en la enumeración de los metales preciados.

[20] El gnomón consta de una varilla, llamada estilo, que está situada en lo que es la dirección de la vertical del lugar, sobre una superficie plana horizontal en la que se proyecta la sombra del estilo producida por los rayos del Sol. El gnomón es el antecesor de todos los instrumentos astronómicos basados en la proyección de la sombra de un objeto, y de esto se puede sacar gran cantidad de información.

Debido a la necesidad del comercio exterior de Ahâ-Men-Ptah, tal aparato puso a punto muchos milenios antes, y sólo fue abandonado en beneficio de cuadrantes perfeccionados bastante más tarde.

El Pontífice suspiró profundamente recordando a su Padre comprobando las "Combinaciones" sobre el "Círculo de Oro" de Ath-Mer, ¡qué lejos le pareció ese tiempo! Pensó que no sería ser muy complicado realizar con los medios disponibles ahora, un cuadrante más moderno. Doce planos inclinados mutuamente en un terreno bien modelado para este efecto, siempre cortaban de 15 en 15 grados los 24 husos iguales de una representación terrestre cuyo primer plano sería el meridiano de Ta Mana. Partiendo de este punto y dirigiéndose hacia el horizonte occidental, y no hacia el este, marcarán del 1 al 12 por debajo de esta línea imaginaría, y del 1 al 12 por encima de ella. De tal modo que el Sol, que describe uniformemente su nueva navegación celeste, cortará los círculos horarios del lado occidental durante la noche, y del lado oriental durante el día...

Del pecho del An-Nu brotó un nuevo suspiro, al pensar en la ignorancia que temía podría cubrir esta tierra si no encontraba a unos cincuenta jóvenes dispuesto para reaprender a fondo las Ciencias. Y quizás este aparato le permitiría enseñar de forma más fácil a los neófitos todos los datos antiguos que habían precedido. Las Palabras Sagradas, estos textos antiguos que cada Pontífice revelaba a su Primogénito, no sólo le habían permitido conocer a la perfección todos los engranajes de las "Combinaciones Matemáticas Divinas", también comprender la realización del terrible cataclismo, y preveer el mecanismo que permitiría reanudar la "Nueva Alianza" entre Dios y su "Segundo Corazón". Si el pacto se mantuviera, aseguraría la "Paz" hasta la ocupación de esa otra tierra que les era prometida. Esta sería la realidad tangible y humana del perdón de Dios, sean cuales fuesen los sufrimientos padecidos con antelación.

Afortunadamente los rescatados aún ignoraban esta cláusula, Horus debería afrontar muchos traumas para conseguir dar la orden de partida de esta larga marcha hacia la "Luz" que sería tan peligrosa. Osiris debía advertir a su hijo en referencia a este calvario; y por suerte, la presencia del Pontífice no era requerida para tal enseñanza, lo que le permitiría reflexionar en la mejor situación para organizar espiritualmente el viaje contando con el aparato que se bañaba en el seno de una miríada de reflejos solares y que le daría la posibilidad, ya que aseguraba a su poseedor el exclusivo conocimiento "exacto" de la ruta a seguir para llegar al "Segundo Corazón", Ath-Ka-Ptah.

Algunos datos de base variaban limitando las tierras conocidas, pero como el Sol salía de un horizonte opuesto, debería necesariamente calcular los nuevos puntos de referencia, además aquí no se trataba de llevar un barco por alta mar, sino de llevar una caravana innumerable por vía terrestre. Ciertamente, el punto desconocido estaba muy alejado, por ello, las combinaciones y cálculos apropiados serían, quizás, más fáciles de estudiar, ya que estaban situados en el mismo paralelo que Ath-Mer. Los Manuscritos son formales, por este motivo esta tierra fue asignada por Dios.

En su estudiosa juventud, el An-Nu había aprendido que si cada cuadrante no era calculado más que en relación con un único lugar establecido para su localización, podía ser reproducido de forma idéntica para cualquier otro lugar de la Tierra situado en el mismo meridiano, "*siempre que esté dispuesto en una situación paralela a la que era la suya anteriormente*".

Y, de hecho, la "Casa-de-Vida" de las "Combinaciones Matemáticas Divinas" del Templo de "Ath-Mer" tenía las mismas coordenadas que el lugar actual, esto era demostrado por el camino de las estrellas fijas, que no había cambiado de "rumbo", y tenía las mismas configuraciones que el lugar elegido como punto de encuentro en la segunda patria para establecer el nuevo lugar de cálculo, de los datos celestes.

"LOS DESCENDIENTES VIVIRÍAN BAJO UN MISMO CIELO REENCONTRADO GRACIA A SU ALIANZA ANCESTRAL CON DIOS".

Conociendo las coordenadas de la capital desaparecida, aún grabadas en la rueda que flotaba suavemente, en un punto casi invisible para un no iniciado, y que se situaba en el filo del octavo círculo; sería fácil determinar la ruta a seguir para alcanzar la lejana tierra prometida por Dios, y hacia la que los sucesivos Pontífices deberían guiar a los fieles descendientes sin debilidad alguna, mientras que éstos guarden al Eterno en sus corazones y en sus almas. El punto de partida de Ta Mana era perfectamente conocido gracias a la exposición de Ath-Mer, y bastaría un pequeño cálculo cotidiano basado en el alcance de la sombra misma. ¿Será demasiado larga?, entonces, sería necesario que la larga caravana se desvíe hacia el sur para alcanzar su ruta. ¿Será demasiado corta?, entonces, al contrario, se conduciría a toda la población hacia el norte. La ruta de las estrellas "Fijas", siguía idéntica en relación a la ruta contraria efectuada por el Sol en las grandes configuraciones como la del León, la observación nocturna de "Orión" y de "Sirio" darían la posición que guiaría sin fallos a la segunda Patria. Tal y como los textos confirmaron más tarde:

> "El Este unido a Occidente por el Corazón-del-León guiará la llegada en Ath-Ka-Ptah, el Segundo Corazón de Dios [21]".

Se debería poder instruir todos los niños y niñas sin excepción alguna. Pero la falta de iniciados que tuviesen esas capacidades era flagrante. La "Tradición y el Conocimiento" no eran juegos de ajedrez que se pusieran en manos, sin explicaciones anteriores. Y sin embargo, la revelación debía ser efectuada íntegramente y constantemente repetida a las jóvenes almas hasta que se anclara sin error alguno posible, y pudiese a continuación ser repetida de padre a hijo primogénito, generación tras generación, hasta que la "Palabra" se transforme en "Escritura" y restablezca la civilización por los últimos descendientes, que dentro de varios siglos o quizás milenios, consiguiesen llegar al destino elegido por Dios. Ellos deberán estar preparados para restablecer de inmediato las ciencias aprendidas, incluyendo las "Matemáticas de las Combinaciones Celestes", en una escuela especializada desde su inicio. En el momento de la instalación en el seno del Segundo Corazón, el pueblo bendito por el Creador en su Alianza, aseguraría de esta forma, su supremacía sobre los pueblos autóctonos que aún estaban donde ellos mismos lo estaban actualmente, por una ironía del destino, ¡*tallando utensilios de piedra*!

---

[21] El Corazón-del-León es la estrella Regulus de Leo, de gran brillantez, pero muy variable lo que le hace parecer a los latidos de un corazón.

Pero los descendientes pronto se recuperarían, mientras que los otros aún estarían en ese mismo estado dentro de ¡dos o tres milenios!

Mientras tanto, ya habían salido unos equipos hacia las altas montañas para procurarse cobre y plomo en las minas abiertas anteriormente, a una decena de días de marcha desde Ta Mana, y la mayor dificultad sería volver a fundir los minerales para extraer el metal. El Pontífice se sorprendió sonriendo: Dios quería que los supervivientes empezaran desde cero, como sus lejanos antepasados, y también como los hombres que iban a conocer ahí, en la otra punta del mundo, para que puedan comprender mejor las dificultades de estas personas y cómo ayudarles, por ello, en lugar de aniquilarlos o simplemente ignorarlos, los Descendientes tendrían el deber de enseñarles los medios para adaptarse y elevarse ellos mismos a las mismas "estructuras civilizadas". Pero de aquí hasta entonces, el tiempo progresaría lentamente en esta marcha desesperante y retrógrada en el seno del Gran Río Celeste, abordando las constelaciones zodiacales. Las Doce, una tras otra. El ciclo solar tardaría aún un tiempo considerable antes de salir de este "León Vengador", personificando tan bien a Horus. A razón de un grado de retroceso por dos generaciones de media, la educación de estos jóvenes no era poca tarea.[22]

Como el Tiempo no se recupera jamás, las previsiones deberían escalonarse sobre las eras siguientes de igual modo. Después del "León", el astro del día penetraría en el "Cangrejo", cuya peligrosas pinzas casi cierran el acceso a la configuración siguiente, la de los Dos Enemigos irreductibles.[23] Como la caminata sería muy, muy larga, y sembrada de terribles emboscadas, se debía armonizar la ruta con las probabilidades celestes. Ya que Nek-Bet le había dicho que Set no había muerto en el cataclismo, y que había desembarcado no lejos de Ta Mana gracias a una de las "Mandjit" que tanto había criticado y que llegaría a los alrededores de la nueva ciudad poco después de Iset. Y

---

[22] En el ciclo precesional, donde el Sol parece retroceder, este cálculo es de un grado en 72 años. Aquí se cuenta, pues, una generación de 36 años.

[23] La constelación del "Cangrejo" se ha convertido desde entonces en la del "Escorpión", pero las pinzas conservan el mismo significado. En cuanto a los *Dos Hermanos*, convirtiéndose evidentemente en la de los gemelos, "Géminis".

que si nada ocurriría esta vez aquí, no sería igual después, y una lucha sin piedad opondría continuamente, a lo largo de todo el éxodo, a los "*Dos Hermanos*", o, mejor dicho, a sus descendientes. Esta coincidencia estelar no podía ser una, y la llegada al Segundo Corazón se produciría cuando el Sol entrase en la constelación del Toro, o Tauro, que es el emblema victorioso de Osiris, El "*Corazón-de-Dios*".

Esta lucha de gigantes, opondría a los "Seguidores de Horus", todos nacidos de la descendencia del "Toro Celeste", a los "Hermanos de la Rebelión", estos "Hijos de Set", salidos sin embargo de la misma madre original. Quizás en algún momento pudiera haber una reconciliación en una sola comunidad donde reinase la Sabiduría y el Conocimiento, y no la Ruina y la Desolación. Y hoy la ventaja la tenía el clan de Osiris, ya que sabía que Set llegaba, evitando de tal forma cualquier sorpresa funeste, pero aún su esposa debería aclararle, ¿por qué esta vez, la victoria les vendría sin luchar...?

- "Si te ocuparas de reunir a los miembros del Colegio que proyectas formar, ¡Oh, tú, mi esposo soñador!, adelantarías más fácilmente el retorno de la enseñanza de nuestro pueblo, ya que sólo tú puedes resolver este problema."

El Pontífice sonreía frente a la afectuosa llamada de atención de su esposa, llegada a su lado sigilosamente, sin que se diera cuenta, siguió preocupado:

- "¿Pero y Set?"
- "Avisaré a Osiris y a Horus en cuanto llegue el momento. ¿Realmente crees que no va a invadir nuestro poblado?"
- "Estoy segura, y con la ayuda del Primogénito he preparado la recepción que detendrá su progresión hacia nosotros. Ve y trabaja, ¡Oh, tú, que eres mi vida!"
- ¡Gracias a ti, que eres mi orgullo!

- Da las gracias personalmente a Anepu en cuanto lo veas, nuestro Primogénito, me ha ayudado como un hombre maduro, lo sabes. [24]

El An-Nu asintió la cabeza a modo de satisfacción, Anepu prometía, sería más adelante un pontífice fuera de lo común. ¿Acaso no podría confiarle la organización y dejarle elegir entre la gente de su edad a unos treinta jóvenes para inculcarle más especialmente el desarrollo de la memoria? Una enseñanza de tres años sería suficiente para enseñarle uno de los capítulos esenciales de las Combinaciones Matemáticas, por ejemplo. Gracias a Anepu, este primer eslabón se pondría en funcionamiento y una vez acabada la primera lucha contra Set, abriría ese mismo día, la clase de adultos para enseñarles algunos elementos del Conocimiento con miras a ser asimilados por los no iniciados. La mayor dificultad residía sin duda en el reclutamiento de los que serían destinados a aprender la enseñanza que sólo los Grandes Sacerdotes de primera clase podían conocer. Su pensamiento se vio interrumpido:

- "No olvides, ¡Oh, mi esposo! que sigues soñando, guardar tu tan preciado "gnomo". Es lo único que se ha salvado de la desbandada. Dios utilizó un medio no directo para dártelo, no lo pierdas. Si mañana uno de los amigos de Set apareciese y comprendiese su valor, una guerra sin piedad se desencadenaría por poseerlo."

Con un sobresalto retrospectivo, el Pontífice asintió de nuevo frente a la sabia recomendación de su esposa, como si lo hubiese pillado, dejó de meditar, ya que era tiempo de ponerse a la obra. Levantó el preciado cubo con una sonrisa arrepentida hacia su esposa y volvió a situar el objeto en su escondite que camufló con grandes guijarros superpuestos como precaución suplementaria. Tranquila y serena como de costumbre, Nek-Bet se fue después de asegurarse de la invisibilidad

---

[24] Anepu se convirtió por fonética helénica en Anubis. Fue este hijo de Nek-Bet (o Nephtys en griego) el que enseñó los secretos del embalsamamiento y de la Vida Eterna después de la Pesada de las Almas que asume personalmente.

exterior del cubo, buscaba Osiris y su hijo, sus grandes trenzas negras se balanceaban armoniosamente al ritmo de sus pasos.

Se detuvo poco después, unas voces la llamaban respetuosamente, porque era considerada como una maga bajo las órdenes de Dios e inspiraba por ello un temor apreciable. Las llamadas que provenían de un grupo de mujeres agachadas le indicaban que algo estaba ocurriendo. Sus tonos alegres indicaban que merecía su atención y seguramente sus cumplidos por lo que se dirigió hacia ellas sonriendo a su vez. Reconoció en el centro del círculo, un molino primitivo para aplastar el grano. Las mujeres habían localizado rápidamente cebada salvaje que crecía en abundancia no lejos del poblado, las mujeres idearon de inmediato el mejor medio para extraer la tan preciada harina una vez cocida. Unas piedras de forma alargada, buscadas y seleccionadas servían de rodillo compresor aplastando y machacando los granos sobre amplias piedras más o menos elípticas, cuya superficie superior, ligeramente convexa, conservaba bien en su hueco la harina untuosa. Este método tan amado por las bisabuelas de los tiempos olvidados volvía a descubrir su esplendor. Ciertamente necesitaría mucho más ardor, pero lo intentaban con todas sus fuerzas para demostrar que también ellas deseaban participar totalmente, en el renacer. Las sinceras felicitaciones de Nek-Bet alcanzaron directamente sus corazones y las hizo ronronear de placer. La joven retomó su camino más rápidamente, se dirigió hacia la cabaña donde estaba el Padre y el hijo. Ella sabía que la parte importante de su entrevista ya había tenido lugar por el anuncio hecho a Horus, de la partida definitiva de Osiris, permitiendo así el impulso del pueblo hacia su nuevo destino.

En cuanto la mujer apareció, los dos hombres como árbitros, conocedores de los acontecimientos, compartían juiciosamente opiniones opuestas. Ella sabía lo que los enfrentaba, sonrió y dirigiéndose más bien a Horus, y dijo:

- "¿Qué te pasa, hijo impetuoso de mi hermana?"
- "Mi venerado Padre preconiza una Alianza con Dios, sellándola con una Fe incondicional en nuestro Creador."
- "¿Y no estás de acuerdo?"

- "Con la Alianza, por supuesto. Pero la Fe no es eterna, sólo llamando a la Razón el acuerdo será duradero."
- "Ello sería válido para cualquier otra asignatura que no sea una Alianza con Dios, Horus, es lo que tu padre esta intentando hacerte comprender, ya que en este Pacto sólo hay un signatario humano, que no se puede perfeccionar de hecho, y que dura tan poco tiempo en relación con este compañero Perfecto que es el Padre de la Eternidad."
- "Comprendo muy bien todo eso, ¡Oh, venerada Nek-Bet!, pero incluyendo a la razón se podría con más voluntad admitir que..."
- "Que tu contestación es una declaración. Ella demuestra que la Fe sigue siendo el único fundamento posible. Una tras otra, las generaciones seguirán, y razonarán cada vez de forma más equivocada sobre el Poder de Dios y de su cólera."
- "¿Qué importaría, si Dios sigue siendo igualmente Dios?"
- "Para ti, no, ya que tú mismo has vivido este terrible acontecimiento. Pero cuando los "Menores" inicien, tras cientos de generaciones de Primogénitos, la última revisión politeísta, de la única "Verdad Original", no quedará más que la "Nada"."
- "Qué quieres decir, ¿que otro cataclismo barrería nuestra nueva patria?"
- "¿En definitiva, no fue un ateísmo total el que provocó, y aniquiló nuestro país de la faz de la Tierra? ¿Ya lo has olvidado? Si la llamada a la Razón para justificar la Fe te aparece como inevitable; es que de antemano, esta es inútil, al igual que para el Alma, que de ella depende, y al igual la envoltura carnal que contiene el Alma".
- "Dicho de otro modo: ¡El Hombre no tendría su razón de ser!"

La joven mujer no contestó. Su silencio reforzaba evidentemente la constatación surgida tan naturalmente por boca misma de Horus. Osiris asentía con la cabeza, sabía además que su hijo nunca sería profeta a pesar de su regreso milagroso. Nek-Bet tenía el incomparable don de tener las palabras que tocaban al corazón. Por ello, él espero a que ella volviese a hablar lo que no tardó en hacer, y con el mismo tono inspirado dijo:

- "Dios preside el gobierno del Universo porque es Dios. ¿Cómo quieres persuadir una razón humana de este hecho

incontestable? ¿Por un axioma que una vida entera no bastaría en demostrar? No compliques la Ley Divina cuando la Fe basta para explicar lo que es inmutable en la permanencia de los incesantes movimientos de la Combinaciones Matemáticas. Es necesario que los Sacerdotes y su jefe al igual que los Maestros que sucederán, y de los que eres el primero, se solidaricen para mantener a través de las eras venideras la intangibilidad del dogma de la Potencia de Dios, y de su Poder sobre todas cosas y todos los seres en todas las ocasiones."
- "¿No será una carga muy pesada, para mi que tan sólo empiezo?"
- "Para nada Horus, porque eres la imagen del Creador, su representante de carne y hueso. Tú limitarás, como tal, el libre albedrío de las almas, a fin de que no razonen sobre la Fe y sus Mandamientos. Únicamente deberás inculcar a los niños este Principio fundamental de la Ley Divina, que ellos mismos enseñarán, llegado el momento, sin omitir nada, ni la obra permanente de Dios sobre la naturaleza entera, ya sea mineral o vegetal en esencia, bien carne animal o humana, porque el Creador es Dios y nadie más puede realizar esta Gran Obra en perpetua evolución.

Ante el fruncimiento de la frente de su hijo, indicando una intensa reflexión, Osiris añadió:

- "Tu padre de Voz Justa, Horus. La Fe debe ser parte integrante de la vida cotidiana de cada uno."
- "Como hijo del Primogénito, debes ser el Guía que nadie podrá poner en duda, bajo ningún pretexto. Todo será ligado a este proceso de continuidad en el linaje divino, como a la Fe en Dios. El acuerdo parecerá así natural a los vivos de cada nueva generación. Será este ritmo razonable en los corazones el que los unirá sin cesar frente a los acontecimientos decretados en las "Combinaciones Celestes". Nadie entre los rescatados que viven en Ta Mana puede ser inconsciente de la importancia de los lazos que unen cada acto, el uno al otro, como lo será para Set, que llegará alrededor de nuestro pueblo mañana temprano con cerca de mil personas. Y no es más que el menor efecto de

una causa antigua pero durará mucho tiempo el que sólo Dios puede predeterminar."

El tono de la voz de Nek-Bet no había cambiado a lo largo de esta inesperada conclusión. Horus empalideció y se enderezó lentamente. En cuanto a Osiris, con una pequeña sonrisa, sujetó a su hijo por un brazo confirmándole lo que ya sabía:

- "Sí, Set escapó del bosque en llamas. Sí, Set consiguió huir de la tierra que ayudó a hundir. Y Set consiguió llegar hasta aquí gracias a una de las Mandjit que no había conseguido destruir como las otras. Sí, él perseverará en el Mal para que triunfe... Por ello, Horus, tú deberás velar para que sea el Bien el que triunfe. El Mal ya está solicitado de aquí en adelante con el fin de que el Bien no vuelva a tomar cuerpo en nuestro pueblo; es tu prueba, Horus. Una Alianza firmada de la que nadie solicita una reprobación no es una Alianza. El pueblo debe ratificarla en su totalidad.
- "Pero Padre, ¡La sangre volverá a correr entre los miembros de nuestra familia!"
- "Dejáramos hablar a Bet, para que nos aporte la solución. Su tranquilidad demuestra que ya ha preparado, a su modo, la forma de vencer a Set..."
- "Ya veo que tú también lo sabes todo, ¡Oh, venerado hermano!, la combatividad de nuestro hermano será al menos.... delirante. Por ello, me ha parecido más inteligente actuar sobre su espíritu más que provocarlo in situ."
- "Dinos lo que has imaginado."
- "La piel de toro que ha marcado todas las almas, aquí, por el modo en el que ha conservado tu cuerpo, sigue siendo el punto débil que desarmará el alma y los brazos de Set. Es por lo que ayudado por Anepu y algunos de sus amigos, hemos forzado tres bueyes a la carrera, los hemos matado y despedazado. Después, un pequeño hombre avisado, mi primogénito, en compañía de dos compañeros suyos, las han situado en lugares muy visibles, en dos puntos precisos por donde la tropa de los rebeldes pasará irremediablemente. El primer lugar está a cuatro horas de marcha y la piel colgará de la rama más baja de un tamarisco, la otra estará en una amplia llanura a menos de

dos horas de aquí. Deben efectuar su última reunión ahí y dos pieles más serán extendidas a plena vista.
- "Tu idea es muy seductora, Bet; pero ¿porqué estás segura que no llegaran hasta aquí para luchar? contestó Osiris frunciendo el entrecejo."
- "Porque las pieles no son más que el preludio de la desbandada de su espíritu. En dos horas de marcha, y después de tres recuerdos de su horrible crimen, pensarán que no estando ni tú, ni tu hijo, Ta Mana les queda sólo a una hora de caminata y estaría ganada. Avanzarán pues aún más hacia nosotros hasta el momento en el que saboreando prematuramente su victoria, desfallecerán..."

Horus no resistió la curiosidad que lo invadía, fue con cierta malicia que Nek-Bet se había detenido, para permitirles preguntar:

- "Si dices que Set flaqueará, es que ya sabes porqué..."
- "Porque serás tú el que asegure la victoria."

Una gran sonrisa inundó el rostro de Osiris que acababa de comprender, mientras que su hijo, estupefacto, no pudo más que repetir:

- "Yo... ¿Y cómo quieres que...?"
- "Cuando Set llegue a la última colina que protege a Ta Mana de los vientos del interior, deberá rodearla para seguir su progreso. Y en el primer giro, sobre una tierra a media altura, se erige orgullosamente un enorme sicomoro. Tú aparecerás en ese preciso momento detrás del tronco que te habrá escondido hasta entonces. Nuestro emblema Sagrado también esconderá a Osiris, que sólo saldrá a la luz después, y os protegerá a los dos. Dudo que Set, al igual que ninguno de sus partisanos tenga el deseo de permanecer en vuestra compañía, y saldrán despavoridos si pueden."
- "Ya veo que me queda mucho por aprender de los dos."
- "Es el principio de la Sabiduría. Dios te inspirará mejor que a nosotros para el resto de tu vida, Horus. Siempre podrás aprender de nosotros la ciencia de los astros y su influencia sobre los seres, la naturaleza de los animales y de las plantas al

igual que de sus venenos. Pero todo lo que está oculto, y constituye el poder de Dios, sólo lo aprenderás del Eterno mismo. La Sabiduría que será la tuya te mantendrá para adquirir al fin el "Conocimiento" de todas las cosas y de todos los seres. Desde este momento serás el primer Pêr-Ahâ de las generaciones que se sucederán para la Eternidad.²⁵"

Siguió un silencio lleno de emoción, Osiris lo interrumpió, urgiendo el tiempo:

- "Y las almas de los hombres serán tu apoyo. Puedan sus deseos de independencia no separarlos de nuevo y voluntariamente de esta nueva Alianza que tú forjaras eslabón a eslabón."

Nek-Bet juzgó que era tiempo de dejar a Horus meditar solo esa noche. Por ello propuso:

- Si deseáis ver a mi esposo, está en la nueva morada ahí dará su primera clase de "Matemáticas Divinas" a partir de mañana, y os está esperando.

Osiris aguantó una sonrisa por la forma que tenía su hermana de hacer las cosas, inclinó gratamente la cabeza antes de contestar:

- "Como nuestra particular misión nos da un momento de respiro, vamos enseguida a visitar al venerado Pontífice. Además, me gustaría que en cuanto pueda vuelva a poner a funcionar un indicador de tiempo..."

---

²⁵ Pêr-Ahâ, literalmente Descendiente del Antiguo, nos da "El Primogénito" que se fonetiza *faraón*.

EL GRAN CATACLISMO

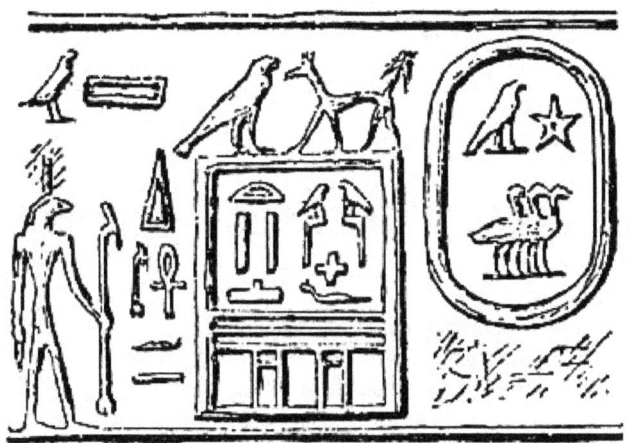

CAPÍTULO VI

LA PARABÓLICA DE LOS NÚMEROS

> *Así como el país muy sagrado de nuestros Ancestros, está situado en el medio de la tierra, el centro del cuerpo humano es el santuario del corazón, fortaleza avanzada del alma. Esta razón, hijo mío, Horus, hace que la gente de este país esté mejor provista de cualidades que el resto de los hombres, incomparablemente más inteligentes, y más sabios, porque han nacido y han sido educados en el lugar del nacimiento del Segundo Corazón.*
>
> STOBEO
Esc., XXIV- II.

> *No hubo nada velado en el Conocimiento en este Sabio. Pero a lo largo de su vida lo cubrió con un velo que espesaba todo lo que él enseñaba a sus alumnos.*
>
> Inscripción que figura bajo la estatua
de Ptah-Mer Pontífice de Ath-Ka-Ptah,
Memphis, expuesta en el museo del
Louvre, en París.

S*tobeo*, hace hablar a Isis y a su hijo Horus en el extracto anteriormente citando, una reina de la II dinastía que había retomado este patronímico sagrado, e hizo lo mismo para su hijo, digno "Descendiente" del primer primogénito. Cuando este último alcanzó sus dieseis años, aprendió sobre su linaje Divino original, y su atención fue dedicada a diferenciar entre los nativos "integrados" a su civilización, y los que provenían en "linaje directo" de Ahâ-Men-Ptah, el "Primer Corazón", y que únicamente poseían la Sabiduría y el Conocimiento.

Los que les precedieron, a lo largo de la primera dinastía, se habían dedicado en restablecer en su total integridad la escritura, el calendario, la medicina, las matemáticas y las artes, con la absoluta prioridad de una teología monoteísta rigurosa siguiendo sus mínimos detalles bajo pena de los peores castigos. De forma que la segunda dinastía se inició ya en el apogeo de su civilización. Después, la principal preocupación de los sucesivos An-Nu fue preservar intacto el "Dogma" hereditario más allá de todos los tiempos.

En cuanto los primeros manuscritos vieron el día, cada "Pontífice" desnudó su memoria, compilando, anotando y comentando los textos de sus predecesores con una letra fina en los márgenes estrechos, con ayuda de signos abreviados, que sólo ellos podían comprender. Estas anotaciones facilitaban además la puesta en uso de las interpretaciones numéricas a deducir. Desde la II dinastía, las escuelas de escribas florecían, y los jóvenes estaban orgullosos de ser admitidos en ellas, fueron los que relataron los primeros orígenes de la "Historia" de los lejanos "Ancestros", mucho antes de que los jeroglíficos apareciesen grabados en los muros de los Templos. La fabricación del papiro se convirtió en una verdadera industria, y las "Palabras Sagradas" escritas vieron el día. Por supuesto es muy difícil decir quien fue el primer escriba que tuvo la idea de transformar sus anotaciones oscuras en anaglifos comprensibles, en el texto principal mismo para los iniciados que poseerían la clave.

Fue en esta época tan lejana que el Pontífice de Ath-Ka-Ptah ya había cubierto su enseñanza con un velo, especificando que sería desde entonces así, para que la Fe permanezca siendo la Fe, símbolo de la Luz en la vida de cada día.

Cuando como en Saqqara, el turista puede ver esta inscripción en la entrada de una tumba: "*Dios creó el hombre a su imagen*", sólo puede sentirse algo perturbado. Y es partidario, por otra parte asociar esta frase a la idea que presidió las representaciones animales con cuerpo humano, "*imágenes del Ka Divino*", es el de un animal semejante a la idea anaglífica, que sirve de "doble".

La simbología de los Números se inicia con el estudio del cielo y de sus Combinaciones para comprender el proceso que puso fin a las vidas en Ahâ-Men-Ptah. También las representaciones a Horus, dominando la nueva navegación solar son numerosas.

Quizás esto pueda perdonar algo los autores griegos de "nuestra" antigüedad por haber aceptado tan fácilmente el tema de los cuentos bárbaros, de los abominables salvajes. A los griegos se les ofreció, una oportunidad fácil para situarse a un nivel espiritual que los superaba de cien codos. Sin hablar de los matemáticos y demás filósofos, de los que trataremos más adelante, nombremos simplemente el famoso caso de *Plutarco* que, con su libro "Isis y Osiris" publicó una especie de "biblia" que sirvió a todos los exegetas egiptólogos a lo largo de 2.000 años para ¡apoyar la incomprensión de las religiones del antiguo Egipto!

Todos los absurdos acumulados a placer por un hombre aplastado por la grandeza de las ruinas contempladas a las orillas del Nilo fueron considerados como palabras de evangelio por generaciones de eruditos. Por idéntica suerte surgieron los mitos de "Amón", de "Atón", y de "Râ" tratados como figuras específicas de divinidades distintas, cuando son, por el nombre que los diferencia, las manifestaciones separadas que emanan de un único origen del "Verbo" distinguiendo los diferentes aspectos del principal instrumento terrestre de Dios, "el Sol".

Este elemento cósmico esencial está formalmente explicado en los viejos textos sagrados, como siendo lo cotidiano de toda vida. Por ello el astro solar es, desde la más remota antigüedad, considerado como el símbolo numérico más poderoso de toda la iconografía y la parábola

EL GRAN CATACLISMO

instrumental de la "Justicia Divina". Esto se comprendía sin dificultad ya que el recuerdo del Gran Cataclismo se había mantenido en las almas de esa época por la imagen del Sol, con lo que nada vivo permanecería en la superficie del globo terráqueo y que una mañana reapareció por encima del horizonte convertido en oriental.

"Después del caos[26] del verano y la muerte que siguió, Râ hizo salir del líquido un segundo universo vivo: una Creación repetida por Ptah para un segundo ciclo donde su poder cósmico opuesto al de los hombres, no tendrá por último fin, más que la victoria del Creador."

A lo largo de las entronizaciones de los descendientes del Primogénito, y a lo largo de más de cuarenta siglos consecutivos, los Pontífices acogieron a los Pêr-Ahâ igualmente como el "Sol" y como "Dios", ello permitió conservar esta unidad aparente de dos ramales. La fórmula espiritual permaneció idéntica:

"¡Oh, Poderoso Amón! Contempla tu Segundo Corazón, donde reinará Tu orden y Tu Poder".

Cinco milenios de repeticiones consecutivas, de paciencia incomparable y de una abnegación total, permitieron la realización inmediata de Ath-Ka-Ptah, que aún sorprende a nuestros investigadores contemporáneos, y para comprender, debemos retrogradar tal como lo hizo el Sol, para volver a situarnos en "Leo", la víspera de la presumida llegada de Set a Ta Mana, donde tranquilamente Osiris, su hijo, el Pontífice y su esposa, preparaban su segunda marcha que iba a desafiar el tiempo. Fue el Resucitado que constató apoyando sus dos manos sobre los hombros del primer An-Nu de este nuevo ciclo:

- "Tú eres el Pontífice de las Dos Tierras. Este será el título de cada nuevo Gran Sabio, jefe del Colegio de los Grandes Sacerdotes, tuyo pues, ¡Oh, tú!, que enseñas a los

---

[26] La palabra "caos" debe tomarse en su verdadero sentido: "fisura de las entrañas de la tierra".

supervivientes de modo tan magistral y que prepara ya el futuro de todos nuestros Ka, para que vuelvan con sus ancestros con toda serenidad."
- "Intento hacerlo de la forma más positiva posible permitida por Dios en estas circunstancias, ¡Oh, venerado Osiris! El "León" que vela sobre el Sol y sobre Ta Mana, será el nuevo símbolo de la supremacía divina, que tú simbolizarás para la Eternidad. El León pisará desde ahora el agua del cielo bajo sus pies para hacer de ella una base sólida como la roca.[27]"
- "Está muy bien pero los hombres tendrán la memoria cada vez más corta conforme la civilización avance en la comodidad y en la paz."
- "Ahí reside efectivamente la dificultad, la más importante. La evolución de los espíritus reproducirá todos los errores que tan caros han costado a nuestro querido pueblo. La impiedad, la inconsciencia y la despreocupación renovarán la maldición eterna si no encontramos el modo de ponerles eficazmente fin antes de que el mal se desarrolle de nuevo."
- "Los Humanos no pueden pensar más que en un espacio de tiempo muy corto, como máximo el de su vida, es por lo que la apreciación de los textos antiguos por nuestros futuros descendientes no debe ser objeto de ninguna interpretación y debe ser rigurosa en sus mínimos detalles."
- "Sin embargo, estos deberán ser establecidos con la ayuda de emblemas matemáticos de orden celeste, excluyendo todos los demás."
- "¿Y eso por qué venerable Pontífice?"
- "Porque la Palabra y la Escritura, tal como nuestros Ancestros de Ahâ-Men-Ptah las conocieron serán sometidos a variaciones sensibles, pero las matemáticas y sus combinaciones siempre serán fundadas sobre los mismos principios. Así pues, en cualquier época del futuro, la restitución del estado astronómico del cielo será cosa fácil. Y las advertencias solemnes que

---

[27] El León en su barca, tiene bajo sus pies el símbolo del diluvio guiando las otras once constelaciones celestes, en retroceso, y no deja duda alguna en cuanto a su significado en el planisferio de Dendera.

añadiremos, en cuanto al "Poder" de Dios y al temor a guardar hacia él, no serán letra muerta."
- "Menos mal que los nuevos cálculos nos son facilitados..."
- "Dios ha sido bueno con nosotros, Osiris. Estas nuevas Combinaciones, que de hecho son las mismas pero siguiendo un curso totalmente opuesto, serán el principal objeto de mi primera clase, mañana, y será orientada a la observación de los amaneceres y de los atardeceres de las "Fijas", y como estamos en el mismo paralelo de Ath-Mer en la segunda patria, empezaremos a establecer la carta celeste que servirá para controlar la marcha hacia la "Luz", en este segundo corazón. El nuevo movimiento del Sol determinará los amaneceres de los otros astros localizadores que la luz borra cuando aparece en el horizonte oriental. Ello permitirá restablecer la medida del tiempo, del inicio del calendario en el momento determinado, y en el momento preciso en el que la "Armonía2 será perfectamente realizada[28]".
- "Mantendréis pues como tiempo cíclico, el amanecer de Sep'ti, que siempre ha sido el año perfecto en este sentido. Permanecerá siendo el "Año de Dios", el del hombre se mantendrá en 365 días, de forma que la matemática de los 1.460 no sea perturbada por los 72 años de vida humana."
- "¿Y el Gran Año Cósmico?"
- "No debería tener cambio alguno, en su duración al menos, ya que su ritmo evoluciona desde ahora de forma retrógrada, pero manteniendo sus 25.920 años."
- "¿Alrededor el mismo apoyo celeste?"
- "Gracias a Dios, sí. La marcha lenta de las Fijas en el cielo permanece igual, lo que facilitará mucho la localización del camino a seguir para llegar al Segundo Corazón. Estando situados en el mismo paralelo que nuestro antiguo Ta Mana, la Armonía permanece intacta. La ley que regula las Combinaciones Matemáticas Divinas no padece ninguna

---

[28] El amanecer de un astro es su amanecer helíaco. Es el día particular del año donde la estrella, hasta entonces borrada por el brillo solar, se vuelve visible en su amanecer en el horizonte occidental, por encima de Amenta para estos antiguos.

variación en su conjunto, excepto en lo que se refiere a nuestra navegación solar que sigue un sendero opuesto."
- "Este signo está destinado a recordarnos eternamente lo que nunca más se deberá romper; la nueva Alianza con Dios."
- "En efecto, y por este motivo principal sólo estableceremos el año calculado sobre el ciclo de Sep'ti."
- "¡Pero ese año de Dios es muy largo!..."
- "Pero es el único válido para ratificar nuestro acuerdo. El débil tiempo de los humanos poca importancia tiene en relación al ritmo general armónico del Universo. El Sol, aún permane totalmente como instrumento Divino para asegurar el pan de cada día, es inexistente en la ronda eterna de las Fijas y no navega más que siguiendo únicamente la voluntad del Creador."
- "El nuevo calendario seguirá, pues, la ronda de los 365, que harán variar el ritmo de las estaciones a lo largo de los años."
- "El año de 365 días, no es más que aproximado y necesita unos cálculos meticulosos que nunca serán exactos. Sin embargo el año de Dios, el de Sep'ti, con su ciclo de 1.460 años auténticos, tendrá un amanecer helíaco cada 1.461 años rigurosamente en armonía con todo el cielo. Y el Sol será el signo de partida de la marcha de los Descendiente hacia la Luz..."
- "¿Y cuándo empezará este calendario?"
- "Las observaciones iniciadas desde hace una decena de días con los medios disponibles, son muy interesantes. El nuevo retroceso del Sol en la constelación de "Leo" demuestra que ha vuelto a medio camino de su recorrido precesional y que por consiguiente, deberá retrogradar durante prácticamente un ciclo completo de Sep'ti.[29]"
- "¡Que buena noticia! -exclamó Horus."

El Pontífice opinó, añadiendo:

---

[29] El ciclo de Sep'ti, o Sirio, es de 1.461 años; fue observado en la cronología a finales del primer volumen que el nuevo ciclo dejaba 1.440 años a Sep'ti para "navegar" en Leo.

- "Ello nos permitirá recuperar todas las fuerzas, y a los que están en edad de crear un hogar, hacerlo."

Frente a esta indirecta, Osiris sonrió, mientras que Horus estalló riendo:

- "Sueño con ello, ¡Oh, Pontífice! Serás el primero en darme tu bendición. Pero ¿no crees que la gente no deseará irse?, la tentación de vivir en paz aquí será grande para las familias numerosas."
- "No. Porque la tierra que nos es prometida como "Segundo Corazón" es el signo mismo de nuestra "Alianza" para recuperar la felicidad. Esta segunda patria tendrá todos los elementos de prosperidad que aquí siempre nos faltarán: el agua será el don de Dios para fertilizar las tierras y los minerales para forjar nuestra civilización, la de los Menores."
- "No te preocupes, nuestros "Menores" aquí, tendrán tiempo de aprender con placer y memorizar bien todos los capítulos del Conocimiento. ¿Cuánto tiempo piensas necesitar para conseguir que cada uno de tus alumnos aprenda una parcela del Saber que deberás inculcarles?"
- "La vuelta de cuatro navegaciones solares, sea una de Sep'ti. Así que necesitaré esas cuatro veces 365 más uno, para mejorar la memoria."

Osiris se enderezó, ya que era hora de preparase para el duro día de mañana y concluyendo dijo:

- "De esta forma, nada podrá ser deformado acerca de nuestra Historia. Nuestro Conocimiento conectado a la Sabiduría que Dios ha infundido a sus Descendientes, permitirá a nuestra Alianza sobrevivir a todas las desgracias, y ello hasta el final de los Tiempos."

El An-Nu confirmó en voz alta:

- "Puede ser verdad, ¡Oh, tú! que te has convertido por tu resurrección, en el Señor de los Dos Países..."

- "Este nombre me designará a la perfección desde ahora en adelante, Pontífice. ¡Que tu progenitura tenga, hasta el fin de los tiempos, hijos para aconsejar a los de Horus!"
- "Dios seguramente velará por ello."

Se dieron un abrazo, como si no fueran a volver a verse. Abrazando aún a Horus contra él, el An-Nu añadió:

- "El año de Dios será perpetuado por tu nombre, ¡Oh, tú, digno hijo de Osiris! Su primer mes simbolizará por tu corazón la comunión con tu madre Iset, y con el de tu futura patria que llamaremos Ath-Hor..".
- "El Corazón de Horus, es bien venido: su triple sentido traerá sin duda suerte a nuestros descendientes.*30*"

Esta tradición verbal, que se inició al día siguiente de la mañana del Gran Cataclismo, con el fin de conservar intacta la historia de Ahâ-Men-Ptah al tiempo que serviría de advertencia a los de Ath-Ka-Ptah, se transformó al final en un cuento bárbaro. Las cosas más sencillas se habían complicado a pesar de todas las precauciones. El pueblo mismo de los descendientes del Primogénito desapareció como tal, engendrando el olvido y la destrucción de lo que había sido el "Reino de Dios". Las múltiples invasiones borraron los últimos vestigios bajo las arenas. Los persas, los romanos y los griegos al igual que los cristianos y los árabes no dejaron más que barbarie detrás de ellos.

Únicamente el zodíaco de Dendera, última advertencia que surgió intacta de un pasado remoto, fue preservado hasta que su mensaje nos sea transmitido después de una odisea que supera ampliamente lo que la ficción hubiera imaginado[31]. Varios pontífices conservaron religiosamente el grabado original, incluso cuando ya no comprendían nada, como a la hora de la sexta reconstrucción del Templo de Dendera

---

[30] Athor, se transforma en Athyt en griego, el mes del Toro. Iniciaba entonces el año sotíaco. El desplazamiento precesional lo situó en abril en nuestra época.

[31] La aventura de este planisferio de Dendera, traído a Francia por dos parisinos después de una epopeya notable, encontrará su lugar en el próximo tomo: "*Y Dios resucitó en Dendera*". Ed. Luciérnaga, mayo 2000.

bajo Tolomeo, "*con el fin de que los Menores puedan comprender la historia de los "Dos Países" y conocer el momento exacto del período cíclico que al acabar pudiera degenerar en un nuevo fin del mundo si la incredulidad se perpetuaba*".

Los Maestros de la Medida y del Número parecían seguros de si mismos al igual que de la inteligencia de los pueblos venideros. Los cálculos intermedios de las fechas entre dos períodos de Sirio no permitían error alguno de interpretación, ya que no existía ninguna fracción de día de más o de menos. Ninguna necesidad de verificación, ni de rectificación en esta aritmética simplificada. Las Combinaciones Matemáticas primitivas seguían siendo eternas, sin alteraciones con las características tan particulares de cada estado del cielo que guardan sus mismos significados, siglo tras siglo ya que no evolucionan más que en relación entre ellas mismas en el Espacio, y no en su Tiempo que permanece cósmico y no solar.

Es por ello que el planisferio precesional de Dendera, al igual que los hallados en otros lugares de Egipto, entre otros en *Esna*, siempre se iniciaban con la constelación de "Leo", que las Combinaciones Matemáticas y el retroceso astronómico moderno, calculado por ordenador sitúa a todos en la fecha de: Julio 9.792 a.C.

Leo, avanzando luego retrocediendo después del Gran Cataclismo, fue simbolizado por dos leones espalda contra espalda, encima de los que se elevaba un nuevo Sol. Ello demuestra admirablemente el verdadero significado de esta célebre iconografía: la Muerte en el horizonte occidental; y la resurrección en Ta Mana.

Manetón, el famoso sacerdote egipcio al que Tolomeo encargó investigar en los textos originales la cronología dinástica de los Pêr-Ahâ, explica que la primera fecha grabada remonta al "León en el solsticio de verano" en unión con Sothis, o Sirio, que marcó el primer Año del calendario vuelto a poner en uso por el hijo de Menes, "*Athotis*" primero, el "*Atota*" de los jeroglíficos, que fue legendariamente el famoso "*Thot*"... en el año 4.241 a.C.

De forma que pasaron unos 5.251 años antes de que los Descendientes, pudiesen restablecer en Ath-Ka-Ptah la cronología interrumpida en Ahâ-Men-Ptah. La misma Tradición incluso incomprensible, fue retransmitida tal cual, con toda su parabólica de los Números. Varios detalles bajo forma de clave no dejaban planear duda alguna sobre el poder de Sep'ti, sobre la que volveremos posteriormente para confirmar el descubrimiento de Sirius B, la estrella negra que perturba seriamente el orden de la primera, exactamente lo que los Antiguos afirmaban.

Cuando Plutarco aseguró que en el gran solsticio de verano, en el que Sothis se levanta al mismo tiempo que el Sol, "se obligaba a todas las cabras de Egipto a mirar la Fija para agradecer estar en vida precisamente ese día", no debemos burlarnos de forma desconsiderada, ya que el fondo de verdad es grande. Una ceremonia que remonta al inicio de la nueva era hacía rezar a los pastores supervivientes del cataclismo que habían capturado las primeras cabras a su llegada y agradecer a Dios este nuevo día que les traía una vida tan similar a la que tenían antes[32]. La risa sería fácil si tantos ejemplos aberrantes no nos hubieran sido provistos por los filósofos griegos. ¡Ellos enseñaban tonterías monumentales!

"Los astros no son más que vainas de aire afelpadas, llenas de fuego."
Anaximandro.

"Los astros son nubarones incandescentes que nunca son iguales, pero que se suceden siempre renovados, cada día, cada noche."
Xénophane.

"El cielo es una bóveda donde las estrellas están muy sólidamente ancladas."
Anaximedes.

Para parafrasear a Clemente de Alejandría, podría añadir después de sus tres meditaciones transcendentales, que mil páginas no bastarían para escribir los nombres de todos los *"genios griegos"* que consiguieron sus conocimientos en las orillas del Nilo, y que tuvieron

---

[32] Plut. "Esseque, id firmissimun documentum maxime Tabulis Astronomicis consentiens".

vergüenza en reconocer. Es tan fácil demostrarlo hoy, que nos preguntamos cómo los humanos se dejaron engañar. Eratóstenes, por ejemplo, que fue (¡sic!) el inventor de la Esfera. La que presentó al público impresionado de su tiempo... presentó un manifiesto falso. El cielo que representaba como si fuese el de Alejandría en el año 255 a.c. no le correspondía de forma alguna, pero ignoraba demasiado acerca de las "Combinaciones Estelares" para darse él mismo cuenta.

Actualmente cualquier astrónomo, disponiendo de la misma esfera, contestaría después de realizar unos simples cálculos, que el cielo representado no era el de Alejandría, sino el de la latitud de Dendera, no siendo visibles algunas estrellas desde este lugar a ochocientos kilómetros más al sur. Y, por otra parte, el fenómeno precesional databa este cielo en el año 2864 a.c. Pobre Eratóstenes. ¿Cómo fue posible tal error?

Simplemente porque en su tiempo la era tebana volvía a ser actualidad porque algunos poetas griegos que habían visitado Tebas, Homero en particular, vanagloriaban esta capital, haciendo hablar a *Achille* en su famosa *Iliada*, en el cántico IX:

"Qué ciudad fabulosa, llena de tesoros, y de la que cada una de sus cien puertas de oro permite la entrada de doscientos guerreros con sus caballos y sus carros."

Este prestigioso período resaltado hacía revivir a los Grandes Sacerdotes disidentes del Colegio de los Pontífices de la Casa-de-Vida de Dendera, a setenta kilómetros de ahí. Eratóstenes corrió a Tebas, donde pudo ver el papiro y volver a copiarlo, sin destreza, lo que le inspiró para establecer su esfera. Sin embargo ésta indicaba el estado el cielo benefactor de la "cuarta reconstrucción" del Templo de la Dama del Cielo, en Dendera, 2.600 años antes.

Otros grandes como Eudoxo, tuvieron muchos fracasos. En cuanto a Méthon, los Sacerdotes se rieron manifiestamente de él, ya que sólo la mitad de su esfera era de su tiempo, la otra mitad databa de 586 años anteriores. La de Eudoxo, con su solsticio en medio de Cáncer tenía un milenio de antigüedad más de lo que pretendía.[33]

Sin embargo, los poetas recuperaron por intuición muchos datos perdidos. Virgilio y Homero ya nombrados son ejemplos de ello. También hubo otro griego, "Nonnus", que describió el Gran Cataclismo a través de unas perturbaciones celestes antiguas y unos anales de "Necepsus", hasta el momento en el que la Tierra fue renovada por la "espuma emblanquecida de las grandes aguas".

"El último día acababó y la última noche empezó en el momento del Gran miedo, subiendo por encima del horizonte por el signo opuesto al sol entonces en "Leo", y que era "VERSE-EAU" (verter-agua= Acuario)".

Esta última constelación está simbolizada en el Zodíaco de Dendera por una urna que vierte dos ríos de agua viva, en manos de Ptah. Manifiestamente, Dios duda sobre el que debe hacer brotar la "Luz" o las "Tinieblas"; el que arrasándolo todo a su paso traerá la destrucción final; o bien el que alimentará el mundo disponiendo para todos el fértil limo.

No debemos perder de vista que detrás del simbolismo grabado, sólo se esconde la realidad, reservada a los corazones puros. Las constelaciones son los instrumentos más poderosos que unen el cielo a la tierra. En términos más claros, cada una de estas doce constelaciones astrales posee un "Corazón", una estrella de primera magnitud semejante a nuestro Sol, pero cuya Radiación, o la Fuerza Vital, es tan fantástica que apenas es imaginable para nuestros espíritus.

Regulus para Leo, por ejemplo, está a una centena de años luz de nuestro sistema, es 12.000 veces más grande que nuestro astro del día.

---

[33] A razón de 1° 39' por cada siglo de retrogradación, el arco que trae al Dragón, la Polar en tiempos de Eudoxo, presenta una diferencia entre las dos longitudes de 45° 96' 39'', es decir una diferencia de 3.321 años. Como Eudoxo vivió hace 2.346 años, la diferencia exacta es de 975 años.

Lo que viene a decir que si se encontrase en el lugar y en la situación de nuestro Sol, no existiríamos porque la Tierra, no sería más que cenizas impalpables. Ocurre lo mismo para los otros once "Corazones", sea Aldebarán en Tauro, Antares en Escorpión o cualquier otra estrella.

Si en lugar de dejar la Razón rechazar la meditación, pensásemos en las increíbles pero reales Fuerzas de estos 12 corazones, comprenderíamos que la distancia de cien años luz de media, que nos separa de ellos, no es nada para estos rayos que llevan millones de años en el espacio a la velocidad de 300.000 kilómetros por segundo, repercutiendo en la Tierra con tal potencia que la atraviesan de parte a parte en su mayor circunferencia en 1/40 de segundo, número entregado por un laboratorio que estudia asiduamente este fenómeno cerca de Moscú. Lo que explica el poder instrumental con el que se ha hecho Dios.

Desde su nacimiento, todo recién nacido que emerge de la nada, al que se corta el cordón umbilical, "*está desde ese mismo instante aislado en el espacio terrestre como ser humano vivo*". Por primera vez, desde este momento, el bebé se ve literalmente bombardeado por esta radiación fabulosa, imprimiendo en el córtex cervical una trama que es en consecuencia diferente para cada uno y a la que él reaccionará personalmente según las configuraciones de las Combinaciones Matemáticas.

"El Alma humana participa en la actividad creadora de la Tierra, estando unida a ella por su envoltura carnal, animada; lo que le permite llamar a Dios en caso de necesidad. Si el Cielo y la Tierra están en desacuerdo, la influencia que tiene el Alma por parte de las Doce Fijas y del Sol, amenazaría con someterla a unas pasiones extremadamente nefastas, y que serían opuestas a su verdadero destino Divino".

Una estela de la cuarta dinastía nos recuerda estos datos fundamentales. Quizás *Manilius*, este astrólogo de la antigua Grecia, ya los conocía escribiendo en su "*Astronomica*" en verso:

"Pretendo con mis cantos hacer descender del cielo los verdaderos conocimientos divinos. Y los astros mismos, seguros del destino del poder dirigido por la potencia suprema, producen muchas vicisitudes en el desarrollo de la vida humana."

Pero este Marcus Manilius no es más que un farsante, ya que hace presidir la frase anterior por este inicio que falsea el resto de contenido:

"He penetrado el primero de los misterios del cielo gracias a los dioses".

Nunca fue a Egipto y se satisfizo con las explicaciones de *Porfirio* y de *Plutarco*, vanagloriando así a "los dioses", y no a "Ptah el Único". Él restableció lo que se vino a llamar los decanos, que son una parte de las Combinaciones. Estos signos dentro de los signos se llamaban en jeroglífica, los "*KHENT*". Las inscripciones de Dendera explicando la marcha del tiempo cósmico son formales sobre el principio mismo de su valor matemático:

"Los 36 khents forman la media corona del ecuador celeste".

Lo que matemáticamente demuestra con lógica que la corona entera que forma el cinturón ecuatorial completo, será 36 por 2, igual a 72. Frente a la Combinaciones que preconizaba, Manilius mismo se ve poseído por un cierto respeto. Las acciones y reacciones recíprocas que desencadena, al igual que un mal aprendiz de mago, ya que conoce muy mal lo que destina el modelado de la figuras venideras y no llegan a ser más que a una peligrosa alteración de la finalidad de las propias "Combinaciones-Matemáticas-Divinas". De hecho, este poeta astrólogo fue seguido por una muchedumbre de partisanos, pero el propio tiempo no ha realizado su obra, ya que algunos de ellos, seguros de no ser comprendidos, aún hacen elogios de ello.

Sin embargo, para la simbología de los Números, es interesante volver a leer diferentes papiros que describen temas astrológicos. Datando del inicio de la era cristiana, ellos se inspiran únicamente en las configuraciones caldeas y babilónicas derivadas de las egipcias. ¿Hasta qué punto, ello es difícil de establecer?

Uno de los más notables llegado hasta nuestro conocimiento es el "tema de Titus", establecido en el año III de su reinado (es decir, el año

81 de nuestra era). Está precedido por una introducción sin ambigüedad alguna, exhortando la fidelidad a las reglas inmutables de las Composiciones Celestes Divinas, que estaban en uso en la Antigüedad. Como el papiro n° 98 del British Museum, que traza el tema de un desconocido, pero que está datado en el año 102 "según las leyes matemáticas egipcias". Otro documento, que tiene el número 110, es el tema del cielo de Anubion, realizado en el año I del reinado de Antonino (es decir, en el año 138 de nuestra era) según las instrucciones contenidas en este muy antiguo rollo egipcio. Hay pues, certeza absoluta, de la antigüedad egipcia en las coordenadas matemáticas del estudio de los astros.

Existe incluso una obra poco conocida, pero auténtica, que es un *"Manual de observaciones celestes matemáticas permitiendo el estudio de la trama de un Alma"*. El manuscrito indica que se trata de una compilación realizada a partir de la jeroglífica egipcia por el astrólogo griego "Paklos", a finales del siglo V. Este notable estudio da la llave parabólica de algún Número, y soluciona varios enigmas a lo largo de sus 149 párrafos originales. Ahí aparece también cómo la incomprensión general de las compilaciones matemáticas aparentes lo hubiera relegado al fondo de una cueva para otro "Gran Año, de 25.920 años", los sucesivos encargados de los archivos, frente a este insondable espacio de tiempo, simplemente lo interpretaron como un puro y simple "delirio".

El movimiento estelar, aunque infinitamente lento, late al ritmo del Gran Año, en Dendera, para Ath-Ka-Ptah. La superación de un grado en el cinturón ecuatorial significaba que 72 años de vida habían sido consumidos en el éter, y que el ser humano correspondiente volvía a su Creador. Tal y como hemos visto, hay 72 "Khent" o "Decans" que traen 72 influencias primordiales, este "Número" parece tener propiedades notables.

Cada uno de los 36 "Khent" es benéfico, mientras que los 36 opuestos, los "N'Khent" son maléficos. Cada uno tiene 5° de extensión, y no pueden ser calificados de decanos. El grafismo jeroglífico de este asterismo es una estrella de 5 puntas. Ella cualifica igualmente el número 5 en anaglifo, el conjunto forma las configuraciones de la completa trama del psiquismo mental del humano, ya que estos 72

Khent, fijados sobre el círculo zodiacal, necesariamente tienen sus "Leyes" predefinidas por sus relaciones geométricas con la "Fijas" y las "Errantes".

Estas leyes están basadas sobre las afinidades armónicas celestes deseadas por el Cielo y que la matemática permite preveer dibujando las configuraciones al igual que sus resultantes aritméticas en relación con la trama original dibujada en cada córtex cervical.

El planisferio de Dendera sigue oponiendo "pros y contras" desde su llegada a Francia. Una polémica muy viva[34] permitió discusiones muy sabias a la vez que Francia y sus diferentes academias contaban con eruditos de renombre. Tres tesis eran ardientemente defendidas o contestadas con gran energía.

1) El planisferio de Dendera era una decoración de un techo sin significado alguno.
2) El Planisferio era un calendario rural que permitía segar en su momento.
3) El Planisferio representaba un cielo totalmente diferente del de Hiparco, con lo que ninguna cosecha era posible.

A continuación llegó un perturbador más, y no de los menos importantes, éste emitió una aberrante posibilidad para los defensores de los tres puntos de vista anteriores y realizando una media-conversión celeste del planisferio, todo volvía a estar claro, gracias al retroceso precesional, ya que los egipcios lo conocían. Así sus antiguas configuraciones zodiacales primitivas volvían a su lugar en el "Espacio" de aquel tiempo. Es decir, unos 12.000 años.

En la Academia de las Ciencias, un buen clamor se desencadenó en contra de un eminente erudito llamado *Charles Dupuis*, que ya había publicado una gran obra, *"El Origen de todos los Cultos"*. Durante más de veinte años la polémica se amplió entre los miembros de esta sabia

---

[34] El término polémica es un encantador eufemismo para definir las tempestades de injurias que trastocaron durante cien años a los doctos sabios, como Ampère, Arago, el barón Cuvier, el astrónomo Dupuis y tantos otros académicos.

Academia, donde la simple verdad lógica de *Dupuis* fue calificada de "herética". En aquella época no se podía ratificar una tesis que aseguraba tal anterioridad humana, cuando la ¡verdad bíblica no dejaba remontar el diluvio más que a cinco milenios antes de nuestra era!

En 1822 el Zodíaco de Dendera llegó a la Biblioteca Real de París, y la discusión recuperó su amplitud. Las *"Memorias"* se acumulaban, donde el tono de los firmantes no sólo era áspero sino muy polémico. El siguiente volumen estará dedicado a la historia de Dendera.

El siguiente extracto de un gran periódico parisiense de la época. *"Le Quotidienne, 27 octobre 1822"*. Muestra hasta qué punto los sabios estaban entregados:

"Los espíritus estrechos de las personas, a las que la mínima objeción espanta, parecían desear que la adquisición del monumento de Dendera no hubiese tenido lugar. Viendo los libros de Volney y de Dupuis como monstruosos ensamblajes de una falsa ciencia y de una aparente erudición, que divulgaron no sólo en las más remotas aldeas franceses, sino también en toda Europa, e incluso hasta las extremidades de Rusia, estos hombres parecían temer que la exposición de este monumento no sirviese más que para propagar con más actividad aún estas ideas de una antigüedad indefinida del mundo y que no pretendían más que aniquilar la autoridad de los "Santos Libros", con el fin de destruir toda idea de religión".

Desgraciadamente en 1822 aún se pensaba así. Los textos hebreos relativamente recientes del Antiguo Testamento tenían prioridad sobre los, rigurosamente cronológicos, grabados en la piedra que narraban en toda su integridad la historia del primer monoteísmo.

La idea de restablecer los Anales primitivos con la ayuda de los cálculos basados sobre estas famosas Combinaciones Matemáticas, surgidas del movimiento eterno y armónico de las Fijas que trae la retrogradación equinoccial, no es nueva pues. Pero el punto de partida de esta espiral temporal y espacial estaba perdido en las nieblas lejanas del remoto pasado. Los investigadores se daban con un muro infranqueable de cálculos heroicos, sin comprender nada de los anaglifos y basándose en un axioma muy primitivo de la inteligencia bárbara. Newton fue el más célebre...

Los cálculos de este gran hombre fueron los datos falsos más escuchados que es posible imaginar. Él se persuadió como conclusión, intentando arrastrar el mundo sabio con él, que el famoso tiempo diluviano bíblico era aún más cercano a nosotros, en lugar de retroceder esa antigüedad a unos diez mil años. De tal forma que su fracasada afirmación, punto central de su obra, La "Chronologie des Anciens Royaumes", (Cronología de los Antiguos Reinos) hizo olvidar por un tiempo las graves especulaciones matemáticas que su genio entregó a la humanidad, y que, por suerte llegaron hasta nosotros.

Quizás se refería a *Plinio* que atribuía la primera descripción del cielo a Atlas, a *Anaximandro* para las constelaciones. Entonces no podía saber que el gigante mítico personificaba a Horus en su travesía por África, llevando a sus espaldas la pesada carga de la repoblación de la "Tierra de Dios" diezmada, preservando a los menores de las emboscadas a lo largo de la ruta hacia su segundo corazón de Dios: Egipto.

Y si los deseos de *Bossuet* y de *Leibniz* de ver a Luis XIV interesarse por la ruinas en el país de las Pirámides, sólo fueron ilusiones. *Bonaparte* recuperó el tiempo perdido a lo largo de su célebre campaña en la que se hizo acompañar por un equipo de científicos de gran valor.

Los zodíacos de Esneh[35], de Oumbos[36] y de Dendera fueron sin duda el trío más importante descubierto. *Fourier*, y luego *Denon*, dibujaron en el lugar el planisferio de Dendera, antes de que fuera transportado a Francia, y *Berthollet* escribió:

"La discusión de los monumentos astronómicos que acaban de ser descubiertos sirve para fijar las ideas sobre las numerosas polémicas y justifica la cronología de Herodoto y la de Manetón.

---

[35] Esna.

[36] Kom-Ombo.

Sigue siendo constante que la división actual del zodíaco, que remonta a cerca de 15.000 años, se ha conservado sin alteración alguna y transmitida de igual forma a otros pueblos."

Volvamos, pues, con los rescatados para vivir con ellos el primer choque de esta lucha de "Gigantes", entre Osiris, Horus y Set, hecho histórico que se produjo poco después del "Cataclismo", cerca de Ta Mana. La realidad está mejor relatada, la puesta a punto efectuada con ayuda de los símbolos tiene más peso que la simple descripción real.

CAPÍTULO VII

LOS "RA-SIT-OU"

¡Él ha llenado de miedo el corazón de Set! Tú eres el Primogénito ya que naciste antes que él. Tú eres el Primogénito que Geb ha puesto en su justo lugar con Iset y Nek-Bet a tu lado.
¡Oh, Osiris! Horus te ha vengado, y tu alma puede morar en paz con los Bienaventurados en Amenta. Tú nombre permanecerá grabado en el Segundo Corazón para que sea Eterno.
Textos de las Pirámides.
7d- 575/ 583.

Sería presunción ridícula e injusta pretender que tenemos más energía o más inteligencia que los antiguos: si la materia de nuestro saber aumenta, la inteligencia de ningún modo.
C. G. JUNG
Metamorfosis del Alma y sus símbolos.

En la explanada inundada aún parcialmente por las recientes lluvias diluvianas, la horda de los Rebeldes, rodeando a un jefe rudo y celoso de sus prerrogativas, llegó completamente agotada por la travesía del bosque. Había sido penoso avanzar entre los árboles gigantes, entre la lujuriosa vegetación que proliferaba cada vez más densa y chorreando agua, lo que siempre parecía mal presagio.

Así que al llegar a esta zona, de repente al descubierto, les pareció un remanso de paz. La energía desplegada por Set a lo largo del avance que los había llevado hasta el lugar, había hecho olvidar a la tropa la saña y los bruscos cambios de humor de su guía, que actuaba como si se creyese investido de una autoridad celeste. Pero quizás, durante los últimos días, una tranquilidad relativa se había establecido en este ser colérico ya había encontrado un joven compañero solitario que le fue instantáneamente muy devoto, y sobre el que recayó después lo evidente de su locura. La cercanía del pueblo, apenas a pocas horas de marcha, lo hizo incluso amable, ya que saboreaba de antemano una victoria total sobre los "Descendientes" aún en vida, sabiendo que no tendría clemencia con ellos.

El suspiro de alivio y los gritos de alegría que indicaban que llegaban a una explanada, se tornaron sin embargo, poco a poco en extrañeza, y en murmullos de temor, luego en un denso silencio apenas roto por los gritos roncos de algunas rapaces que sobrevolaban el claro. Una agrupación se había formado alrededor de algo enigmático tendido en el suelo.

Los Râ-Sit-Ou, o los Rebeldes del Sol, los Descendientes de Set, practicaron la fiesta de Set (o Sed) en la que un toro era inmolado ritualmente para que su piel, siguiendo la tradición, encarcele el cuerpo de Osiris y lo haga perecer y pudrirse.

Rompiendo brutalmente el círculo que se ensanchaba, Set se detuvo en seco frente a las dos pieles ampliamente extendidas, aplastando las hierbas altas, y que estaban ensangrentadas a altura del hombro. Su asombro aumentó a la vista de esta intriga, ya que la noche anterior, su tropa se había detenido frente a una piel semejante, colgada de una rama baja de un árbol, e igualmente manchada de escarlata tal advertencia del cielo. Algunos de sus rebeldes habían murmurado que ello significaba no seguir adelante en su proyecto, bajo pena de ser reducido al mismo estado que esa envoltura carnal. La cólera del jefe fue terrible, porque en su locura no comprendía quién podría dirigirle tal mensaje. Estas pieles sólo podían estar extendidas para ser secadas, pero el autor del acto lo había efectuado como un principiante. Y no se trataba de curtir pieles de toro... Sería un mal recuerdo.

Sin embargo, no debía demostrar temor alguno frente al entorno que lo observaba intensamente, intentando conocer lo profundo de sus pensamientos. Como en esta tierra no quedaba nadie vivo para desafiarlo o para enviarle una advertencia, mejor sería reírse de ello. Se enderezó, encogiendo bruscamente los hombros de su compañera cerca de él y elevando la voz de forma arisca dijo:

-"No os preocupéis. No temáis nada. Estas pieles no son el signo de una debilidad o de un mal presagio: no huelen a muerte. Representan al contrario, un signo enviado por el Cielo que nos ofrece estas pieles de toro para que nuestros corazones se mantengan firmes en sus legítimas resoluciones y que el cansancio no penetre. Alegrémonos al contrario de esta próxima llegada de nuestro clan al destino previsto. Ese lugar será nuestro, es el que asegurará nuestro bienestar, al igual que nuestra prosperidad. Nuestra gran familia será la más poderosa en esta Tierra que prosperará bajo el nuevo Sol, nuestro único Maestro."

Los murmullos retomaron más tono ya que la incomprensión de las pieles no estaba resuelta en los cansados espíritus de los viajeros a pesar de las grandilocuentes frases de Set. Lo que aparecía como sobrenatural permanecía sobre lo que era totalmente una realidad. El jefe lo comprendió tan bien que apresuró dar orden para el último descanso antes de asediar Ta Mana:

- "Que los portadores de alimentos se sitúen cerca de su grupo y que se hagan los repartos previstos para las familias. Es hora de volver a recuperar fuerzas. Cuando los rayos del Sol cubran las pieles, retomaremos el camino para llegar juntos a nuestro destino. Que mis Râ-Sit-Ou se unan a mí para recibir las últimas órdenes. Comeremos juntos para poner nuestro plan a punto."

De tal forma Set demostraba que conocía las almas de los que lo acompañaban, sabía que las barrigas llenas tranquilizarían las conciencias adormeciendo las voluntades recalcitrantes. Ello le permitiría inculcar a sus rebeldes la última energía necesaria para la buena realización del ataque general a Ta Mana. En cuanto al resto, siempre quedaría tiempo después parar pensar en las promesas hechas.

Los diferentes grupos ya se habían dispersado reuniéndose por afinidad, y compartiendo alegremente los trozos de carne. Los jóvenes recogían frutas a brazos llenos, les bastaba con levantar las manos para cogerlas de los arbustos que se cruzaban en la orilla de la jungla: papayas, mangos y plataneros proliferaban. También había una extraña fruta verde, redonda y cubierta de pinchos, que se debía buscar en las ramas altas de un árbol frecuentemente secular, buena ocasión para jugar un poco. Era buscada por su carne blanca, blanda y harinosa, que recordaba la consistencia, al igual que el gusto algo agrio a las galletas de cereales muy apreciadas en Ahâ-Men-Ptah.

Muy a gusto en medio de sus soldados, Set recuperó sus ojos febriles y lejanos. Al tiempo que de buena gana mordía un muslo de gacela, vaticinó a sus anchas, para su círculo de gente:

- "Desde ahora estamos todos unidos por nuestra voluntad de restablecer por doquier el "Sol Creador" como la potencia universal. Él nos ha creado, y a nosotros corresponde el deber de restablecer su realeza sobre la tierra si no queremos que nos haga desaparecer a todos por su insatisfacción de vernos adorar a cualquier otro dios ajeno a él, nos permite vivir y nos ilumina. La única solución para los que rechacen unirse a nuestra adoración a Râ. ¡Será la muerte!"

Las aprobaciones que surgieron aquí y allá no fueron entusiastas, pero Set estimó que podía seguir su discurso:

- "Para que se establezca, siempre seréis los Râ-Sit-Ou, los Soldados del Sol, mis Rebeldes. Nuestras reservas de arcos y de flechas son suficientes para asegurar nuestra supremacía pienso que no tendremos más que asustarlos para llegar al final de nuestras penas. Mataremos con nuestras mazas a todos los que huyan..."

Uno de los hombres, de fuerte musculatura, se sorprendió sin embargo:

- "¿Para qué matar a los que podrían trabajar por nosotros? Tenemos el poder, las provisiones... y sus mujeres. ¡Al menos deberíamos quedarnos con los más fuertes!"

Forzando su autocontrol para no dejar entrever su cólera, Set frunció el ceño mirando al hombre que le hizo una pregunta tan estúpida. Consiguió decir con voz monocorde:

- "Râ reclama la sangre de los que se han atrevido a elevar las oraciones a otro. Si no los aniquilamos, volverán a empezar sus adoraciones impías en algo inconsistente e inexistente, lo que desencadenará una nueva cólera del Sol, que se vengará esta vez de forma más terrible contra nosotros aniquilándolo todo. ¿Es lo que deseáis?... Entonces empezad a adorar a ese dios sacrílego, el mismo que causó nuestra pérdida y nos tiró en esta tierra. Sólo estamos vivos gracias al Sol. Es el que nos enseña el camino, hoy más que ayer, alumbrando estas dos pieles. O bien restablecemos su autoridad por doquier, o bien morimos todos de una muerte aún más horrible que la padecida por nuestros padres. ¿Qué preferís, desaparecer con los impíos, o ayudarme a aniquilarlos, a ellos únicamente?"

Murmullos horrorizados no le dejaron duda alguna sobre la elección realizada por sus compañeros de lucha, así que se encaró dirigiéndose especialmente al que lo había cuestionado hacía tan sólo un momento:

- ¿Serás de los impíos, tú cuya fuerza se ha convertido en debilidad por osar dudar de mis órdenes?

El hombre comprendió de inmediato que se había propasado y se apresuró en contestar humildemente sin levantar los ojos sobre Set cuya mirada helada lo traspasaba:

- "Lejos de mi ese pensamiento, ¡Oh, señor del Sol! Únicamente tú eres capaz de poner a los enemigos fuera de combate."

- "Muy bien contestado, y si necesitamos esclavos hay suficientes poblados primitivos en las montañas, los mismos que trabajan en las minas, para sustituir los brazos que necesitemos..."

Contento por la conclusión del malentendido, se sirvió otro trozo de gacela. Al igual que la caza que abundaba, no le faltarían cuerpos devotos por las buenas o por las malas. Nada tenía que hacer con los que hacían preguntas insidiosas, y ese bulto de grasa, con rostro humano que lo había desafiado pronto se parecería a la carne que troceaba con sus dientes puntiagudos. Lo mataría él mismo a golpes de maza, disfrutaba de antemano del puré que haría con esa cabeza hueca. Esto permitió a cada uno acabar la comida en silencio con sus propios pensamientos. Después de echar un último vistazo a las pieles, Set vio que el momento estaba cerca y ordenó la salida. Aprovechó para formular sus últimos consejos, como si de pronto estuviera inspirado:

- "Nuestro saludo nos viene de Râ que es el más bello y más grande de todos los astros, por tanto, de todos los dioses. Él aparece en toda su gloria para ordenarnos salir a conquistar lo que le pertenece. Actuaremos muy rápidamente, y en acuerdo con él para que la conquista sea total antes de la puesta del Sol. Estáis constituidos en grupos de ocho hombres; cada uno de vuestros jefes conoce mis órdenes y les obedeceréis, pues, sin discutir. Entraremos en Ta Mana, por todas las puertas a las vez, gritando lo más fuerte posible para asustar a esos adoradores de una falsa divinidad. Les demostraremos que el poder es nuestro por el vigor con el que los exterminaremos. ¡Gloria a Râ, que brillará en cada amanecer mientras que le demostremos su gloria por nuestros actos!"

Algunos guerreros se levantaron gritando histéricamente, como para expulsar el salvajismo que los invadiría en pocas horas. Set se sintió asegurado y sonrió aparentemente satisfecho de su exhortación. Otros hombres permanecieron sentados pero aprobaron con vigor. Estos gritos salvajes, más o menos roncos y semejantes a los de un león en cólera, impresionarían sin duda a los habitantes del pueblo. Para situar definitivamente el Cielo de su lado. Set tendió su bastón de mando hacia el Sol, al tiempo que se levantaba. Apretándolo con fuerza invocó a Râ:

- "Inúndame con tus rayos benefactores, ¡Oh, Poderoso Creador! ¡Que mi cetro mande por tu gracia la aniquilación de tus enemigos!"

Todos los rebeldes se apresuraron en repetir:

- "Que los Râ-Sit-Ou derriben a todos tus enemigos, ¡Oh, Râ!"

Todos los grupos se apresuraron en acabar de comer viendo que el momento elegido se acercaba. Set acabó su declaración:

- "Todos mis soldados se situarán delante de las mujeres y de los niños reunidos, excepto los ocho que cerrarán las filas de guardia detrás. Es la hora: los rayos inundan las pieles de luz. Acabemos esta marcha, ataquemos y matemos..."

En cuanto la horda al completo se hundió de nuevo en el mullido sotobosque, la humedad se posó en cada uno. Nadie quiso volver al claro, y nadie vio que el cuero de las pieles tomaba un precioso tinte rosa bajo el Sol, formando un tipo de aureola muy brillante, en el centro de la cual jugaban miríadas de alegres luminiscencias. El temor los hubiera hecho ciertamente tomar consciencia a todos los espíritus sencillos.

Los pies se hundían en las marismas haciendo sus pasos más pesados y sólo eso les preocupaba. El avance se producía sin embargo a ritmo satisfactorio, la dicha cercana, doblaba las voluntades. Galvanizados por la llegada, estos hombres ya no dudaban de la justeza de los argumentos mantenidos por Set para justificar la espantosa matanza que iban a cometer. El nerviosismo aumentaba sin embargo en los corazones y se exteriorizaba cada vez más alto, momento a momento, a causa de unas voces que se elevaban por doquier con tono agudo. Los animales huyeron de sus lugares habituales mucho antes de que la masa vociferante llegase a su encuentro. Incluso los indiferentes elefantes se desviaban de su ruta acostumbrada, no por temor, sino porque tanto ruido les ensordecía.

Los ruidosos ecos, sin embargo, aún no llegaban hasta el lugar donde estaban Osiris y Horus. Los rebeldes aún cruzaban una zona de marismas antes de llegar hasta las dunas de arena que precedían las playas. Las tierras se elevaban y ralentizarían algo la progresión de los hombres en cabeza, ataviados con las armas de choque. Cuando llegaron a la cima de la loma más alta, los gritos fueron más salvajes viendo el mar, azul y tranquilo, que les parecia tan cerca.

Estos sonidos potentes llevados por el viento tibio a favor, forzosamente llegaron a los oídos del Padre y del Hijo, que esperaban con paciencia en la cima de su montículo a que los acontecimientos previstos por Nek-Bet se desarrollasen.

Los movimientos del sol, ayudados por el chorreo de la lluvia diluviana de las últimas semanas habían formado unas terrazas amplias todo a lo largo de la pendiente del montículo más alto. Los árboles habían crecido, mucho antes del cataclismo, enlazando sus raíces en las tierras de esta forma estabilizada.

A media altura, detrás de un tronco venerado, protegidos de las miradas que avanzaban, los dos "Gigantes" conforme a las directrices de Nek-Bet esperaban. Era ahí, en ese lugar preciso, donde se desarrollaría el destino de la actual comunidad de los recatados salvados de las aguas por el Dios Todo Poderoso. Percibiendo los primeros ecos de voz, Horus se enderezó, Osiris, perdido en sus pensamientos, ni se movió, prefirió dejar la iniciativa a su hijo, que debería acostumbrarse a actuar sólo.

Horus, como si leyese en el alma de su padre, sintió toda la tensión desaparecer, sus músculos se relajaron e incluso sus pulsaciones que actuaban dolorosamente en su párpado vacío dejaron de ser.

Su ojo válido recuperó una agudeza perfecta permitiéndole escrutar atentamente el lugar donde aparecería la cohorte dirigida por el hermano de su padre.[37] El que ya no creía en este Dios que profanaba, no se alegría al llegar a ellos. Osiris, que observaba de reojo a su hijo, comprendió el significado del brillo de venganza que brillaba en el ojo válido. Horus sería en efecto el "Vengador" de su padre, elevándose así a la altura de un dios por las generaciones venideras. Esto lo hizo sonreír dentro de la tristeza que sentía. ¿Por qué no había sido sencillamente un hombre como los demás humanos? Le hubiera gustado tanto vivir lejos de las complicaciones a las que Dios le había sometido para justificar una renovación de la "Bondad y de la Fe" en los que había sido engendrado a imagen divina... Suspiró largamente, a pesar de él, y este quejido saliendo del fondo de su corazón fue oído por Horus, que sin saber la causa, se apresuró en decir:

- "No temas nada, ¡Oh, venerado Padre! Todo ocurrirá como está previsto. Siento una fuerza muy superior a la que tuve en aquel bosque destruido por la cólera divina de Ahâ-Men-Ptah. Soy otro Yo, incluso no sé cómo explicar esta transformación."

Osiris se alegró interiormente, compendia muy bien esta sensación que a menudo había sido suya. Añadió gravemente:

- "Eres carne de mi carne, eres otro yo mismo, y mi nombre y mi corazón son tuyos. Estás protegido por el Eterno, como lo están los que hasta el fin de los tiempos pedirán tu ayuda con sinceridad. Serás el Primogénito, ¡Oh, hijo mío, el Ancestro más ilustre!, el Primero del que se celebrará la victoria sobre el Mal. Es por lo que todos los descendientes que nacerán por ti, se parecerán y tendrán los mismos poderes, mientras que personifiquen la imagen de su Creador en los mínimos actos de su vida. Y únicamente Dios se dará cuenta, él que siempre hacer caer el agua igualmente sobre todas las cosas. ¿Qué puede diferenciar dos gotas de agua iguales, una cayendo en una rosa

---

[37] A lo largo de los milenios faraónicos, las expresiones jeroglíficas de todos los parentescos consanguíneos están exclusivamente basado en la monogamia. *Atefen-Atef* es el "padre del padre"; *Sonen-Atef en Mau*, es el "hermano del padre de la madre" es decir el gran tío: *Haï* es el esposo y *Shime* la esposa: *Atefeh-Haï* es literalmente el "padre del esposo".

y la otra en una dedalera? Sólo el poder divino, ya que transforma el primero en un vegetal amante de la tierra, y el segundo en un veneno mortal.

Los gritos se intensificaban, Osiris se levantó a su vez para concluir:

- "Tú recibirás las ofrendas de la Tierra entera, Horus y tú darás gloria a Dios en nombre de los tres: Iset, yo y tú."

La cabellera de Horus voló con una enérgica negación:

- "¡Yo no lo deseo, Oh, mi Padre! Ese es tú privilegio, la armonía conseguida en Ta Mana es tu obra y me gustaría tanto vivir simplemente como un hombre..."

Los dos brazos de Osiris se contrajeron de impotencia contra lo que él mismo había deseado sin conseguirlo:

- "Es imposible, hijo mío. Ya me hubiera gustado que así fuera para tu madre y para mí; pero Dios decidió de otra forma. Sobre ello, protege a Iset y guárdala preciosamente hasta que se reúna conmigo en el otro mundo."

Este final de frase sacó un gemido de Horus. El diálogo se interrumpió sobre esta triste nota, ya que la horda de los Râ-Sit-Ou acababa de aparecer en la cima de una duna, a unos cien metros de ellos. Set era reconocible, por su alta estatura, en las primeras líneas recorriendo con una mirada penetrante el horizonte antes de indicar con una mano extendida el lugar del sicomoro, donde invisibles, Osiris y Horus miraban los hombres correr por la pendiente y dirigirse a ellos.

Cuando llegaron a los pies del montículo que Set se disponía a subir, Horus surgió bruscamente de detrás del grueso tronco, gritando desde el saliente a una docena de metros:

- "¡Detente!, ¡Tú, veneno rabioso!, ¡Desesperación de tu madre! Toda la Creación te repulsa y eres vomitado por la Humanidad de esencia divina... ¡Atrás, detente... Set!"

Ni el rayo cayendo a los pies de los que llegaban hubiese producido tal intenso estupor. Levantaron los ojos a esta inexplicable aparición y retrocedieron instintivamente algunos pasos antes de permanecer como paralizados por la locura que los poseía. Únicamente Set, viendo el efecto de parada brutal de sus tropas intentó comprender: ¿Cómo su sobrino podía aún estar vivo en este lugar? Curiosamente en ese momento se hizo el silencio, las mujeres y los niños aún estaban lejos, detrás, en espera del enfrentamiento que no tardaría en oponer a los dos gigantes. Aprovechando su innegable ventaja, Horus volvió a tomar la palabra. Su fuerte voz sonó con un tipo de eco cavernoso en las pendientes cercanas:

- "Atrás todos. Yo soy el que lo ordena. Dios os ha permitido escapar del fatal hundimiento, y en lugar de agradarlo lo colmáis de blasfemias por vuestra conducta sacrílega; ¡Vergüenza debe daros! Os digo que vuestras almas perecerán sin poder ir a Ahâ-Men-Ptah, porque las puertas líquidas se volverán a cerrar sobre ellas sin esperanza. Vuestras almas perecerán como vuestra carne."

Las gesticulaciones de Set durante la homilía de su sobrino acabaron con un gruñido desordenado. Los rasgos de su rostro deformados por la locura, indicaban la cólera humana que se acumulaba. Cuando pudo hablar, gritó con voz cortada a penas comprensible:

- "¿Cómo te atreves a desafiarme, Tú que sólo eres capaz de dar bocados? ¿Olvidas que una vez mi fuerza ya fue superior a la tuya?"

Sin perder la tranquilidad, Horus replicó:

- "Eres tú el que ya no recuerda, ¡perro rabioso! Yo estoy aquí y te domino gracias a Dios y a su Poder. Ya no podrás hacer nada contra mí. Serás aniquilado, tú y los que te escuchen, si no te vas lejos."

Estallando con una risa demente, Set hizo signo a sus soldados de rodear el montículo para que su sobrino no pudiese escaparse. Luego profetizó con voz amenazante:

- "Harías bien en irte, intenta huir mientras aún puedas, ¡sino, yo mismo, con placer te degollaré!"

Horus levantó los hombros desdeñosamente siguiendo el movimiento de los rebeldes, sabía que su padre oía y veía todo lo que estaba ocurriendo, dispuesto ha intervenir cuando lo juzgara oportuno. Por ello provocó a su tío con voz asegurada:

- "El veneno que sale de tu boca, sólo caerá en esta arena árida. Tú espíritu es semejante al del escorpión que no podemos más que aplastar para eliminarlo. Eres como ese animal miserable, y de misma forma, lo que corre en tus venas no es más que el veneno que te vuelve loco. Si te vas deprisa, ¡quizá Dios se apiade de ti!"
- "¡Mientes! Yo soy el más fuerte y ni tú, ni tu Dios inmundo podéis hacer nada contra mi. Una vez te clavé en el suelo, y voy a volver a hacerlo. Soy el más fuerte y tengo al Sol en mis brazos. Si no lo admites, ¡es que estás ciego de dos ojos!"

Esta vez fue Horus el que rió de forma relajada:

- "Sin embargo, lo que con un sólo ojo puedo afirmar es que el Sol está desapareciendo de nuestra vista, se vela frente a tus blasfemos porque no quiere asistir a tu derrota."

Efectivamente una gruesa nube gris, estaba ocultando el astro borrando el azur sereno del cielo. Dirigiéndose a los rebeldes, Horus dijo con tono solemne:

- "Vosotros que aspiráis quizás a vivir en paz, escuchadme. Que este signo divino que ensombrece el cielo ilumine vuestras almas. No sigáis al que os ciega, con este Sol que ya no brilla más que para las cabezas huecas de palabras sensatas. Contemplad mejor al Eterno, vuestro único Dios, a través de esta

parcela que mantenéis de él y que es vuestra alma, agradeciéndole aún de estar con vida."
- "Es falso, todo es falso. Miente. Mí único poder es superior al suyo y al de su Dios."

Espumeando de rabia al tiempo que saltaba de loca indignación, Set retomó con voz odiosa:

- "No puedes conocer mi fuerza, eres la cabeza de un "Retornado" que ya no existe. Tú eres como los que no me siguieron y han desaparecido bajo las aguas. Râ-Sit-Ou, haced como yo: sólo debéis confiar en Râ, dispensador de la luz y del calor, generador de toda vida. Su Dios no es más que un vano usurpador. Al igual que el padre de Horus, que murió por haber intentado tomar el trono de Ahâ-Men-Ptah. Yo soy el nuevo Maestro, y ¡esta vez nadie se opondrá a mi advenimiento!

Con voz dulce pero que todos oyeron distintamente, Horus preguntó:

- "¿Tan seguro estás de ello nuevo Maestro?"

Una risa nerviosa inextinguible subió de la garganta de Set. Lo ridículo de la pregunta era evidente incluso para los soldados. Por fin, el jefe de los Rebeldes consiguió decir:

- "Observa tu posición, pequeño aborto, y la de mis soldados que te rodean..."
- "No se trata de mí..."
- "¿No pretenderás que tu Dios tome vida para ocupar el lugar del Maestro que me corresponde? El mismo Sol me apoya puesto que vuelve a aparecer. ¡Que todos los presentes levanten los ojos para ver su esplendor! Extended todos vuestros brazos hacia él para agradecer la cómoda victoria..."

La cohorte de los soldados, al igual que las familias, cada vez más numerosas alcanzaban el lugar, todos siguiendo las recomendaciones de Set, se postraron. El Sol volvía a brillar fuertemente, e hizo cerrar a todos sus ojos a pesar de que intentaban obedecer, la ceguera los alcanzaba.

Este momento fue evidentemente propicio y elegido por Osiris para hacer su aparición. Los humanos a contraluz, mirando el cielo, oyeron de pronto una nueva voz, inesperada, que con entonación grave y amplia sonaba por encima de sus cabezas. Esta extraña sonoridad que los penetraba parecía venir de todos los lugares y de ninguno a la vez. Deslumbrados, no percibían el entorno exterior más que por los ruidos que les llegaban por los oídos de tal forma que se atemorizaron ya que muchos pensaron que fue el Sol mismo quien hablaba, a pesar de que las palabras los condenaban sin remisión:

- "¡Vergüenza a todos los que olvidáis que sois hijos de Dios!"

Set reconoció instantáneamente esa sonoridad que a menudo lo asechaba en sus sueños. Levantó la cabeza, y él, que no había mirado al astro brillante, le vio. A su vez, cerró los párpados para asegurarse que no estaba viendo un espejismo. ¡Pero no! Estaba vislumbrando perfectamente la forma conocida, vestido con la misma túnica blanca, que aún estaba manchada de escarlata en el lugar donde las lanzas lo habían atravesado.

Un terrible aullido, demasiado tiempo aguantado, escapó de su boca. Este largo grito lo hizo retroceder precipitadamente, todos los que se amasaban cerca de él, desde ahora estaban dispuestos a huir.

- "¡No!, ¡no! y ¡NO!... ¡No es verdad! ¡Pero sólo puedes ser Tú! ¡No estás ahí: Tú estás muerto! TÚ NO PUEDES SER OUSIR. "Osiris... ¡Ah... Osiris!"

Todos los seres humanos, que se apartaron de los senderos divinos, de pronto tomaron consciencia de que estaban frente a una realidad que les superaba. Se sintieron mezclados en una escena fuera de lo común que decidiría sobre su futuro sin preocupasen de ellos, pero que concernía al primer jefe. Era como si Dios mismo apareciese frente a ellos. Retrocedieron prudentemente de nuevo de varios pasos situándose ampliamente por debajo del repecho.

Set se quedó así solo, dominado por Osiris. Oyendo su nombre de la misma boca del hermano torturador. El pavor marcaba el rostro de todos los asistentes. Si algunos no lo conocían antes de este día, sí conocían las desavenencias de la familia real que había hundido su país, no había duda alguna puesto que Osiris había muerto y su cadáver había sido arrojado al mar. Sin embargo, ahí estaba, y les hablaba otra vez:

- "¡Sí, yo soy ¡Osiris!, he venido a deciros que Horus debe ser el único jefe legítimo, ya que es el único heredero del "Heredero" que soy. Horus es el hijo del "Hijo", el toro del "Toro Celeste" regresado a esta tierra para preveniros de vuestros errores. Horus es el hijo de Osiris. A él sólo le atañe ceñir la autoridad de Dios para guiaros al Segundo Corazón donde encontraréis prosperidad y felicidad."

Esta declaración de entronización fue escuchada en el mayor silencio, excepto por la rabia continua que brotaba de la garganta de Set. Todos sus compañeros lo miraban, se enderezó y no admitiendo su derrota, replicó:

- "¡Bórrate de nuestra vista!, tú del que no queda más que polvo impalpable en el fondo del mar. ¡Tú eres el enemigo de Râ y ya estás muerto!... No eres más que un pliegue sin cuerpo y sin alma. No puedes estar aquí: ¡bórrate, ya no tienes ni brazos, ni piernas! Vuelve de donde vienes; desvíate de la luz de Râ, para él eres un insulto. Tú magia que sale del León no podrá jamás contra el nuevo poder solar. Desaparece horrible sombra. No eres mi enemigo ya que no eres más que polvo invisible."

Osiris sonriendo a su hijo, se apoyó en su hombro y con la misma voz cautivadora siguió:

- "Horus está a salvo de todas tus artimañas, ¡Oh, tú, que eres mi hermano!, nacido de la misma madre que yo, ¡bendito sea su nombre para siempre! Por eso no te tocaré, pero desde este mismo momento transmito a mi hijo Horus mi nombre Divino. Oíd todos: Yo, Osiris, pongo a Horus en el Trono de esta segunda tierra. Él será el Maestro incontestado, y se convierte en el primer Pêr-Ahâ de esencia Divina. Desde hoy será el primer Ahâ[38], el Primogénito que renovará la humanidad entera. ¡Que los que no estén de acuerdo, se vayan! En seguida, lo más lejos posible, y en ese caso no se les hará daño alguno. Pero desgracia para los que se queden aquí con un corazón impuro. ¡Bajaré hacia ellos para destruirlos! Los reduciré hasta que no subsista nada... ¡ni cuerpo, ni alma!"

Gemidos brotaron entre las mujeres. Los soldados mismos no supieron que hacer con sus armas que ninguno blandía contra Osiris. El espíritu hundido de Set sufrió otro choc, viendo que este espectro empezaba a bajar. El pánico se apoderó de los más débiles, que se volvieron hacia las mujeres e hijos, que ya corrían en desbandada. El desdichado jefe vio que los más valientes de sus soldados nos tardaron en seguir el mismo camino, y gritó:

- "Vámonos, este lugar está maldito, ¡el espectro nos matará a todos!..."

Blandiendo un puño hacia la forma blanca que progresaba implacablemente, profetizó:

- "¡Nos volveremos a encontrar. Y entonces no habrá sortilegios entre nosotros. Vosotros no ganaréis siempre, porque soy el único Maestro por la sangre, ¡ese cetro me es debido! Un día reinaré, hago el solemne juramento aquí, frente a mis fieles... ¡Sé que se realizará!"

Sin más demora, se giró hacia sus bravos que lo esperaban, para decirles:

- "Volvamos con los demás para instalarnos en otro lugar. ¡Volveremos con más fuerza!"

---

[38] Fonéticamente, Ahâ se lee "*ahan*". ¿No podría ser el origen de Adam?

Este diálogo de los acontecimientos antiguos está relatado en numerosos textos que describen muy bien esta lucha de los dos titanes, que 4.000 años más tarde fue grabada sobre los muros de los templos: la Batalla de los Gigantes, oponiendo los *Seguidores de Horus* a los *Rebeldes de Set*.

Todo el tiempo que duró esta larga y azarosa caminata hacia Egipto, a lo largo de miles de kilómetros, los dos gigantes entrechocaron sus formaciones cada vez más numerosas y mejor armadas. De tal modo que Horus y Set se combatieron más allá de la muerte, sin cesar y con una tenacidad que fue ampliándose.

La realidad histórica se ha modificado a lo largo de los siglos, luego de los milenios, y el odio alimentándose él mismo en el progreso del futuro, hacia la Tierra prometida para uno de los dos clanes únicamente, cada uno queriendo ser ese. La paz que sobrevino para unificar a los dos en una sola patria a las orillas del Nilo, sólo fue conseguida por el temor frente a un nuevo cataclismo. La lucha intestinal que tuvo lugar poco después entre los adoradores del Sol o descendientes de Set, y los Menores de Dios nacidos de los Seguidores de Horus.

Como signo distintivo, los primeros utilizaron el emblema representando un gavilán mientras que los otros cogieron el halcón. Los primeros figuran en blanco en los Anales con el fin de diferenciarlos, mientras que los otros están en rojo.

A lo largo del formidable éxodo, como a lo largo de todo el tiempo faraónico que siguió en las orillas del Nilo, los textos y las inscripciones grabadas explican claramente el continuo antagonismo de los dos gigantes, incluso en los escritos realizados en las tumbas más antiguas descubiertas en Egipto, lo que autentifica de forma singular el origen mismo de este relato. La conclusión difiere poco en el fondo, aún estando bajo otra forma permite comprender todo este esencial capítulo:

"Tú hijo Horus está llamado a reinar, ¡Oh, Osiris, Maestro Supremo de las Dos Tierras!, Amenta de los Bienaventurados donde tú resides, y Ath-Ka-Ptah, donde el nombre de tu hijo asegurará para la Eternidad la resurrección del Segundo

Corazón. Él poseerá la fuerza necesaria para unir los dos clanes en una sola familia. Los Rebeldes darán razón al Sol que vuelve a tomar su curso celeste, solitario y tan impotente. Así, tú conservaras la paz eterna en la gloria de tu Padre Ptah".

De hecho, Horus y Osiris se quedaron solos abrazándose, dominando la inmensidad. Lo esencial se había hecho para que la nueva civilización pudiera desarrollarse. Como al padre le quedaba poco tiempo para estar entre los vivos, tomó a su hijo por la cadera y se inclinó hacia él hasta que sus frentes se tocasen, en signo de ternura y de respeto.

Después, sin comentario superfluo alguno bajaron del montículo por el sendero que los llevaba a Ta Mana, se inclinaron mucho, para pasar debajo del sicomoro que desde su alta magnificencia los veía alejarse, sacudiendo su follaje con una ligera brisa en signo de despedida. Lo esencial de este renacer histórico se inicia pues con la derrota de Set y de sus Rebeldes. La organización material proseguía gracias a los conocimientos técnicos de numerosos rescatados, que eran carpinteros, ebanistas, herreros y de tantas otras profesiones manuales necesarias al desarrollo natural de la vida. Desde hacía siglos, unas explotaciones habían sido abiertas a una buena luna de marcha de Ta Mana, en las altas montañas. Y si el cataclismo había detenido toda exportación hacia un país que ya no existía, el cobre y el plomo podrían ser nuevamente usados.

Un equipo de investigadores incluso se había aventurado ahí, bajo el reinado de Geb, el último Pêr-Ahâ de Ahâ-Men-Ptah, llegando hasta los contrafuertes escarpados que eran los restos de unos glaciares que explotaron mucho más al sur, constituidos de hierro en estado puro, en enormes cantidades.[39]

---

[39] Se trata de la región marroquí de Taouz-Erfoud, donde están esos glaciares y donde los pies pisan toneladas de minerales de hierro: magnetita, goethita, etc.

Así, la vida retomaba su curso en Ta Mana. [40]

---

[40] Carnero Solar, grabado en Abu-Eleim, Sahara.

CAPÍTULO VIII

TA OUZ
LA MORADA DE OSIRIS

¡Oh, Padre! Las puertas del cielo se han abierto para ti. Abiertas están las puertas de la acogida celeste.
En respuesta, Ptah, el Todo Poderoso, dice:
- Las puertas de la "Morada" de Osiris están abiertas para recibir el "Señor del Más Allá de la Vida"; el que velará sobre la Eternidad de los "Bienaventurados".

Texto de las Pirámides
A partir col. 795

Exageramos la ausencia de los cambios materiales algunas veces, pero la identidad del alma bereber, a través de todas las vicisitudes es realmente una de las fuerzas de la naturaleza.

J. CELERIER
Historia de Marruecos

La institución tribal en poco tiempo tomó un impulso primordial que no cesaría en la administración popular, a lo largo de los cinco milenios que siguieron. Todos los habitantes de Ta Mana plebiscitaron a Horus en su función y heredero, no volvió a sufrir contestación alguna en este clan, al menos. De ahí se iniciaron las luchas titánicas por su duración, que opusieron a los "Seguidores de Horus" y a los "Rebeldes de Set".

Generación tras generación, mientras las familias se organizaban, se desarrollaban y se multiplicaban, se transformó la noción misma del primer Ahâ, el Primogénito. Osiris incluyó en una misma mitología a Horus, Iset, Nut e incluso a Nek-Bet mucho antes de que el pueblo llegara a Egipto. Las numerosas deserciones que marcaron la larga marcha hacia el este cruzando toda África del Norte, conservaron en el fondo de sus corazones la huella de esta ideología espiritual. Las tribus nómadas que se dispersaron en este éxodo: kabylas, touaregs, bereberes, guardaron las costumbres ancestrales de su antigua descendencia a pesar de lo que sufrieron a lo largo de su dura historia.

Cuando Set y su horda huyeron hacia lugares que les serían quizás más clementes, Ta Mana fue una certeza para sus habitantes, se instituyó un Consejo legal presidido por Horus asistido por su Padre. El An-Nu siempre asistía a título privilegiado, su voz tenía prerrogativas muy bien definidas y, siendo el segundo en sabiduría, aconsejaba a cada descendiente como tal.

En Ta Ouz (lugar de Osiris) fue realmente enterrado Osiris. De su cuerpo fue tomada la llama eterna que acompañó a los Rescatados hasta su Segundo Corazón Ath-Ka-Ptah, o Ae-guy-ptos en fonética griega, es decir: Egipto.

Rápidamente, los fundamentos casi olvidados de la Fe tradicional y de la Ley Divina fueron reintroducidos. Las tareas de los miembros de la comunidad fueron delimitadas y organizadas tanto en referencia a ésta, como a sus propias necesidades, sólo para facilitar el progreso de la civilización hacia las siguientes generaciones, las cuales se beneficiarían de ello, asegurando a su vez las mismas obligaciones hacia sus sucesores para que, en última instancia, todos los que lleguen a ese Segundo Corazón-de-Dios, Ath-Ka-Ptah, la Tierra Prometida, tuviesen la "Sabiduría" y todo el "Conocimiento" de sus remotos ancestros.

Las primeras clases de aprendizaje empezaron el contenido enseñando para cada grado con una instrucción oral metódica, determinada por un proceso mnemotécnico[41] particular. La transmisión verbal posterior podría así realizarse íntegramente, sin omisión alguna, y también sin agregación alguna o cambio de sentido, en el texto memorizado. El reposo de la memoria para una mejor conservación de la enseñanza fue dispensado a través de la práctica de diferentes trabajos manuales, lo que tuvo como efecto realizar dos tareas en una. De modo que las aptitudes reales de cada uno fueron utilizadas para realizar actividades con la ayuda de los experimentados que demostraron la capacidad de su espíritu práctico. Unos maestros enseñaron a sus escolares, para ocupara su tiempo de ocio, cómo confeccionar ropa con las pieles de animales que cazaban para comer. Notablemente, la de búfalo y gacela que después de ciertas comprobaciones demostraron tener muy buena resistencia y mejor elasticidad. Por supuesto, había grandes diferencias técnicas entre esta industria de la piel y el tejido de lino de Ahâ-Men-Ptah desaparecido como el resto, pero la buena voluntad de todos frente a la desdicha permitía vestirse con más rapidez. Los planos de fabricación de las profesiones permanecían memorizados por los especialistas en espera de ser retomados, incluso para una construcción más primitiva.

Provisionalmente, debían vestirse con los medios disponibles. Rascadores de piedra servían, pues, para depilar las pieles siguiendo el buen hacer antiguo, puesto de nuevo en uso para las necesidades puntuales. Después el cuero se empapaba con la médula extraída de los largos huesos de los búfalos, lo que lo ablandaba considerablemente, y era troceado en bandas anchas que bastaba con coser con unos cordeles hechos del mismo material. Dando por

---

[41] Un código mnemotécnico (o nemotécnico) es un sistema sencillo utilizado para recordar una secuencia de datos, nombres, números, y en general para recordar listas de ítems que no pueden recordarse fácilmente.

resultado unas vestimentas simples en su forma pero que elevaba la dignidad humana a mejor nivel.

En cuanto a los artesanos ceramistas, se habían transformado en alfareros. Cuando presentaron los primeros platos hondos, tuvieron su momento de éxito. Después emprendieron con sus alumnos la confección de jarrones, no faltaba la arcilla, el agua, ni la arena. Una hábil mezcla de los tres ingredientes permitió realizar los primeros cántaros y poder cocerlos en un fuego de madera muy rudimentario. El resultado conseguido, a pesar de la imprecisión de la forma, levantó un estruendo de ovación. La mejora de los medios de cocción perfeccionó pronto los modelos, permitiendo los primeros grabados.

La conquista de los metales, que había sido el gran progreso efectuado para un mayor bienestar de la civilización en Ahâ-Men-Ptah, hacía dura la falta de objetos metálicos, además del cobre y del estaño, sacados de varios lugares del subsuelo desaparecido, el oro, luego el hierro, habían permitido el definitivo auge de la metalurgia.

En el antiguo reino, conforme la sucesiva deserción de los diferentes Estados se realizaba, el predecesor del último Rey había ordenado realizar investigaciones en los países lejanos, como el que es ahora Ta Mana desde el cataclismo. De forma que diferentes vetas de cobre, oro, plomo y hierro fueron catalogadas. Bajo Geb mismo, el último Ahâ descrubrió unas minas de cobre en el seno de las montañas de este nuevo país hasta que se produjo el Gran Cataclismo. Si el conocimiento y el uso del bronce por aleación del cobre y estaño había permitido la consolidación de la primera civilización antigua, la segunda sociedad humana había avanzado gracias al hierro, y lo mismo ocurrió en Ta Mana, donde a priori, no había estaño para empezar un nuevo ciclo civilizador, para realizar el bronce.

Varios herreros rescatados habían salido para dar cuenta del estado de las explotaciones de cobre, ninguna noticia había vuelto de la región minera. Pero era evidente que la falta de estaño no resolvía el problema de la aleación, además estaba lejos de reunir las cualidades indispensables para su uso. Y el bronce no tenía ni la dureza, ni la elasticidad necesaria para la fabricación de las herramientas para arar que eran tan usuales.

Lo interesante y principal era pues extraer el mineral de hierro, que según los informes de los exploradores, estaba a ras de suelo, bajo diversas formas mineralizadas, desgraciadamente muy alejado del pueblo. Se debía, pues, organizar una expedición que debería viajar a un territorio desconocido y desértico en el que, además, vivían grandes animales salvajes.

Osiris juzgando a su hijo totalmente investido de los poderes de la autoridad, decidió reforzar el proceso de aceleración para mejorar el destino de su pueblo, conduciendo él mismo un grupo de pioneros hacia ese país del hierro ya que aún tenía en la memoria los informes que leyó sobre ello, al igual que los relatos de los exploradores que habían dirigido ese viaje.

Para esta nación, agotada en todos los aspectos, la privación de los metales no podía durar más. Era un factor innegable de decadencia y se debía suprimir lo más rápidamente posible. Ello se convirtió en una cuestión de vida o muerte para la próxima generación, demasiado desamparada por la falta de herramientas y de utensilios corrientes a los que anteriormente estaban acostumbrados. Ya que no acababan de acomodarse a este retorno íntegro a la naturaleza, cosa que Osiris observó perfectamente.

Horus debía permanecer a la cabeza de su pueblo para apoyarlo tanto moralmente como para organizar la nueva vida de cada uno, fue en el Padre en el que recaió el cuidado de buscar esta fuente vital de progreso, constituida por el hierro. El poco tiempo de vida que le quedaba al "Resucitado" entre los suyos le incitaba a precipitar su partida en busca de dicho mineral. Por ello, saliendo del Consejo al que no había comunicado su decisión, reservándola en primer lugar para su esposa, el hijo de Geb tomó con paso firme el sendero para reunirse en la cabaña donde Iset lo esperaba. Ella debería admitir esta decisión como última ayuda que sólo él era capaz de dar a la población, para afirmar de paso más solidamente el reinado de los "Descendientes", y del primero entre ellos, su hijo Horus.

El uso del hierro abriría una segunda era de prosperidad, esta vez en el nuevo territorio. Sería una aportación inestimable para asegurar el renacer tan deseado y prometido a los rescatados, ya que la fusión del material no era un problema irresoluble, ¡lejos de ello! Desde los primeros días del descubrimiento de las vetas en el país "engullido", los herreros se habían volcado en las posibilidades de extracción del metal, y desde los primeros resultados reveló ser mucho más duro que el cobre e incluso que sus aleaciones. Para conseguirlo no era necesaria una industria especializada realizando proezas técnicas, y en muy poco tiempo se había realizado un conjunto muy sencillo que permitió el tratamiento del mineral.

Bastaba con elegir unas pendientes bien ventiladas por los influjos que vienen del norte; algunas se prestaban admirablemente bien a este inicio de la era industrial de un pueblo, en su primera edad de civilización. Un agujero había sido cavado en cada base de las colinas, rodeado por un pequeño muro de piedras selladas entre ellas con barro, de forma a conseguir una pared interna espesa y aproximadamente circular, al consolidar el hoyo así conseguido, el yeso lo hacía refractario. En poco tiempo el hoyo se agrandó y se amplió para dar un tamaño muy adecuado para esta época, cerca de cuatro metros de diámetro e igual en altura. El funcionamiento era de una sencillez evidente. Una capa de madera tapizaba el fondo de la cubeta, sobre la que se extendía el mineral por extraer, y recubierto por una segunda capa de madera.

Aprovechando el viento favorable algo fuerte, que hacía de oficio de soplete sobre el fuego anteriormente encendido en la base del horno, la madera se convertía poco a poco en carbón consumiéndose. Su calor reducía el oxido de hierro a su elemento metálico que corría hacia el fondo del hueco. No quedaba más que barrer las cenizas y las escorias después de la combustión para recuperar el mineral puro en su estado aún esponjoso a pesar de estar solidificado. Esta masa aún incandescente se dejaba entonces fácilmente trabajar. Martilleándola, en una primera forma, piramidal, luego se hacía un lingote de unos quince kilos aproximadamente. Los herreros forjadores sólo debían trabajarlos para dar forma a las herramientas y a los utensilios, además de realizar igualmente objetos de arte de lo más variado, entre otros los engarces para las piedras de todos los colores que hacían por entonces la felicidad de todas las mujeres.

Tiempos mejores volverían, al igual que las verdaderas herrerías habían sucedido a los primitivos hornos. En estos tiempos renovados en lo que cada cosa debía volver a ser modelada, los pocos maestros herreros entre los rescatados estarían pronto en disposición de reanudar sus métodos arcaicos, cierto, pero vitales. Moldear el hierro conseguido de tal forma no ofrecía gran dificultad ya que el arte de la metalurgia consistía en conocimientos manuales conservados.

Desde el descubrimiento del bronce inmensos progresos fueron realizados en este campo. Esta aleación de cobre-estaño, el bronce[42] de los griegos, había entregado magníficas obras de arte, y mediante la recocción, se había conseguido toda una gama de modificaciones físicas, dependiendo si el enfriamiento era súbito o más lento. Las calidades de las mezclas estaban calculadas según el uso deseado, y un martilleo apropiado daba a los objetos su acabado, pero esto no se podría hacer si llegaran a faltar los brazos especializados, y las competencias de estos maestros artesanos debían ser usadas sin demora a fin de que no se perdiesen. El hierro les daría el material indispensable al renacimiento. Sí. Ya era hora para Osiris de ponerse en ruta para realizar su última hazaña para el bien de su pueblo.

Iset esperaba a su esposo cerca de la entrada del hogar. Nek-Bet la había advertido sobre la decisión en curso y sabía pues, que después de la partida de esta expedición, ya no volvería a ver en está tierra al que tanto adoraba. Pero comprendía la necesidad que lo empujaba, así como la de sobrevivirle algún tiempo para ayudar a su hijo a superar las numerosas dificultades que no dejarían de surgir. Y ciertamente Nut, a pesar de ser mayor, los ayudaría a realizar esta inmensa tarea, pero ¿bastaría con todos ellos? Aún quedaba el An-Nu, que asumiría las responsabilidades más pesadas, su esposa estando ahí para apoyarle, lo secundaría en la elección de los espíritus mejor adaptados para la conservación de los textos sagrados en sus memorias y retransmitirlos llegado el momento íntegramente, a los siguientes legendarios. Mirando a Iset, su esposo comprendió que ya conocía sus propósitos, la tomó en sus brazos con ternura, y así permanecieron en silencio, frente

---

[42] Aleación metálica de cobre, estaño y a menudo otro elemento; es de color marrón anaranjado y sus aplicaciones dependen de la proporción del estaño en el bronce.

contra frente, sus almas la una en la otra, diciéndose lo que sus voces no expresaban en voz alta.

El desarrollo de los acontecimientos posteriores no fue más que una puesta a punto rigurosa de todos los detalles de la expedición. Horus eligió él mismo a unos cuarenta hombres entre los más fieles y fuertes para acompañar a su padre. Lo más insólito vino de Nek-Bet que intervino acerca de su esposo para que su primogénito, Anepu, fuese el jefe de la expedición. El An-Nu aceptó sin pedir explicaciones algunas, ya que su deseo sólo podía estar justificado por un motivo vital, a pesar de la juventud de su hijo.

Osiris igualmente cedió en deferencia a su hermana, habiéndose dado cuenta de la peculiar viveza de espíritu que tenía el joven y sobre todo de su extraordinaria memoria. Todo lo emprendido por él ya reflejaba una parte profundamente personal, y de todo su ser emanaba una sutileza que maravillaba a los que hablaba. Incluso con su enorme animal de pelo negro del que había hecho su amigo fiel, y que era tan feroz hacia los demás como devoto hacia él. No había duda de que una parte de los dones de su madre lo habitaban e inspiraban, su memoria traería de vuelta a los miembros de la expedición sin riesgo de perderse en caso de problemas.

Ello era vital para el progreso de Ta Mana y de su población, que acogía cada día a nuevos rescatados. La aglomeración empezaba a extenderse fuera de los muros del recinto, lo que planteaba inconvenientes. Pero era imposible rechazar a la pobre gente agotada, que provenía de lugares cada vez más alejados, después de haber errado numerosos días antes de oír de hablar de los "Descendientes" y de la segunda patria que preconizaban.

En el momento de la salida, una parte de la población siguió el progreso de los hombres, y llegando al montículo del sicomoro, el lugar donde Set había sido vencido por la inesperada aparición de su hermano, todos se detuvieron como de común acuerdo. El momento había llegado de irse, sin tristezas aparentes, y con la firme esperanza de volver a verse en el otro mundo para una mayor duración, si no hubiese posibilidad de volver a verse aquí abajo. Iset rogó a todos los presentes dar media vuelta, ya que deseaba quedarse a solas bajo las hojas del sicomoro, y mirar alejarse el que era su vida. El joven Anepu hizo señal a los hombres de seguirle, mientras que la gente del pueblo volvía en silencio a Ta Mana.

Cuando los dos grupos desaparecieron de la vista de la pareja. Osiris abrazó a su mujer que formaba parte de él mismo. No sabía qué decir para acabar este papel humano en el que nunca había podido ser libre. Fue ella la que rompió la primera el abrazo, y encontró las palabras que debían ser pronunciadas:

-"Que nuestro destino común que aquí acaba, ¡Oh, amado mío!, no sera más que un hasta luego. Tú eres una parte de mi mismo que se aleja para realizar lo que Dios quiere. Que ello tenga lugar, pues, pero me faltará la mitad de mi cuerpo hasta que te alcance. Me quedaré aquí, bajo este sicomoro, mientras que nuestros espíritus están en comunión. Vete."

Sin añadir palabra alguna, Osiris alcanzó Anepu y su perro, que esperaban su llegada abajo, detrás del montículo, en la retaguardia de su tropa. El enorme animal le hizo fiestas, como si comprendiera que era necesario una distracción a los tristes pensamientos del que se acercaba. Habiendo alcanzado el grupo, la expedición al completo emprendió la marcha hacia su destino lejano. Desapareciendo detrás de las colinas antes de penetrar en la tupida jungla resbaladiza que no favorecía una marcha rápida. Las lianas que rodeaban la mayoría de los troncos de los árboles debían ser cortadas, evitaban agujeros profundos de agua, rodeaban montes, recorrían subidas empinadas y bajadas no menos peligrosas y por doquier, los animales salvajes gritaban su desaprobación al ver su espacio perturbado.

Ahora, no sintiendo ningún influjo proveniente de su esposo, Iset se dejó caer gimiendo lentamente sobre el suelo. Ya nada la detendría en cuanto su misión estuviese terminada...

A lo largo de los días, el progreso fue aún más lento, el aspecto de los lugares ya no correspondía a las descripciones de los paisajes informados a Osiris por las expediciones. Era evidente que el Gran Cataclismo había perturbado la naturaleza en el interior de las tierras. Los exploradores anteriores que habían pisado estas tierras antes que ellos, no habían informado acerca de estas amplias extensiones encajadas y devastadas en el fondo de una profunda garganta, sino de un río tumultuoso en un valle lujuriante.

Sin embargo, los hombres desde hacía días pisaban con dificultad este hoyo manifiestamente abandonado por las aguas, pero cuyas piedras y rocas presentes fueron traídas por un líquido en furia que dejó grietas agudas y muy peligrosas. Los peces yacían por centenares en los agujeros de barro, y miles más aún estaban reventados en descomposición. Había también enormes troncos de árboles sacados de raíces, astillados, con las extremidades rotas y cortantes, demostrando que sólo habían sido briznas de paja en el acontecimiento de la cólera celeste.

Unos saurios enormes salían de pronto de sus escondites arbolados abriendo sus bocas de espantosos dientes. Una gigantesca serpiente huyó cuando estaba cerca de Anepu, salvado *in extremis* por un ladrido furioso de su fiel compañero, evitando de esta forma una desgracia irreparable. A partir de este instante, la enorme bestia, a la que todos temían sin querer reconocerlo, se convirtió en la mascota del equipo entero, siempre alerta, con los ojos abiertos, muy vivo a pesar del tamaño de su cuerpo, devoto a su joven maestro. Cuando éste le hablaba, él manifestaba su comprensión batiendo alegremente sus flancos con su larga cola, sus orejas puntiagudas y erguidas bien rectas, estaban atentas al mínimo deseo expresado.

También había hipopótamos, que erraban desesperadamente en busca de algún elemento acuoso a su medida que les faltaba, pero se dirigían hacia el interior donde no les esperaba más que la muerte. Al fin había elefantes gigantescos y peludos, apacibles y majestuosos, que comían los tallos jóvenes de los árboles en medio de los escombros dejados por el retiro de las aguas. Menospreciaban a los hombres que pasaban, suficientemente lejos, emitiendo terribles bramidos y sus enormes defensas en espiral se elevaban entonces en el aire, al tiempo que su trompa seguía llevando alimentos a sus amplios molares.

Al fin el grupo llegó a la entrada de una amplia llanura verde donde los palmerales y los vegetales de todo tipo crecían en profusión. En el fondo, aparecían los contornos de una importante cadena de montañas con los picos nevados que impedían ver el horizonte. Este paisaje recordó a Osiris una de las típicas descripciones memorizadas, y fue hacia ese lugar que el grupo dirigió sus pasos.

Nuevas jornadas agotadoras dieron paso a la escalada de las primeras pendientes, cada vez más empinadas, y sobre todo en una atmósfera que se enfrió singularmente. Por suerte antes de llegar a las primeras nieves, la tropa encontró un pasaje entre dos montañas de paredes casi verticales y que, de lejos, no parecían más que formar un solo bloque. Si no hubiera conocido su existencia por los que lo habían precedido, jamás el jefe de la expedición se hubiera atrevido a seguir el sendero. Pero poco antes de bajar por la otra vertiente los hombres cruzaron un camino manifiestamente pisado por humanos. Osiris comprendió que ese camino, de una forma u otra, debía conducir a los yacimientos de cobre. Resistiéndose al deseo de cambiar de objetivo, llevó a sus hombres hacia la pendiente y el camino del hierro. El aspecto físico del terreno cambió totalmente, conforme se acentuaba la pendiente el aire fue irrespirable. Y lo que desde arriba parecía ser un mar, se transformó en una inmensidad arenosa. Cuanto más se acercaban a ella más se parecía al fondo de un mar seco.

Dos acantilados imponentes bordeaban lo que habría sido un estuario de río muy ancho. En el grupo todos caminaban con dificultad sobre esta arena en polvo a través de numerosas dunas más o menos altas, esos islotes en la árida desembocadura, no eran barridos por las aguas de un océano desaparecido, sino por un aire caliente. Los montones de conchas marinas aún no fosilizadas aplastadas por los caminantes, confirmaban este alucinante aspecto del mar vaciado de su contenido, y acercándose a las paredes el grupo contempló a placer el corte realizado en las capas geológicas por el agua al retirarse. El lugar se había convertido en un desierto y no tenía los puntos de referencia propuestos por los primeros exploradores. Osiris supo entonces que el momento había llegado de poner a prueba las ágiles capacidades de Anepu para escalar, sin demasiado esfuerzo esta pared vertical.

El descanso fue bien recibido, ya que todos estaban agotados, aprovecharon para seguir con interés la progresión lenta del joven muchacho. El perro también sentado sobre su trasero, la cabeza levantada y las orejas bien erguidas, fijaba la silueta que se encogía a simple vista, sacaba una lengua cada vez más larga y gemía suavemente a ratos cuando Anepu desaparecía detrás de una cavidad. De pronto se enderezó y saltó sobre la pared, infranqueable para él: Anepu había desaparecido después de haber alcanzado la cima.

Implacablemente el sol que navegaba hacia occidente los inundaba de luz y pasó el cénit antes de que los hombres viesen un punto claro que destacaba por encima de la muralla y que parecía bajar. El perro ladró cada vez más fuerte hasta que Anepu tocó la arena. El astro del día desapareció a medias hacia el dominio de los "Bienaventurados" cuando todos los miembros de la expedición le recibieron. Su relato fue corto y bastante decepcionante:

- "No hay nada interesante ahí arriba, ni un sólo árbol, ni hierbas raras, nada. Colinas como aquí, sin nada encima, y a lo lejos, hay unas altas montañas hacia donde el sol amanece."
- "¿Y qué has visto en la planicie, hacia abajo?"
- "Mirando del lado de esta mano, no había más que arena que se une al horizonte. Más hacia oriente hay altas montañas, pero delante hay una gran extensión blanca. ¿Cómo puede existir nieve en esa llanura? ¡No es posible con este calor! ¿Sería una alucinación? ¡Dime, Oh, tú, que lo sabes todo!"

Al igual que todos sus compañeros, Osiris sonrió por esta ingenuidad, sin embargo muy bien contrapesada por la inteligencia y el don de observación del joven muchacho.

- "Lo que comprendes como yo, Anepu, es que no se trata de nieve, ¿Qué queda pues? Debido al calor, el agua se ha evaporado dejando su sal, blanca como..."
- "¡No es más que sal!"
- "Ya lo veremos, porque es precisamente el lugar de referencia de nuestra ruta. Comamos antes de que la noche caiga y durmamos. Mañana será un día duro."

Anepu que parecía no querer callar, añadió entre dos bocados:

- "Más al este aún de los montes, hay una extensión verde. Ahí habrá agua y algo para comer."
- "Recuerda bien el lugar, ya que los que tú acompañarás más adelante preferirán seguramente acampar allí. Tu madre puede estar orgullosa de ti. Es verdad que estás destinado a convertirte en el hombre más temido de todas las generaciones... ahora durmamos."

Se tendieron rápidamente para aprovechar los últimos rayos solares, y el joven Anepu hundió la nariz en el pelage del cuello se su perro, pero mantuvo los ojos abiertos intentando comprender las palabras proféticas de Osiris. Aún no comprendía esa claridad celeste, lechosa que formaba un gran río brillante en el cielo, Hapy, pero la admiraba... Viendo que su joven compañero no dormía Osiris le murmuró:

- "¿Por qué no cierras los ojos, joven soñador?"
- "Todas estas luces centelleantes me atraen. Sin embargo parecen tan alejadas... No lo comprendo..., hay tantas cosas inexplicables."
- "Menos de las que piensas, ya que todas se refieren al desarrollo del tiempo, tal y como nuestros "Maestros de la Medida" han interpretado para la pequeñez y la comprensión humana. Tú superarás ese nivel, Anepu, y te convertirás en el intermediario de los decretos divinos. El intermediario entre la muerte y la vida eterna."
- "Ya hablabas así, antes, ¡Oh, Tú, el más venerado de todos!"
- "Tu padre te enseñará tu futuro; no se debe caminar más rápido que el Sol. Dime más bien lo que has visto en las cavidades del acantilado."

Como pillado el joven muchacho se mordió los labios.

- "Pensaba decírtelo mañana. Ahí donde la roca está quemada por el sol, efectivamente hay aperturas cavadas por las aguas. Prosiguen muy adentro y sería un lugar ideal para guardar comida, o para dormir en paz."

- "Seguramente, pero ¿cómo llegaría ahí alguien que no es tan ágil como tú? Pero, memoriza el lugar, podría servir más adelante. ¡Ahora deja de soñar y duérmete!"

Con un suspiro aliviado, Anepu hundió de nuevo su nariz en el pelaje negro del perro, que movió la cola contra la arena, aprobando sin duda el silencio que al fin se hacia. El aire refrescaba poco a poco acabando de cubrir los espíritus para la noche. Al día siguiente por la noche, el grupo llegó a pie de obra. El lugar estaba trastocado, apocalíptico, parecía surgir de otro mundo, incluso las montañas, literalmente, habían estallado, mostrando que en un tiempo, no tan remoto, los glaciares se habían licuado bruscamente. Además todo parecía carbonizado, los árboles no tenían hojas, las hierbas secas estaban esqueléticas y las piedras ennegrecidas, y redondeadas de mucho peso presentaban algunas una forma particular, hechas de varios aglomerados soldados los unos a los otros.

Los primeros trozos de hierro en estado puro, se presentaron. Sólo debían agacharse para recogerlos. Un día más, y el grupo llegaría al lugar mismo de la fuente original: dos fallas que se hundían en el suelo apenas escondían las grandes vetas de hierro mineralizado. Masas compactas de quartz cubrían las paredes verticales del acceso al fondo ofreciendo el medio rápido de conseguir con pocos esfuerzos las herramientas de hojas cortantes tan temidas y muy resistentes. Mientras que los hombres, muy contentos tomaban notables muestras, Osiris se adentró en este desolado paisaje en busca de otras riquezas. Anepu y su perro estaban explorando alguna cueva, con lo que se fue sin compañía, siguiendo el fondo de una pequeña garganta sinuosa y encajada... ¡hacia su destino! Perdido en sus pensamientos, se alejó sin darse cuenta del tiempo transcurrido. La tristeza lo acechó desgraciadamente demasiado tarde, cuando se dio cuenta que nada interesante justificaba su desplazamiento; entonces comprendió que su vida de hombre iba a dejar de ser en este paraje. El pánico se apoderó de él, insuflándole un miedo muy humano. Se detuvo, pero ya era tarde para seguir la meditación que venía de su alma. Una voz con acento salvaje y triunfante se elevó por encima de él:

- "Te atreves a venir a mi territorio a provocarme, Tú el execrado, el enemigo del Sol... ¡Pero estás sólo a mi merced! Râ está conmigo, y que el luminoso esté agradecido. ¡Tú y tu dios ya dejáis de existir, te tengo en mi poder!"

Sin levantar el rostro hacia el que sería por segunda vez su verdugo. Osiris siguió lentamente su camino. Pero los tiempos ya estaban marcados y la obra por la que había venido acabada. Set estaba acompañado por una veintena de rebeldes que investigaban la lejana exploración, alejados del lugar donde su clan se había establecido, más al norte, rabioso al ver su hermano tan tranquilo, gritó elevando los brazos:

- "¡Mirad bien todos!... Su falso dios no lo salvará esta vez. El resplandeciente disco que cruza el cielo ¡será su testigo! Siendo el creador de la vida, el Sol será el justificador de su muerte... Oye, hijo de nadie, te voy a matar..."

Otra vez, el Primogénito detuvo sus pasos, asegurando los pies a tierra, al fin levantó la cabeza para contestar con voz lenta:

- "Sí, me vas a matar, pero porque ello ha sido decido por Dios, que es el que arma tu brazo, para demostrar al mundo de nuestros descendientes que tú eres el hijo infiel del único y verdadero Dios, Ptah."

Desde lo alto de su montículo. Set se estremeció por este insulto supremo y rabioso cogió la larga lanza de manos de un rebelde cerca y chillando añadió:

- "No soy más que ¡hijo del Sol!, ¡No eres mi hermano y todos moriréis!"
- "Te equivocas totalmente, ya que serás vencido más allá de mi muerte. Tú no reinarás largo tiempo en ninguno de los territorios que los míos ocuparán, al menos que vuelvas a temer al único verdadero Dios, Ptah."
- "Ello no está cerca de ocurrir, ¡Aquí tienes la prueba!..."

Apoyándose sobre un pie y tomando apoyo, Set lanzó con una energía arisca la lanza, que atravesó el pecho de Osiris de parte a parte, haciéndolo caer, mientras que la punta que sobresalía se hundía en la tierra. Un aullido brotó del pecho del vencedor, bailó en el lugar de gusto bajo los ojos atónitos y algo enloquecidos de sus guerreros. Cuando pudo hablar, su alegría estalló:

- "¡OSIRIS HA MUERTO!,... esta vez sí está bien muerto y ningún hechizo le devolverá la vida. ¡Oh, Râ! seas glorificado por esta victoria."

Las frases grandilocuentes quizás hubieran seguido, pero varias voces estaban llamando al que acababa de morir, un ladrido terrible repercutía en las paredes e hicieron creer la inminente llegada de un ejército. Fue la derrota de todos, y Set en cabeza, todos los Rebeldes huyeron a toda prisa hacia su campamento sin pedir lo suyo. Osiris se quedó solo, tendido y traspasado. Fue el perro el primero en llegar cerca del cuerpo, al que lamió el rostro gimiendo. Su joven maestro pronto estuvo ahí, seguido de los que lo acompañaban en esta búsqueda. Cayeron de rodillas, no pudiendo creer sus ojos. Anepu, sin embargo, vio que Osiris aún respiraba débilmente. Imperativamente ordenó callar. Cada uno percibió entonces el ruido del silbido de su garganta, antecámara de la muerte. Abriendo de repente sus párpados, el moribundo vio el rostro constreñido de su joven acompañante inclinado sobre él. Difícilmente articuló:

- "Que nadie esté triste... me voy... volveré con los Bienaventurados. Sólo una cosa Anepu."
- "Habla, habla, Tú que aún eres nuestro único Guía. ¡Te obedeceré en todo!"
- "Que mi Morada... permanezca en el lugar donde se halla el hierro... El Primogénito lo vigilará... a lo largo de los siglos... para los Menores... ¡Oh, Dios vuelvo a ti!"

En la última frase emitida de forma triunfante, Osiris expiró. El silbido cesó, la cabeza cayó al lado izquierdo, y todo acabó. Pero Osiris, en su Morada sobrevivió en Ta Ouz.[43]

---

[43] En la actual carta de Marruecos, es fácil restablecer exactamente la ruta de esta expedición. El punto de partida: "Ta Mana", sigue siendo un pueblo situado a unos

CAPÍTULO IX

EL GRAN DUELO

He abierto el camino del Segundo Corazón a los hijos de Nut liberándolos de la influencia de Set. Pero el Rebelde reapareció con palabras sacrílegas para entregar al león la barca solar.
Y las estrellas llameaban con una cólera creciente. ¿Quién ganará esta batalla de los Dos Hermanos? ¿Ptah-Hor o bien Sit-Râ?
¡Y el Gran Duelo llegará!
LIBRO DE LOS MUERTOS
Para acceder al Segundo Corazón,
Cap. CX

El señor Flamand asimilaba los carneros al esferoide de Amón-Râ de los egipcios, ya que tenían un cierto parentesco con las figuras grabadas en el Sahara. Pero Amón es también el dios-Carnero del agua en toda la Berbería, donde la palabra bereber para decir agua es: "amón", al igual que para los guanches de las Canarias.
RAYMOND FURON
Manuel de prehistoria general

100km al norte de Agadir; y "Ta OUZ" sigue siendo un puesto fronterizo argelino-marroquí, más al sur, en la entrada del desierto. Ahí, las minas de hierro abundan al igual que minerales puros derivados: *siderita, magnetita, goetita, hematita,* etc. A lo largo de toda la ruta hay vestigios prehistóricos y grabados rupestres. En Ta Ouz incluso hay monumentos funerarios de la más remota antigüedad, de los que muchos aún no han podido ser repertoriados. El clan de Set, en cuanto a él, se había establecido mucho más arriba, en el norte de Marruecos, luego en "Figuig" igualmente en la frontera y los dibujos rupestres son de otra facción. En el cuello de "Zénaga" (que domina Figuig) un espléndido grabado representa un carnero cuya cabeza está coronada por un globo solar, emblema de los Râ-Sit-Ou. (la primera foto apareció en la tabla IX, obra de E.F. Gautier: "*El pasado de África del norte*"). En cuanto a las minas de cobre en el monte, se trata de las de Midelt, aún bajo explotación, a 1.500 metros de altitud en el Atlas, donde sólo se accede por el cuello de "Zad", nevado seis meses al año ya que alcanza los 2.170 metros.

Entre el tiempo en el que fue construida una tumba piramidal, destinada a Osiris, por los pioneros de la caravana del hierro en el lugar que se convirtió en *Ta Ouz*, y el tiempo en el que empezó el Exodo, con la extenuante travesía del interminable sol que pronto se llamó "Sâ-Ahâ-Râ" o *"Tierra quemada por el Sol"*, pasaron muchos siglos, pero desde el día del enterramiento, todo el período tomó el nombre de *"Gran Duelo"*, y duró más de cinco milenios y sólo acabó con la reintroducción del calendario y la jeroglífica.

Pero desde el inicio de su reinado, el impulso dado por Horus al lugar sagrado de Ta Ouz con el fin de promover la explotación del hierro, permitió superar la profunda tristeza de todos los rescatados. Es por lo que buena parte de la población aceptó ayudar al hijo de Osiris en los diferentes trabajos mineros, trabajando bajo la protección del túmulo que cobijaba al Primogénito. Una voluntad feroz animó desde entonces a estos primeros mineros, y a los herreros que los apoyaban hábilmente, para que los primeros lingotes del mineral fuesen rápidamente fundidos. La actividad de tal forma desplegada en este lugar aún está testimoniada en estos días por los vestigios de una veintena de hornos primitivos cuya antigüedad nadie pone en duda. Las escorias aún repartidas en los alrededores permiten hacerse una exacta idea de los métodos arcaicos y de los tratamientos que fueron empleados.

La "Casa-de-Vida" abierta para asegurar la conservación de las tradiciones, permaneció en Ta Mana durante el largo período en el que reinó la primera dinastía de los "Héroes". La dirección de este "Colegio-Divino" fue evidentemente dejada a los cuidados de los sucesivos An-Nu. El primero de ese título fue Anepu que sustituyó a su padre cuando este fue llamado al Más Allá de la Vida y bajo su impulso, las diferentes clases de aprendizaje mental tomaron una importancia que no hicieron más que amplificarse hasta la llegada a la segunda Patria.

El pueblo conservó su importancia desde el principio gracias a la aportación de los elementos que no dejaban de llegar, compensando de esta forma las salidas técnicas hacia Ta Ouz. El título de gran centro espiritual le duró más de un milenio, las familias que tenían uno o varios hijos en las enseñanzas orales permanecían en el lugar hasta que esta progenitura hubiera ella mismo echado raíces para dar una nueva generación de hijos para la "Escuela". Los padres, durante ese tiempo ayudaban en la mejora de las técnicas de las diferentes manualidades.

Durante el mismo período, los Rebeldes de Set habían dejado su primer campamento base después del asesinato de Osiris, siguiendo el curso de un río remontaron hacia las cimas que se elevaban más al este. Llegaron a la altura de la fuente que rondaba los 800 metros de altitud donde la temperatura era clemente. Pero en esta región, la alimentación era menos fácil de capturar, únicamente el abundaba jabalí, y los animales salvajes no eran fáciles de matar con los pocos medios de los que disponían los cazadores.

Con el invierno, un viento gélido venido del norte, rozando las cimas, había hecho huir a los humanos convertidos en nómadas empujados a lo lejos hacia el oriente. Una noche llegaron frente a los primeros contrafuertes del "Gran Erg" occidental que les había parecido como un muro infranqueable. Se habían detenido en un escarpado, bien protegido sin embargo, y situado por encima de la ciudad argelina de "Ta Ghit", en el lugar mismo donde domina una cantidad de grabados rupestre de tipo solar. Es el famoso montículo de la "Gran Duna", que es un lugar panorámico excepcional muy frecuentado por los turistas de hoy en día. Cada uno puede darse cuenta igualmente que la vigilancia de todos los azimuts evitaba una sorpresa desagradable en caso de ataque.

Pero ahí, el contraste de las noches frías y de los días tórridos los llevó a buscar lugares habitables más clementes. Abandonaron este nido de águilas, y rodeando el Gran Erg en pequeñas etapas, remontaron mucho más al norte alrededor del macizo montañoso. Un día llegaron a una llanura agradable, verde tal jardín natural, y se establecieron. La llamaron con motivo "Meri-Râ", es decir el "Sol Amado", lugar que actualmente aún se llama así, y que está situado en la ruta que va de Colomb-Béchar a Figuig.

Tableta de ébano encontrada en Abidos datada con anterioridad a la primera dinastía. Es el primer ejemplo conocido de jeroglífica, fechado en el quinto milenio a.C. En la parte superior a izquierdas, el estandarte real de Horus, luego el emblema de Nek-Bet (Nephtys). En la segunda línea, Osiris, bajo su forma de toro, y la tercera enseña las barcas durante el cataclismo, por fin la cuarta fila de abajo, es en realidad la lectura de la salida, muestra el nuevo inicio solar en la constelación del León.

Si la primavera justificaba sus esperanza, y les permitió reunir unos rebaños de búfalos y gacelas, la llegada del verano fue una nueva llamada para la mayoría de los hombres, más acostumbrados a luchar que a realizar tareas domésticas. Así cuando el Sol lanzó su poder calorífico con sus rayos sobre las pieles quemadas, ello se convirtió en un signo categórico deseado por Râ, tal y como lo decretó Set. Pero si una gran parte apoyó esta orden imperativa, algunos decidieron quedarse ahí con los rebaños que no podrían soportar tal viaje, sobre todo a través de las montañas que el clan se preparaba para cruzar. La cólera del jefe fue terrible, pero pronto se dio cuenta que si insistía su autoridad se vería mermada y que otras implicaciones podrían intervenir. Ordenó pues a las familias que permanecieran definitivamente ahí para cuidar los animales que servirían de avituallamiento a toda la tribu en el futuro.

Durante un duro día de caminata, la horda de los Rebeldes había escalado un interminable desfile hacia una cima que parecía inaccesible, entre dos paredes verticales, que dejaba ampliamente pasar un sol ardiente. Los pies heridos por los salientes agudos de las piedras y quemados por la alta temperatura se posaban difícilmente por la tarde sobre un suelo ingrato. El cortejo, bastante lúgubre y silencioso, se alargaba desmesuradamente cuando la cabeza apercibió en un hueco brillante de claridad, una llanura donde crecían árboles y una densa vegetación. Sin preocuparse de las grandes rocas esparcidas por aquí y por allá, ni de los gigantescos espolones rocosos que dominaban este alto valle, todos penetraron descubriendo pronto las cavidades naturales donde era posible protegerse para pasar la noche.

Este lugar es el actual cuello de Zénaga, que guarda la ruta descendiente sobre Figuig, el puesto fronterizo argelino-marroquí, el más al este de Marruecos. Desde este punto, particularmente elevado y tranquilo, el temperamento guerrero de los que llegaban dejó paso a una acomodación utilitaria. Algunos Rebeldes construyeron cabañas de ramas y de hojas, poco sólidas por cierto, pero bien protegidas a la sombra de los salientes rocosos, otros se acomodaron en las cuevas. Set arregló la suya para que su compañera pudiese dar a luz a su primer hijo. Por este motivo, el descanso en este lugar tranquilo fue bienvenido. Râ fue agradecido por todos a través de representaciones gráficas primitivas. Ya que si algunos se dedicaban a la caza para asegurar los alimentos, otros cortaban groseramente las pieles de los animales muertos para realizar vestidos, y ocupaban su tiempo de ocio en "contar" sobre las piedras la historia del clan y del culto que rendían al Sol.

Estos narradores de edad muy remota no poseían más que unas herramientas groseras de sílex, y ello marcó la esencial diferencia entre sus grabados y los que realizaron los Seguidores de Horus, excluyendo también las representaciones de adoración frente al globo solar de las ideas expresadas por los Rebeldes de Set.

Ello no impidió a los dibujantes de la garganta de Zénaga obedecer las leyes de una técnica comprobada. Primero esbozaban un simple trazo poco marcado, el conjunto de lo que deseaban tratar, con ayuda de un primer punzón de piedra tallado en punta. Es fácil aún hoy, reconocer en algunos lugares los aparentes trazos de rectificación de perspectiva aportada en las relaciones de masas entre ellas. Una vez acabado el esquema, grababan más profundamente los motivos en la arenisca de las rocas, bastante desmenuzable, con una herramienta de piedra más dura de punta más ancha. Las líneas reproducidas demostraban un arte consumado del grabado, siendo a menudo incluso pulido con un cuidado extremo, de modo a ofrecer un conjunto perfecto para la posteridad.

De esta manera, en estos seres que volvían a ser unos humanos medio salvajes por la fuerza de las circunstancias, unas reminiscencias de su difunto pasado les impedía hundirse y buscaban las ideas necesarias para suplir la falta de herramientas metálicas. No había duda de que algunos de los Rebeldes habían sido anteriormente unos expertos artesanos y artistas muy dotados. Y demostraban innegablemente que poseían los métodos de trabajo de sus antiguos predecesores, al menos en lo que se refería al grabado.

En cuanto a las obras de carácter más sagrado, éstas estaban tratadas con más o menos paciencia, lo que demostraba una necesidad de lograr a través de ellas la transmisión del pensamiento que animaba a estos adoradores del Sol.

Después de 10.000 años, no hay duda alguna que la tentativa de comprensión de los espíritus civilizados que se detuvieron ahí es total. Es muy probable que las generaciones futuras que visitarán estos lugares, contemplarán las imágenes y en seguida darían un nombre a estos himnos declamados al Sol lanzando sus rayos, como tantos fluidos que fecundan los gérmenes de toda la naturaleza. Porque gracias a Râ cada día nacen nuevos vegetales comestibles que crecerán alimentando tanto a los animales de todo género y permitiendo a todos comer abundantemente. Su forma de vivir, sin embargo, era diferente a la de los seguidores de Horus, y el tiempo, que seguía su progreso en medio de la eternidad para los dos clanes, aumentaba sin parar el foso que se cavaba entre ellos. A propósito del Más Allá, por ejemplo, Set había decretado una vez por todas que el Sol era el creador de todas las cosas, y el ser humano, después de su muerte, renacía bajo otra forma deseada por el astro solar que cada día iniciaba una nueva vida.

Pero para los de Horus, se habían afirmado las creencias ancestrales fuertemente ancladas por la realidad diluviana y bajo el impulso de Anepu, el nuevo An-Nu. El hombre dejaba la tierra para reunirse con sus antepasados, a los que sólo había dejado momentáneamente para realizar su tiempo terrestre, muy corto. De forma que los parajes funerarios se acumularon en los emplazamientos, particularmente bien elegidos para favorecer un excelente regreso de las almas al territorio de los "Bienaventurados", en el horizonte occidental, ahí mismo donde se había hundido Ahâ-Men-Ptah. Por ello, la palabra "Amenta", por una parte, está fonetizada en los jeroglíficos para denominar el "Reino de los Muertos" y, por otra parte, la denominación de las antecámaras funerarias, los "Akh-Menou", que son los lugares donde las "almas-parten-a-dormir-en-el-agua", el "País" sumergido donde descansan los "Ancestros Bienaventurados".

Uno de estos valles de los muertos está situado al oeste de Ta Mana, casi en la orilla del mar, en un enorme hueco rodeado por dunas. Otro aún más importante, era donde reposaba Osiris que estaba bajo la colina occidental de Ta Ouz, que se convirtió en un lugar bendito donde transitaron las almas de los semidioses de la primera dinastía, de los Héroes que sucedieron a Horus como el Pêr-Ahâ, al igual que los diferentes pontífices. Nut, Iset, Nek-Bet encontraron ahí el reposo al que aspiraban después de su plena vida humana.

Incluso hoy, el visitante que se pasea por Ta Ouz, en el sendero que serpentea entre los ríos férreos, pisando las masas mineralizadas de hematita antes de llegar a las colinas occidentales de color óxido, tiene la impresión de penetrar en la antecámara que da acceso a otro mundo. Uno se siente manifiestamente abrazado desde su llegada por una angustia casi tan impalpable como indescriptible. Para el que nunca ha visitado el lugar, este sur marroquí, perdido en el Sahara, esta visión de las cimas cónicas al atardecer del sol no significa gran cosa. Uno mismo debe ver los tintes alucinantes, como ensangrentados, que ondulan lentamente al ritmo de la redondez árida en los que el ojo humano no tiene donde fijarse, ningún obstáculo concreto lo retiene para comprender que el humano entra ya en un universo paralelo.

Anepu fue el An-Nu que contribuyó fuertemente a desarrollar esta noción tangible de otro mundo, que sensibilizaba en extremo a todos los que se preparaban para ir al Más Allá de la Vida. A pesar de los pocos medios de los que disponía, el Pontífice restableció el aspecto teatral de las ceremonias, haciendo que los enterramientos fuesen más solemnes y con un máximo de cortejo. Las almas se anclaron de nuevo en la necesidad de conservar después de su muerte sus envolturas carnales para volver de vez en cuando a ver la Tierra. Además, habiendo sustituido su gran perro negro, muerto de viejo, por otro animal mucho más joven pero que se parecía como una gota de agua, el poder sobrenatural atribuido de comunicar con Amenta fue reforzado, y la certeza popular de que tenía el poder sobre la vida y la muerte en el Más Allá se fijó definitivamente en todos los espíritus hasta tal punto que la mitología se apoderó de ello para hacer de todo ello al guardián de Ahâ-Men-Ptah y al justiciero "*pesador de almas*".

Esta aureola, que ciertamente no había buscado estando vivo, ni cuando tomó posesión de sus funciones de pontífice, lo incitó sin embargo a beneficiarse del temor que inspiraba, para volcarse sobre el problema de la conservación de los cuerpos, cuya fórmula no había podido ser salvada del Gran Cataclismo. Sin embargo, conocía los principales ingredientes, pero las diversas pruebas realizadas no habían ofrecido el resultado deseado. Este grave problema lo perseguía en las noches sin sueño del An-Nu y era vital para la completa renovación de la teología de los antiguos de Ahâ-Men-Ptah, desarrollando la supervivencia de las almas gracias a unos cuerpos en perfecto estado, conservados en su integridad, por los que ellas podían reintroducirse sin dificultad alguna sobre la Tierra.

Poco antes de su propio fin, terminó la puesta a punto de un método de embalsamamiento que estimó eficaz y semejante a la que de siempre se utilizó por los Antiguos. Decidió, sintiendo su fin cerca, enseñarlo a su Primogénito que se convirtió él mismo en el siguiente Pontífice, con el fin de que la sangre de su sangre conserve su cuerpo para un regreso futuro. El día llegado, el nuevo An-Nu fue bendecido con el nombre particularmente evocador de "*Ptah-Her-Anepu*", el jeroglífico "*Her*", es el que inspira el temor. Esta denominación se reveló cada vez más exacta conforme se desarrollaban los acontecimientos, y nadie se acercaba a él, sin estar poseído por un temor intenso. En efecto, poco tiempo después de su elección al frente del Colegio de los Sacerdotes, su padre murió. El joven pontífice decidió, por primera vez desde que el Gran Cataclismo había tragado todas las vidas y todas las Ciencias Divinas en Ahâ-Men-Ptah, volver a instaurar el embalsamamiento de los cuerpos tal como Anepu le había enseñado. Y durante los 72 días con sus noches que tardaron las diferentes operaciones de limpieza de la carne, seguidas del proceso de conservación en sí; una actividad desbordante pero singular agitó el lugar del sitio funerario especialmente dispuesto para ello.

A pesar de trabajar tanto de día como de noche, en medio de olores particularmente nauseabundos que ninguno de sus ayudantes aguantó más de seis días, consiguió poner fin a su tarea recordando sin cesar los datos que le había transmitido su padre. Le pareció de esta forma que Anepu estaba en todos los sitios rodeándolo para indicarle en cada momento lo que era conveniente que hiciera... Más allá de la muerte, la voz venerada lo mantuvo en su esfuerzo:

"Ya ves, hijo mío, los muertos no mueren. Tú has cerrado mis ojos y has traído mi cuerpo a este laboratorio, pero sabes que mi alma está viva cerca de ti, dispuesta a adoptar todas las formas que tú desees, a fin de apoyarte en tu tarea. Mi espíritu viajará sin cesar sobre la barca que navega en el Hapy Celeste, para vigilar la menor de tus llamadas... Así, velarás con extremo cuidado para que se aplique el modo de embalsamamiento que te he enseñado metódicamente, ya que sé que la fórmula que te he enseñado es la correcta... No cambies nada a los ingredientes... No omitas ninguna cantidad que te he indicado..."

Ptah-Her-Anepu, con el torso desnudo, extenuado, solo en medio de las cubas de ladrillos refractarios llenos de diferentes líquidos hirviendo a borbotones y desprendiendo un hedor innombrable, se reincorporó por encima de una mezcla que movía lentamente. Su mirada febril, su rostro alargado por el cansancio conseguía sonreír a la vez que se limpiaba la frente con una tela grisácea que parecía haber sido de mucho uso; se dejó caer en el mismo suelo destemplado emitiendo un suspiro desgarrador. No quería darse por vencido por su estado físico. Hacía catorce días que su último ayudante lo había dejado después de desmayarse por segunda vez en una hora. Hacía pues veintidos noches consecutivas que vigilaba todas las cubas, y aún debería permanecer durante cincuenta atardeceres más.

Todos los ingredientes estaban dispuestos, y lo más duro de la preparación acabado. La envoltura carnal de Anepu ya llevaba cuarenta y dos horas en el fondo de una cubeta vecina, cociendo en un baño compuesto de variopintos jugos, y el principal era extraído del tronco de un terebinto[44]. Esta solución estaba destinada a disolver los cuerpos grasos inoportunos que permanecían en la piel misma, y era necesario evacuarlos antes de la siguiente operación, que consistía en sumergir el cuerpo en una mezcla de brea, blanda y pegadiza a base de resinas y diferentes alquitranes vegetales que taparían todos los poros de la piel, dándole un tono más oscuro y volviéndola totalmente lisa, ya que todas las aberturas de la carne humana debían ser totalmente cerradas, y sin que ninguna descomposición del tejido del la envoltura carnal interviniese ni a la hora del tratamiento ni después, hasta el fin de los Tiempos.

En cuanto Anepu hubo terminado la instrucción de su hijo, este empezó a correr por montes y valles con mucha ayuda, además de los monteros, con el fin de encontrar los lugares donde crecían los vegetales y donde se encontraban las esencias, los jugos y los fermentos necesarios para la preparación de los diferentes baños que asegurarían el éxito del embalsamamiento. El betún había sido fácilmente localizado, siendo sólido en estado natural y de un color marrón, negrusco fácilmente identificable. Como ardía rápidamente desprendiendo un humo muy espeso, con fuerte olor y agarrado, nadie tuvo la menor duda de su identidad después de la primera prueba de fuego.

El compuesto amoniacal fue el último elemento que faltaba. Fue el más difícil de encontrar, ya que se tuvo que ir lejos para ello. Era sin embargo vital para la fabricación del elemento principal orgánico que necesitaba la potasa.[45] Se había necesitado más de un mes de distintas

---

[44] **Pistacia terebinthus**, también conocido como cornicabra, es un árbol pequeño de hasta 6 m de alto o arbusto, de la familia de las anacardiáceas, del género pistacia, nativo del Mediterráneo occidental y que se extiende desde las islas Canarias, Marruecos y la Península Ibérica, hasta Grecia y el oeste de Turquía.

[45] Carbonato de potasio que se obtiene principalmente de cenizas vegetales y se emplea para hacer jabón y para limpiar ciertas cosas. Química: potasa cáustica: Hidróxido de potasio, capaz de absorber la humedad del aire y disolverse en ella, y

investigaciones antes de encontrar la cantidad suficiente a lo largo de la caminata después de veinte días hacia el sur de Ta Mana.

Estas materias nitrogenadas, descompuestas bajo la influencia de algunos fermentos muy poderosos, habían entregado por medio del líquido que se derivaba el nitrato de potasio o natrón, vital en esta fórmula de conservación del cuerpo humano. Y en este fúnebre taller, fuera del ruido de los líquidos que hervían, ningún otro sonido venía a perturbar la soledad del hijo venerado de su padre, que rezaba Dios con toda su alma para que su devoción, en esta ocasión, fuera coronada de éxito. Sabía que en el exterior, los tallistas de piedras hacían una tumba, lo más suntuosa posible con los medios disponibles del propio entorno. Otros acababan de poner las vendas necesarias al mantenimiento de diversas partes del cuerpo, mientras que los herreros y los orfebres martilleaban y cincelaban las joyas y los amuletos destinados a atraer todas las bendiciones del cielo sobre el alma del difunto Pontífice. Ptah-Her-Anepu sabía igualmente que todo ello sería en vano si no llevaba a bien la tarea que le había encomendado su padre. Pero la Voz tan amada volvió a decirle:

"¡No desesperes jamás, hijo mío! Estoy cerca de ti para ayudarte. No olvides nunca que si no eres un Descendiente directo de Dios, eres uno de sus hijos amados, miembro de una noble y muy antigua familia. Tú eres ahora el Pontífice incontestado de la Casa de Ta Mana, en la que nadie pone en duda tu autoridad, ni tu sabiduría. Tu influencia se extiende e incluso el Maestro Venerado Kaï-Our solicita tus consejos y tu arbitraje... Mantén un valor invisible, ya que aún no estás al final de tus penas, ¡Oh, valiente hijo mío! Que nunca más te roce un temor sobre tus capacidades, ya que ¡eres Tú el que debe inspirar temor!"

El joven Pontífice emitió un suspiro y se inclinó hacia la cuba para volver a mezclar lentamente los elementos sólidos que debían fundirse poco a poco. Ya no sentía la fatiga, tomando su trabajo como pensaba

---

soluble en agua con desprendimiento de calor; se emplea en análisis químicos y en la industria.

hacerlo, tal y como debía realizarlo. El día sesenta salió por primera vez de ese retiro para coger más tiras y volver a seguir con las lentas operaciones de sellado y de remojo que debían ser efectuadas seis veces seguidas en cuarenta y ocho horas cada vez. Así el día 72 llegó. El An-Nu pudo al fin respirar: el éxito se había completado.

Más adelante, Ptah-Her-Anepu se distinguió calculando la fecha exacta del inicio de la "*Partida hacia la Luz*", hacia ese Segundo Corazón-de-Dios, esa lejana tierra prometida que sería su Segunda Patria, Ath-Ka-Ptah. El Pontífice había calculado las "Combinaciones Matemáticas Divinas", las mejores tablas de la nueva navegación retrógrada del Sol. Que confirmaba que el período de la reestructuración de los brotes renacientes de la población no acabaría antes de que el mismo Sol saliera de la constelación de Leo, para entrar en "retroceso", en la que, a lo largo de dos mil años velaría sobre un éxodo particularmente agotador. Esta era sería muy difícil de llevar por todos los organismos vivos. Se efectuaría una marcha en el seno de un territorio roído por los terribles rayos de un astro del día sin piedad, y quemado por este terrible mal que era la interminable sequía. Sin embargo, era necesario que todos conocieran lo mejor posible la particular naturaleza traidora del terreno por cruzar; para ello el Pontífice puso a punto unos tipos de medidas preventivas y protectoras que se transformarían en conjuros benéficos dirigidos a Dios por sus fieles. Esta Constelación que los acompañó en el éxodo, tomaría más adelante el nombre de su homónimo médico: Cáncer.

Pero por el momento, Her-Anepu afirmó que el retroceso precesional solar en Leo no favorecía la masiva salida hacia la tierra prometida a los descendientes de Horus, y que era conveniente satisfacerse con la hospitalidad ofrecida por Ta Mana, a la que no le faltaba encanto. El aspecto de las Combinaciones Matemáticas Divinas demostraba, cosa que el Pontífice no se privo de explicar en una reunión dedicada a sus propósitos, que Dios daba este descanso a sus hijos reencontrados para que éstos se asegurasen que los Menores fuesen capaces de restablecer la unidad del pueblo con renovada grandeza. Lo que permitió en todo caso a los equipos de investigación minera intentar encontrar en el subsuelo de este lugar las doce piedras benéficas, que cada niño al nacer debía llevar al llegar al mundo de los vivos. Todas las esperanzas se volcaron en este propósito desde que por casualidad había sido hallado jaspe, y una veta de cobre, al igual que un mineral raro, el oricalco,[46] no lejos de la actual *Midelt*.

Asi pasaron varios siglos, acentuándose cada vez más la fiebre que asaltaba a todos los habitantes por la cercanía de la gran partida. Las mejoras sucesivas aportadas a las condiciones de vida fueron numerosas, los medios de fabricación se habían desarollado ampliamente. Y cuando los Descendientes del Primogénito llegaron a su cuarenta y dos Pêr-Ahâ, es decir un decenio solamente antes de la Salida, el An-Nu en posesión del título, que su padre había llamado con justeza *"Anepu-Hotep"*, el *"Apacible"*, hizo una proposición revolucionaria en una reunión inaugural del Gran Consejo. A lo largo de un milenio, esta docta asamblea había vuelto a tener su lugar honorable, pero sin el entorno lujoso que poseía en Ahâ-Men-Ptah. El Pontífice propuso el establecimiento, para cada nuevo "Maestro" entronizado, de llevar puesto un talismán después del inicio del nuevo año de Sep'ti, nuestra actual Sirius, que coincidiría esta vez con la conjunción del Sol entrando en retroceso en la nueva constelación.

Teniendo en cuenta las innumerables dificultades que surgirían sin cesar bajo los pasos de los emigrantes, su Guía, venerado el Pêr-Ahâ, debía estar avisado de todas las empresas maléficas que podría conocer y así deshacer en beneficio de su pueblo bien amado: sus Menores.

El talismán sería, pues, el lazo benéfico que uniría sus acciones terrestres a la armonía celeste combinada por Dios. ¿Qué objeto sería el más adecuado, más que la cola del león? Rodearía el cinturón de cada nuevo Descendiente en todas las ocasiones, otorgándole de este modo el dominio del cielo, que le permitiría controlar todas las acciones en la Tierra. La extremidad del apéndice peludo debería rozar el suelo con el fin de que el que lo lleve de tal forma tenga la vida lo más larga posible. Este proyecto fue aprobado por unanimidad, y una ceremonia religiosa celebró la puesta de este cinturón leonino a su primer beneficiario, que fue entronizado algunos años más tarde, poco antes

---

[46] Orichalcum, Oricalco. Metal legendario, quizá una aleación de cobre y otro/s metal/es. Es mencionado por Platón en su relato sobre la Atlántida.

de la "Gran Partida", bajo el nombre divino de *Ahâ* que se retomó para esta ocasión, ya que fue el primero de este largo éxodo hacia esta Luz lejana que polarizó todas las esperanzas.

A lo largo de los años asentados, los Seguidores de Horus desarrollaron el arte del grabado rupestre, con el fin de dejar huellas bien visibles de sus nuevas vidas como hijos de Dios. Es por lo que las representaciones gráficas de Ta Ouz difieren enormemente de las de sus colegas del paso de Zénaga. Las imágenes humanas están cubiertas con las famosas pieles de león, y son convertidas en protectoras de la raza elegida por Dios, contra el furor solar desencadenado en el Gran Cataclismo. También era un tipo de conjuro contra la maldición de los Rebeldes de Set que idolatraban ese mismo sol a pesar de cualquier advertencia Divina, inconscientes de atraer para toda la humanidad unas desgracias mucho mayores que las padecidas anteriormente.

Los dos clanes, tan alejados espiritualmente como en la vida cotidiana se habían asentado enfrentándose en un odio mítico desde la muerte de Set. De sus tres hijos, los dos varones tomaron el poder sucesivamente y lo mantuvieron de forma tiránica. La supervivencia del grupo estaba asegurada, ya que todos los miembros cerraron filas amplificando el odio mantenido por una intensa envidia.

Algunas mezclas de sexo se habían realizado en varias ocasiones, los Rebeldes, habiendo invadido algunos puestos adelantados de los Seguidores de Horus, además de los víveres y de las herramientas, se habían llevado mujeres y niños. Varias batallas ensangrentaron los campos, en las que los Rebeldes, más adiestrados en la lucha, habían sufrido menos pérdidas humanas, y arrasaban en su retirada con todo lo que caía en sus manos.

Preparando su Salida, los Seguidores de Horus se vieron de pronto privados de sus apreciadas reservas al igual que de las de sus compañeros e hijos queridos. Con el fin de evitar la repetición de tales actos bárbaros, los mineros y herreros unieron sus fuerzas para componer una unidad de batalla y represalias. Pero los Rebeldes, que apreciaban las cosas buenas que ya no poseían, sobre todo los metales y los tejidos, forjaron armas con los metales robados y decidieron atacar y robar Ta Ouz por completo.

Sin embargo, la primera gran batalla de los dos Gigantes no se desarrolló totalmente como habían previsto los Râ-Sit-Ou; ya que no sabían de la creación de un cuerpo armado especialmente animado por los herreros que, para la ocasión se convirtieron en lanceros. Dicho de otro modo, los obreros del metal, los *Astiou,* fueron los defensores, los *Masniou,* esos famosos guerreros unidos al propio Pêr-Ahâ de las orillas de Nilo o *Manistiou,* palabra que es la contracción de los dos términos consagrados a los defensores de la civilización contra los Rebeldes de Set, varios milenios antes...

CAPÍTULO X

LOS HERREROS DE HORUS
LOS MASNITIOU-HOR

El carácter belicoso de Horus justifica suficientemente esta presencia de un ejército de herreros a su alrededor, los obreros del metal. Horus emplea hoja y jabalina contra todos sus enemigos. Los carga de cadenas, no de cuerdas. Y los textos precisan que el metal usado ¡es el hierro!

G. MASPERO
Los Herreros de Horus

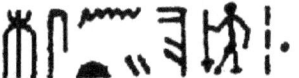

¡Gezer está tomada! ¡Yenoam ya no existe! Israel no es más que un desierto donde su raza ya no es. Palestina es viuda por Egipto. ¡Todos los países son reducidos a la impotencia! pacificados por los Herreros de Mêr-Ne-Ptah!

J.H. BREASTED,
Ancien Records of Egypt

E l Pêr-Ahâ en título, Hor-Ou-Tit, que no tardaría en dar la orden de partida hacia el Segundo Corazón, se dirigió hacia los que componían el Gran Consejo. La Asamblea estaba reunida para decidir la acción a realizar para salvaguardar desde ahora todas las vidas humanas de Ta Mana. La casa administrativa en la que acababa de penetrar llevaba construida unos cuarenta años y empezaba a resquebrajarse. No obstante, las salas aún eran espaciosas. La reservada al Consejo estaba lejos de parecerse a la de Ahâ-Men-Ptah, donde los venerables Ancestros elegidos debatían sentados en sillones cubiertos de gruesas telas de lino púrpura o morado, dependiendo del rango de los dignatarios que rodeaban al Maestro o su Pontífice.

La realidad vivida por sus heroicos antepasados no sería menos bella que los relatos épicos propagados en los bancos de las escuelas por los profesores de esta generación de alumnos ¿Quién podía dar el número de sucesivos extras que habían mejorado ciertas condiciones de vida convertida en fabulosa? Los nuevos espíritus, centrados en las realidades presentes, dejaban de lado el Pasado. Era muy difícil desechar el error y conservar la verdad, teniendo en cuenta que los conocimientos antiguos eran transmitidos de forma oral.

La sesión se inició en cuanto el Pêr-Ahâ franqueó el umbral de la sala llamada de las deliberaciones. La solemnidad de las reuniones había sido restablecida con lo que había, pero ello estaba lejos de recordar la ostentación de antaño. Hor-Ou-Tit, de cualquier modo, deseaba que fuera la última antes de que todos dejaran Ta Mana. La vida ahí había sido tan tranquila y próspera que si los rebeldes no hubieran manifestado tal virulencia durante su último asalto, quizás hubiera cedido a las presiones que venían de la nueva burguesía, la que había tomado comodidad y rogaba con insistencia atrasar el momento de la salida de la larga marcha. Según los miembros más influyentes del grupo, no había la más mínima duda de que la tierra prometida de Dios, relatada por los sucesivos pontífices, era demasiado dudosa en su definición como para arriesgar el desplazamiento global de los miles y miles de hombres, al igual que mujeres y niños.

Oportuna fue la extraña coincidencia de la intrusión estremecedora de los hombres de Set en este apacible pueblo, trayendo la realidad de nuevo a todos. El *Eterno*, por medio de inocentes víctimas expiatorias de la misma sangre de sus Menores, ordenaba sin discusión alguna la marcha hacia la Luz el día determinado. Y esta fecha estaba formalmente prevista por el Colegio de los *Contempladores de los Astros* que sin cesar realizaban los cálculos evolutivos de las Combinaciones Matemáticas Celestes.

Primer emblema conocido que lleva el símbolo de Horus dominando gracias a sus forjadores.

Solo quedaba por definir los medios para salir en las condiciones más benéficas, sin que hubiese nuevas pérdidas humanas. Es lo que el Consejo extraordinario tenía que debatir para buscar la mejor solución. Y él, el Pêr-Ahâ indiscutido, se encargaría de conseguir un resultado, a pesar de todo y en este preciso momento de sus pensamientos, el descendiente directo de Osiris de una tan lejana generación primera, llegaba frente a la puerta de la sala reservada a los debates, donde un guardia se apresuró en abrir empujando el pesado batiente de caoba. Enderezando un poco más aún su alta estatura, con ojo vivo y sagaz vio rápidamente la sala llena y semejante a una colmena en efervescencia, el ruido de las conversaciones estridentes se detuvo. Los miembros del Consejo se levantaron en forma de saludo y se estableció un respetuoso silencio.

El Pontífice, que se había acercado, se inclinó con gran deferencia frente al hijo Primogénito de Ptah, antes de hacer signo al que era el jefe de protocolo para llevar a ambos hasta sus sillones. Uno estaba cubierto de varias capas de mullidas pieles gruesas de animales, y el otro era sencillamente de madera cubierto de una simple tela blanca. A su llegada, un tercer personaje sentado cerca, se levantó. Era un anciano con aire imponente. El Honorable Jefe de la Asamblea. Cuando los tres hombres más eminentes de Ta Mana se elogiaron, se sentaron y murmuraron el orden del día. Los honorables delegados aprovecharon para sentarse con un suspiro cómodo, esperando la apertura de los debates, que amenazaba ser severa teniendo en cuenta los acontecimientos.

Con un gesto empático y protector, Hor-Ou-Tit indicó que iba a tomar la palabra. Los murmuros callaron mientras se levantaba. Su larga diatriba demostró un tono muy diplomático, recordando el antiguo modo:

-"Venerados consejeros de Ta Mana. Apreciamos en su justa medida el eminente honor que nos concedéis al acudir bajo nuestra petición a nuestra sesión extraordinaria. Vida, Salud y Bienestar a todos los presentes que sois mi consuelo al igual que mi valor. Sin duda alguna seguiréis apoyándome en la ardua e ingrata tarea que nos espera en este período de la gran partida. Debemos encontrar antes de cerrar esta reunión una solución válida al problema de los Rebeldes, esos Râ-Sit-Ou infames que han causado tanto daño a nuestras familias... Nuestro venerado Pontífice será el primero en tomar la palabra con el fin de que el punto de vista del Colegio de los Sacerdotes no sea desdeñado. A continuación lo hará el venerado Tout-Ankh-Hotep, Presidente de la honorable Asamblea de los que sois los miembros representativos, él hablará en vuestro nombre, con miras a ganar tiempo. Y por último escucharemos, antes de deliberar sobre la conducta y los medios a poner a punto para ello, al Jefe de la noble corporación de los herreros, que nos ha pedido expresamente realizar aquí mismo una comunicación de la mayor importancia, surgida de todas sus bocas reunidas. También hemos aceptado con profunda gratitud que un eminente miembro de la corporación, el más vital para el progreso de nuestra civilización, venga a hablar a pesar de lo imprevisto de esta demanda. El punto donde estamos, por esta excepcional situación, sólo puede solucionarse por medios extraordinarios. No debemos olvidar lo que desde hace un milenio debemos a todos los fundidores, cinceladores, grabadores, y a todos los miembros de la corporación de los herreros, todos estos "masniou" que tanto han dedicado para el auge de Ta Mana. Después de haber escuchado a Mâsh-Akhe, su noble Presidente, decidiremos lo que se debe iniciar para que nuestra partida no pueda ser cuestionada. Todos debemos partir el día indicado por las Combinaciones Matemáticas Divinas con el objetivo de beneficiarnos de los augurios celestes más favorables. Con ello termino mis "Justas Palabras": que Ptah se digne en aceptarlas en el modelaje de su obra cotidiana[47]".

Majestuosamente, con una lentitud bien calculada, Hor-Ou-Tit recogió los faldones de su túnica de lana cruda sobre sus rodillas antes de volver a su asiento. Cuando el Pontífice se levantó, estiró sus largos miembros doloridos sin que su rostro lo dejara entrever. Su voz era algo rota, pero el tono firme se sus propósitos no dejó equívoco alguno sobre lo que preconizaba:

-"En verdad, las palabras de nuestro Pêr-Ahâ son justas. Que Ptah le conceda una larga Vida de igual Sabiduría y la Gran Fuerza capaz de destruir a todos los que contravengan los Mandamientos de Dios. Por ello tengo la certeza que una solución justa saldrá de vuestras deliberaciones, honorables hijos de nuestra gran raza desaparecida por su ceguera. Sólo puede quedar la victoria de la raza de los descendientes de Osiris, hijo de Dios mismo, sobre los que por ceguera de uno solo se desviaron del mismo origen que el nuestro. Por ello deploro en el fondo de mi corazón que nos veamos arrinconados a tal dilema: ayudar en la aniquilación de otros, de nosotros mismos. Y sin embargo, éstos, hermanos de Hor-Ou-Tit, que la Salud y la Fuerza protejan eternamente, han venido a combatirnos, robando, violando, pillando y saqueando todo a su paso, sin consideración hacia la sangre de su sangre, hacia la carne de su carne arrastrando además varias de nuestras mujeres, de nuestros hijos. ¡Definitivamente se han desacreditados como hijos de Dios! Y cuando Ta Mana se despertó con el ruido de los golpes de lanzas, del silbido de las flechas, de las penas de los heridos, de los gritos de los moribundos y los chillidos de los secuestrados... comprendí que ya no volveríamos a encontrar la calm y, que sólo podríamos irnos sin temor cuando los inmundos Râ-Sit-Ou fuesen destruidos. Es necesario pues que el Consejo encuentre a los hombres capaces de tal misión, los arme y les encargue de

---

[47] Las dos frases de la fórmula final se encuentran en la mayoría de los manuscritos de discursos pronunciados por los Faraones (Pêr-Ahâ) datando de la VI dinastía.

devolvernos la tranquilidad del alma, esta parcela que Dios nos confió en la Tierra con el fin de diferenciarnos de las bestias, y que algunos destruyen portándose igual que animales feroces. Todos los que estamos aquí, hemos aprendido y repetido a lo largo de nuestra vida los textos sagrados trasmitidos por nuestros lejanos venerados ancestros, que Ptah conserve sus almas generosas con los Bienaventurados para que podamos reunirnos con ellas llegado el momento sin vergüenza alguna. Por ello, debemos transmitir a nuestra progenitura y en su integralidad, la masa de los documentos aprendidos capítulo por capítulo, y que aportarán Sabiduría y Conocimiento a la lejana generación futura que se implantará en la segunda patria, el Segundo Corazón-de-Dios. Ya que será esa última descendencia la que restablecerá la escritura y reintroducirá la gloria de Ahâ-Men-Ptah, que es la nuestra. Que el terrible poder de Dios único nos ayude en estos tiempos memorables en los que vivimos. Las humildes acciones de gracia que elevaré hacia nuestro Creador mostrarán una alegría mucho más profunda si tengo la certeza de ver que unís vuestros esfuerzos para decidir rápidamente la supresión de los que nos molestan. ¡Larga Vida a nuestro Primogénito de Voz Justa!"

El Pontífice inclinó el busto hacia Hor-Ou-Tit antes de volver a su asiento. El Presidente de la Asamblea se levantó a su vez para tomar la palabra. Lo hizo con voz fuerte saliendo curiosamente de unos labios temblorosos, daban una sonoridad sobrecogedora muy peculiar:

-"Todos sabéis como yo, honorables colegas, que hemos hablado demasiado últimamente,... ¡demasiado! Y sólo hemos traído arena al desierto que se forma por doquier a nuestro alrededor. Y hemos echado sal ahí donde el suelo empieza a desbordarse con profusión... La conclusión que saco de nuestras conversaciones, es que con la lengua no venceremos a los que tanto nos han dañado. Necesitamos que una tropa armada sea constituida sin más demora y le demos los medios de luchar para vencer. Como el disco solar sobre su barco derrotó a Set hace mucho tiempo cambiando su curso en Leo, hagamos rugir a nuestros hombres cuando ese mismo "León" desaparezca en el cielo. El Sol va a dejarlo, y nosotros de igual forma debemos irnos. Los Anales vivos tomarán nota de nuestros hechos yde los actos que serán históricos. No olvidéis ...no olvidéis nunca más el futuro que nos espera, ya que durante esta larga marcha hacia el país que nos es prometido, ocurrirán muchos incidentes que no solo nos obligarán a defendernos sino a contraatacar de inmediato si deseamos preservar nuestras familias. Dando los primeros golpes de lanza protectores, debemos pensar que es mejor morder al adversario hasta la sangre que dejarse devorar por él. Esperemos pues que el honorable Mâsh-Akher haga su declaración para iniciar el debate, puedo asegurar a Hor-Ou-Tit que la mayoría de los miembros de esta Asamblea son de mi misma opinión. ¡Larga Vida al Pêr-Ahâ de Voz Justa!"

A su vez, el Presidente se inclinó respetuosamente frente a Hor-Ou-Tit, antes de sentarse con dignidad, esperando el resto de las discusiones. El Pêr-Ahâ hizo un gesto hacia el guardia que estaba cerca de la puerta y ordenó:

- "Que venga el honorable representante de la corporación de los herreros. Que entre su jefe, Mâsh-Akher."

Poco después apareció un hombre fornido con barba negra muy espesa, su estatura era imponente, vestido con una túnica larga de sayal gris. Su aspecto viril al igual que su andar elástico impusieron respeto en todos los asistente. Los impresionantes músculos de sus brazos a vista de todos hicieron sonreír levemente al Primogénito. Llegado frente al trono, el gigante se inclinó profundamente y empezó girándose hacia los asientos del Pontífice y del Presidente, después mantuvo la cabeza ligeramente inclinada frente a Hor-Ou-Tit, y éste como actor experimentado y con tono afable dijo:

- "Has pedido ser escuchado por los Miembros de esta honorable Asamblea, tu deseo se realiza. Te escuchamos con benevolencia y atención. Esperamos que la solución que no vas a proponer sea música para nuestros oídos, como la de nuestros venerados Consejeros."

EL GRAN CATACLISMO

Con gesto protector de la mano, lo invitó a hablar, el Pêr-Ahâ demostraba ser todo oídos. Pero Mâsh-Akher no había conseguido llegar a la cima de la jerarquía del cuerpo de herreros sin haber adquirido, al menos, las nociones las más elementales de diplomacia. Su rostro tenía los rasgos como tallados en la masa bruta de sus metales que doblegaba a voluntad, y permaneció impasible. Empezó lentamente a hablar pensando menos en el giro de la frase que en expresar lo más exactamente posible lo que sentían sus compañeros y él mismo, y su boca de labios finos no traicionó ninguna emoción aparente.

- "Para vencer los Rebeldes, ¡Oh, tú, el Descendiente venerado de Osiris, el Bienaventurado!,... necesitas hombres y yo te los traigo. Tú eres el Maestro que protege tu pueblo cuando está en peligro. Tú eres el que manda y dispondrás de brazos que ejecutarán lo que les ordenes realizar. Yo estoy a tus órdenes, ¡Oh, tú!, el Maestro que representa al Eterno sobre la tierra entera. ¡A ti, larga Vida, Fuerza y Salud!"

Con orgullo Mâsh-Akher levantó la cabeza dirigiendo su barbilla hacia Hor-Ou-Tit esperando su respuesta. Esta se demoró algo, ya que un vivo interés había animado la mirada del monarca que tenía una profunda nostalgia de la gloria y del esplendor, vividos por los Primogénitos de Ahâ-Men-Ptah. Lo se percibía bajo su máscara de impasibilidad. Después de una corta meditación, dejó escapar un leve suspiro que le permitió replicar con tono monocorde:

- "Para vencer con victoria a estos salvajes, de una vez por todas, necesitaría muchos hombres."
- "Los obreros de nuestra corporación se llaman habitualmente los Hor-Astiou, los trabajadores de Horus. Ya que desde que tu ilustre descendiente Hor-Ahâ, el Primogénito, estuvo él mismo en cabeza de los primeros mineros y fundadores del mineral de hierro para dar a todos comodidad. Nosotros somos devotos en cuerpo y alma a los Descendientes de Nut, los orgullosos retoños de los primeros herreros, estamos ligados por nuestro juramento de sangre y carne a ti, el Primogénito de Voz Justa. Para ayudarte, todos nosotros: los grabadores, cinceladores, martilladores, herreros; todos los metalúrgicos te proponemos

usar nosotros mismos las lanzas, las jabalinas, las puntas y hachas que acabamos de construir en grandes cantidades para destruir al enemigo. Desde ahora queremos ser los "Masniou" del ilustre Primogénito Descendiente de Osiris. Haz de nosotros tus lanceros."

Esta vez el Pêr-Ahâ se quedó estupefacto de la amplitud de la medida guerrera que le era propuesta. Ciertamente conocía la proposición del jefe de los herreros antes que la sometiese a la Asamblea, y para la que había dado su preacuerdo, como se debía. Pero no se esperaba esta unanimidad detrás del trono que representaba, dándose tiempo de sobreponerse, sólo hizo una pregunta:

- ¿Qué quieres decir por "todos"?
- "Todos los obreros que trabajan en la metalurgia te defenderán, ¡Oh, tú! a quien debemos simplemente el estar en vida hoy. Somos más de ocho mil en condiciones de llevar las armas que hemos forjado, y de realizar la ofensiva en el territorio de los que hasta ahora de forma horrible han profanado el Dios de nuestro nacimiento como del suyo. Y no solamente hemos fabricado armas de todo tipo, sino que hemos realizado ruedas para dieciséis carros, que llevarán el avituallamiento y las municiones hasta la victoria. Además, también hay dos ruedas cinceladas con arte para un carro si deseas estar en cabeza.
- "¡Es un verdadero ejército... del que me propones el mando!"
- "Sí, únicamente para servirte fielmente, ¡Oh, venerado Pêr-Ahâ! Nuestras jabalinas, especialmente templadas en un baño, las hemos endurecido de tal forma que podrían atravesar los cuerpos, incluso a través de un escudo de cuero endurecido. Ningún desfile les será posible por parte de estos seres inmundos que han desencadenado el furor del Primogénito."
- "El Consejo va a debatir en seguida tu proposición. Desde ahora mismo te agradezco personalmente el apoyo que me aportas en tiempo difícil. La devoción de la corporación de los herreros tendrá fecha y honor en nuestros Anales. También al instante, te nombro capitán de los Masnitiou. Vosotros seréis los soldados bien amados de mi exclusiva escolta. Tú eres a partir de hoy el Jefe de mi compañía de armas, La "Compañía de los

Lanceros-Herreros de Horus!"[48]. Ahora espera un momento más en la antecámara."

Mâsh-Akher se inclinó casi hasta el suelo para esconder la luz de orgullo que iluminaba su miraba, luego se volvió con grandes pasos saliendo de la sala para esperar con toda tranquilidad la conclusión de una deliberación que no podía ser más que pura formalidad, después de lo oído.

Los debates, después del sermón de Hor-Ou-Tit, fueron significativamente reducidos. Nadie sentía la necesidad de expresar contrariedad alguna. Incluso ocurrió lo contrario y un profundo alivio se dibujaba en todos los rostros, y cuando apenas había transcurrido media hora en el reloj de agua de la mesa junto al Pêr-Ahâ se rogó al jefe de los herreros volver a la sala, donde el Primogénito tomó la palabra sin demora:

- "Que mi deseo anterior sea una realidad al servicio de Ta Mana. Te ordeno, a ti capitán de los Masnitiou, Mâsh-Akher-Masniti, ya que ese será tu título a partir de hoy, reunir todos tus hombres para el cuarto amanecer del Sol. Esa mañana es la más favorable antes de nuestra Gran Salida, y los cálculos del jefe de los "Horóscopos" no pueden ser más exactos. Que los carros estén listos la víspera cerca del arsenal donde están almacenadas las armas donde los cargarás, después irás a mis depósitos para cargar los alimentos necesarios, y por último, que mi carro resplandezca frente a mi morada al amanecer del cuarto día. Tomaré los mandos, subirás a mi carro, y a partir de ese momento serás considerado por todos como hijo real. Este decreto divino eternamente demostrará a nuestros hijos, que los Herreros de Horus, siendo los principales artesanos de la victoria de los Primigénitos de Osiris, igualmente son los "Shesou-Hou-Men-Masnitiou", o los "Servidores-Guerreros-Herreros-de-

---

[48] Los textos que relatan la "leyenda" de los Masnitiou no faltan (¡sic!). Entre otros; **Naville**: "Le Mythe a Horus". **J. de Rougé**: "Les Textes a Edfou". **Brugsch**: "Le dictionnaire géographique". "Le livre des morts" (El libro de los muertos). "Le rituel des funérailles" (ritual de enterramientos). etc...

Horus", más sencillamente para nuestros Anales tus soldados de infantería, los llamaremos los "Shensou-Hor" o los "Seguidores de Horus". Que cada "Masniti" que te suceda, sea por derecho divino a su vez, hijo real. Que cada Masniti fundidor sea también picador, que el herrero también sea lancero, que el cincelador de arte sea también diestro en usar cuchillos. Que desde ahora los Masnitiou trabajen con la idea de que obrarán también en la destrucción de cualquier violencia. Que todos los trabajadores manuales apoyen lo necesario para la guerra para el beneficio de Ta Mana."
- "Y para mayor gloria de Hor-Ou-Tit. ¡Larga Vida Poder y Salud!"

Fue Mâsh-Akher con los brazos elevados al cielo, lo ojos febriles y brillantes de orgullo, la voz temblorosa de excitación contenida pero muy fuerte, el que gritó esta última frase. Por impulso, a la vez, todos los honorables miembros de la Asamblea se levantaron y repitieron tres veces las mismas palabras, marcándolas con sus brazos elevados. Luego hubo un tipo de delirio general abrazándo cada uno al compañero más cercano, se tocaban la frente y los dos se felicitaban mutuamente del feliz final de los debates, que sin duda anunciaba el principio de una era benéfica que preludiaba la gran partida.

Fue lo que pensó Hor-Ou-Tit desapareciendo discretamente después de haber hecho signo al Pontífice y al nuevo capitán de seguirlo. El An-Nu, a pesar de estar aliviado por el desarrollo de la sesión, no podía más que deplorar esta decisión, tan necesaria para la paz del pueblo elegido de Dios. Por este motivo, los augurios no podían ser más que favorables para esta decisiva batalla que a la vez que daría a Ptah y al Sol sus respectivos derechos, haría de Hor-Ou-Tit el hijo de Osiris Vengador y Victorioso. Sólo Dios podría decir lo que la leyenda más tarde relataría de la lucha que se conservaría en los Anales. ¿Hor se convertiría quizá en un conquistador sanguinario iniciando el culto a un dios belicoso? El viejo hombre suspiró largamente: ¿Por qué el alma del hombre, es decir, una parcela de la Divinidad-Una, siempre comulgaba con el mal, incluso cuando es por el bien de sus congéneres?

Pero el alba del cuarto día se elevó sobre un Pontífice sonriente y relajado a la vista de la inmensa tropa de los Masnitiou, las puntas de las miles de lanzas, que eran de hierro, parecían coronadas por una nube brillante, todo resplandecía con los primeros rayos del sol.

Mientras que los Rebeldes se despertaban con los gritos de las mujeres, los chillidos de los niños, los mugidos de los búfalos domesticados y sus propios rugidos, ya que todos vivían en cierta comunidad con los animales, en el fondo de las cuevas. Los siglos habían pasado sin aportar grandes mejoras en sus condiciones de vida. Las invasiones efectuadas contra el pueblo de Ta Mana habían desarrollado en ellos el deseo tanto tiempo reprimido de modernizarse, habían fabricado herramientas y sobre todo armas con los lingotes de hierro[49] provenientes del último pillaje, y su apetito por la novedad afilaba su sed de conquista ya que las puntas de sus picas, aunque rústicas, no eran menos mortíferas.

En este día en el que salían los Herreros de Horus de sus madrigueras con el objetivo de castigar duramente a los Rebeldes de Set, éstos a su vez, preparaban la mayor correría sobre Ta Mana, que les aseguraría la victoria definitiva sobre sus enemigos hereditarios. Esa misma noche iniciarían la marcha para su última etapa, ya que habían dejado el cuello de Zénaga desde hacía una lunación, es decir, más de un mes, para venir a instalarse en el pueblo, después de haber cazado o matado a sus habitantes. El modo en el que éstos habían huido, asustados en el ataque anterior, les había permitido servirse

---

[49] Es falso creer, decir o escribir que "el hierro era raro en Egipto incluso en la época de los Tolomeos y de los emperadores romanos" tal y como lo han hecho muchos egiptólogos. Uno de los más renombrado, G. Maspero, escribió sin embargo en el libro *L'Âge de Bronze en Egypte*: *"Dos depósitos de objetos de hierro han sido hallados por mi mismo en la pirámide de Ounas (V dinastía), y en la pirámide de ladrillos en Dashur, mucho más antigua. En la pirámide de Ounas, el hierro se presentó en dos lugares. Primero unos fragmentos roídos por el óxido, de cinco a seis tijeras de escultores, mezcladas con mangos de herramientas de madera y botes de pintura. Luego en dos bloques de mampostería del pasillo inclinado que debí romper para hacer el acceso más cómodo a las cámaras. Los trozos de hierro eran numerosos. El depósito de Dashour, fue descubierto en una parte intocada de la pirámide. Era un montón considerable en el que se reconocían unas palas de azuela, y hojas de cuchillo, al igual que espigas de tijeras".* Estos objetos fueron expuestos en la sala del **Ancien Empire du Musée de Boulaq** *y también en el gabinete del conservador Vassalli-Bey, donde aún estaban cuando yo me fui en 1.886.* Queda demostrado claramente que la llegada a Egipto se hizo con herramientas de hierro.

ampliamente de armas, avituallamiento y diversos botines de guerra, indicándoles la cobarde defensa de los descendientes de Horus. Tal fue la conclusión a la que llegó el Consejo que rodeaba el jefe de los Rebeldes. Es por lo que todos los miembros del clan volvieron juntos por las armas y el botín convencidos de que los primeros gritos que darían volverían a asustarlos y les harían huir si no los hubiesen matado o hechos prisioneros. Por ello se volvieron a ver las caras y prácticamente en el mismo lugar donde Osiris había aparecido por encima de Set, pero de ello hacía catorce siglos. Los "Râ-Sit-Ou" y los "Masnitiou", se enfrentaron en un terrible choque que removió todos los montículos de arena. La ventaja desde el inicio fue de los Herreros de Horus, cuya avanzada había localizado rápidamente al primer grupo de los Rebeldes, de manera que pudieron efectuar un repliegue estratégico inmediato para avisar al Pêr-Ahâ y al Mâsh-Akher, que tomaron todas las disposiciones para rodear y atacar a la mayor parte de los Râ-Sit-Ou, encerrados en tenazas con la imposibilidad de evitar la batalla en estado de inferioridad.

Hor-Ou-Tit apareció de repente rugiendo como un león, brillando en su santa cólera, en la cima de un montículo en cuya cima había una palmera en ausencia del sicomoro protector, pero el efecto no fue menor, la sorpresa provocada por esta extraordinaria aparición fue como el rayo, clavó en el lugar a miles de cabezas hirsutas de pavor cuyos ojos reflejaban tanto el estupor como el temor. Y de repente los truenos se abatieron sobre la aturdida horda por las miles voces fuertes de los herreros que acudieron por doquier con picas y lanzas hacia adelante.

La matanza fue sin embargo menos espantosa de lo que hubiera sido sensato suponer ya que la desbandada general tan espontánea como instantánea, fue tal que abrió un pasaje tan amplio permitiendo a la masa huir lo más rápidamente como podía. Únicamente algunos prisioneros fueron tomados a petición de Hor-Ou-Tit. El Primogénito los adoctrinó antes de volver a liberarlos, de tal forma que el Colegio de los Sacerdotes y su Pontífice estaban satisfechos; ninguno de los descendientes de Osiris se ensuciaría las manos con la descendencia de su hermano.

El Pêr-Ahâ tomo el tono más amenazante que pudo:

- "Iréis a decir a vuestro Jefe que es inútil atacar otra vez al que dispone de los derechos tradicionales para gobernar, que Dios le confirió. Yo, Hor-Ou-Tit, Pêr-Ahâ por la pureza de mi sangre. Descendiente de Osiris en la legitimidad de mi poder, soy Hijo de Dios. Es él quien armó el brazo vengador para castigaros. Volved junto a vuestros compañeros de desgracia hacia la miseria que desde ahora será vuestra carga para todos, ya que habéis desafiado al Eterno y desencadenado su cólera al tiempo que vuestro castigo. Nuestro pueblo dejará esta región, pero nunca la poseeréis, no es vuestro destino y nunca os pertenecerá. Dejaremos aquí una guarnición que será invencible, protegida por nuestros carros de combate. Nuestro pueblo se va de esta tierra para ir en busca del Segundo Corazón de Dios que nos es prometido allí, en Oriente. Pero, si acaso encontramos tan siquiera uno de los vuestros en el camino, lo mataremos sin duda alguna. Nuestra ruta pasa por vuestras madrigueras por encima de la montaña y os digo solemnemente que si un sólo ser vivo que no sea de los nuestros está a la vista a la hora de nuestro paso, lo atraparemos y quemaremos dentro de las cuevas que destrozaremos por completo. Decidlo bien claro a vuestro jefe: que nadie permanezca en esos territorios que están en nuestro camino. Tenéis la vida a salvo únicamente para poder repetir mis Justas Palabras. He terminado, que Ptah lo utilice para modelar su obra cotidiana"

Cayó un largo y pesado silencio, que sólo rompía el temblor de sus huesos con las manos atadas a la espalda. Mâsh-Akher, aparecía gigantesco cerca de estas piltrafas humanas aplastadas sobre ellas mismas, se acercó al grupo muy inclinado y con el reverso de su mano los hizo caer al suelo. Les habló de forma arisca bien asentado sobre sus piernas abiertas:

- "¡Inmundos escorpiones! ¿Qué esperáis para agradecer al Descendiente de Osiris y su bondad? Os deja la vida, su Voz Justa os ordena repetir lo que su augusta boca desdeño deciros... ¿Lo haréis?"

Ninguno de ellos contestó, por una parte el terror los paralizaba, por otra sus labios estaban besando la arena. Estaban demasiado aterrorizados para ni siquiera moverse. El Pêr-Ahâ aguantó la sonrisa, ya que debía conservar su soberana dignidad. Añadió sin embargo con voz grave:

- "Frotad vuestra frente contra el polvo del suelo, que sepa que me habéis comprendido bien y como signo de obediencia a mis Justas Palabras, se os dará la libertad."

Los hombres sacudieron enérgicamente sus rostros contra la arena, contentos de salir tan bien librados. De esta forma se desarrolló la primera gran batalla después del Gran Cataclismo. Los Anales escribieron que 8.000 Masnitiou se opusieron a 6.000 Râ-Sit-Ou salvajes, entrechocando sus fuerzas en un gigantesco enfrentamiento que dejó pocas victimas sobre el terreno. Se necesitarían 1.440 años para que la batalla desencadenada por Set contra Osiris, los dos gigantes de tiempos antidiluvianos, volviese a ser retomada en la lucha para la supremacía de Dios contra la usurpación solar.

El Sol se disponía a salir de su larga navegación de "ida y vuelta" en la constelación de Leo, desencadenando el Éxodo en los Rebeldes y la Gran Salida de los Herreros. Esa mañana la estrella muy brillante Sep'ti se elevó justo antes que el Sol la ocultara penetrando en retroceso, en otra configuración estelar. Una nueva era empezaba con la larga caminata hacia la Luz, al alba del 22 de julio de 8.352 a.C.

CAPÍTULO XI

SÂ- AHÂ-RÂ
LA TIERRA QUEMADA
POR EL ANTIGUO SOL

Una forma de columna terminando en una cabeza de canero fue descubierta en pleno Sahara, en Tamentit.[50] Sin duda era una piedra sagrada. Se supone que pertenecía a un culto introducido en el desierto por los bereberes fieles a la zoolatría de sus remotos antepasados.

S. GSELL
Historia de la antigua África del Norte

Los Atlantes son, efectivamente, los habitantes de ese país. El descubrimiento de las célebres pinturas rupestres de Tassili-Ajjer, han hecho resurgir la importancia de este imperio que reinó en Fezzan. ¿Qué ha sido de estas poblaciones desde entonces? Es imposible contestar a esta pregunta; pero lo que es cierto es que de esta cepa arcaica salieron las principales tribus bereberes.

HENRI LHOTE
Los Touaregs del Hoggar

Las tierras africanas situadas entre el paralelo 25 y 35 se secaron cada vez más a lo largo del milenio que siguió al giro del eje terrestre y al Gran Cataclismo. Y es a las orillas de una región casi desértica donde llegaron los Seguidores de Horus cuando franquearon el paso de Zénaga, limpio de Rebeldes, para descender a un valle antaño verde. Viendo esta inmensidad de color uniformemente

---

[50] Estando en el Oran del sur. Tamentit es un lugar sagrado del poniente. La cita es tomada del tomo VI, pág 161. (Oranais, departamento francés de la localidad al noreste de Argelia).

ocre, el corazón del Primogénito se encogió con una angustia insuperable, no por su propio destino, sino por el de decenas de miles de mujeres y niños repartidos en varios grupos de jefes de familias que se extendían sobre varios kilómetros.

Hasta ese día el alimento no había faltado, Dios había resuelto de una forma u otra la solución del avituallamiento en el propio lugar ya que abundaba la caza menor y los vegetales necesarios a la multitud a lo largo de las sinuosidades de los cursos de agua seguidos antes de la escalada de los contrafuertes del Gran Erg Occidental.

La llegada a la garganta fue un descanso bienvenido después de toda una luna de marcha azarosa en el calor, seguido por un frío glacial, y por una humedad tibia en los últimos días. Los Seguidores de Horus podrían al fin reagruparse y respirar algo en este lugar. Pero la inmensa llanura donde había llegado la avanzadilla que acompañaba a Hor-Ou-Tit en su carro ya no tenía vegetación tropical ahogada por la espesa sabana que poco a poco tomó su lugar. Ahí no había alma que sobreviviese y sólo las rapaces planeaban con vuelo constante en pesados círculos concéntricos por encima de los humanos esperando quizás que uno de ellos se derrumbara, inerte, al alcance de sus picos trituradores.

Vista general del éxodo de los rescatados.

Viendo el valle, el Pêr-Ahâ pensó que la vida sería más agradable en la cima y acompañado de algunos de sus herreros escaló la pendiente bastante empinada que escondía el horizonte occidental y llegó asfixiado a la alta planicie arbolada que dominaba ampliamente el cuello y la explanada. Enseguida vio la doble ventaja de esta situación estratégica. Al tiempo que ofrecía una mejor protección al campamento de miles de familias en el repecho contra un inopinado y posible ataque de los Rebeldes. Este lugar les permitía además un avituallamiento de agua potable gracias a una fuente fresca que corría allí mismo, con la posibilidad de interceptar los animales que abrevarían.

Cuando el Pontífice, se encontró cerca del Primogénito, se preocupó por la huída de los Râ-Sit-Ou hacia el este, lo que significaba que en el desierto, ya eran precedidos por otros en el camino que deberían tomar cuando llegara el momento de la salida. Se mantuvo un tipo de consejo de guerra alrededor de Hor-Ou-Tit, de An-Nu y de Mâsh-Akher y la decisión fue unánime, después de un descanso de una luna, con el fin de asegurar una reagrupación completa de toda la población, la dirección a tomar no sería modificada, ya que ante todo, ella dependía del aparato que estaba encerrado en el carro sagrado.

El Pontífice fue formal: la sombra que determinaba cada jornada al medio día la dirección real de la Tierra Prometida, no podía ser modificada mucho ya que se situaba muy al sur de la localización inicial. El Descendiente, seguro del poder de choque de su fuerza ofensiva, había consentido diciendo que sería en vano rodear una eventual dificultad cuando ésta se vería en el desierto desde muy lejos. Entonces sería combatida con gran énfasis antes de unir la población. En fe de lo que fue decidido por unanimidad de seguir adelante, totalmente recto llegado el momento.

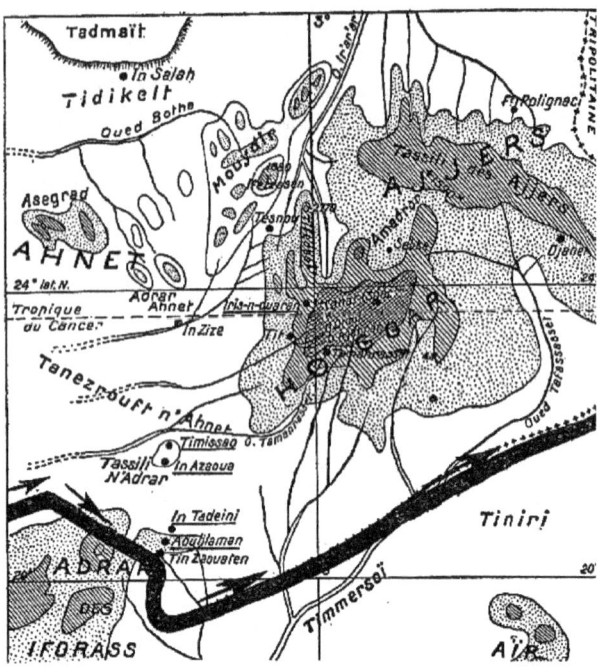

El trazo ancho es la ruta seguida por los Rescatados en la Tierra Quemada por el Sol Primogénito: el "Sâ-Ahâ-Râ".

Aprovechando el descanso los diferentes grupos que adquirían los conocimientos orales habían vuelto al estudio, repitiendo sin cesar la parte del Saber que debían almacenar concienzudamente en el fondo de su espíritu, sin omitir ni olvidar nada, a pesar de que ya no comprendiesen el conjunto de las frases ya que iban perdiendo su significado original en la bruma espesa de los nuevos días. El Pontífice, a quien le estaba exclusivamente reservado la clase de los iniciados adultos, que formarían los que legarían a las generaciones posteriores los elementos iniciáticos destinados a restablecer el "Colegio" de formación de los Grandes Sacerdotes, repetía sin cesar a sus alumnos las mismas frases acompañadas de los mismos argumentos y de los mismos comentarios, habiéndolos a su vez aprendido de su padre, y sólo reservaba un último capítulo para su primogénito, a exclusión de cualquier otra persona, tal y como había hecho su padre con él, al igual que para todos los primogénitos de los An-Nu que lo habían precedido desde Ta Mana.

Aprovechando una larga pauta en su curso de iniciación, llevó el que no tardaría en sustituirlo a la cabeza de la cohorte de sacerdotes, hacia el carro sagrado. La enseñanza actual estaba lejos de valer la de los tiempos heroicos ciertamente, pero los que llevaban la túnica blanca y tenían la cabeza rasurada eran devotos en su ingrata tarea en la formación espiritual de los espíritus, desgraciadamente cansados y demasiado preocupados de la alucinante caminata del día para ocuparse del Más Allá de la Vida, sin embargo más importante. El Pontífice sacudió suavemente su larga cabellera blanca, acompañando el movimiento de un largo suspiro de resignación, y al tiempo que se apoyaba sólidamente sobre el hombro de su hijo para mejor bajar la pendiente, sintió con placer los músculos de su primogénito moverse fuertes bajo la piel de su brazo. Su sustituto sería tan inteligente como fuerte. Además sería nombrado con el nombre divino que le iba de maravilla, "Mérit-Net", "*El amado de Neith*", que a pesar de ser una abreviación moderna del antiguo nombre de Nek-Bet, no dejó de conservar su completo valor simbólico. Sí, este hijo sabría magníficamente hacer frente a las situaciones escabrosas que no dejaría de encontrar a lo largo de la agotadora lucha en la travesía del desierto.

Este hijo, a la vez Primogénito y Amado, lo sustituiría pronto con ventajas, ya que no era más cuestión de tiempo para él volver a la Tierra de los Ancestros, con todos esos Bienaventurados que desde ahora aspiraba a reencontrar. Su deber terrestre se acababa con el ascenso de su propia carne salida de su sangre al rango de An-Nu, siguiendo la renovación deseada por Dios antes de llegar al Segundo Corazón. Llegados a la altura del paso, caminaron juntos en la sabana a lo largo de las cuevas de las que salía un hedor abominable. Prueba clara de que los Rebeldes habían depositado sus muertos sin asegurarles sepultura alguna, dejando pudrir ahí los cuerpos y quitándoles de esta forma cualquier posibilidad de acceder a la vida eterna. ¿Cuántos años haría que estos cadáveres se amontonaban así? Nadie sabría decirlo ya que muchas osamentas blanqueadas eran testigos de una gran antigüedad.

Cruzaron rápidamente el lugar antes de rodear el campamento en plena efervescencia, agrandándose de día en día con la llegada de numerosas familias atrasadas que llegaban frente a los carros muy cargados que estaban agrupados en la extremidad del campamento hasta los últimos, bastante retirados y militarmente custodiados por dos Masnitiou que tenían la consigna formal de no dejar pasar a nadie más que al An-Nu y a sus alumnos, así que se inclinaron respetuosamente frente a los que llegaban.

El Pontífice deshizo meticulosamente los complicados nudos que él mismo había compuesto para cerrar herméticamente los paños de tela que cerraban el armazón de madera de la carreta. Luego se deslizó al interior, donde un espacio vacío entre las cajas permitía a dos personas instalarse para trabajar o recogerse frente a una mesa sobre la que había un pequeño cubo lleno de agua. Meri-Net, que había seguido su padre, miró con curiosidad este pequeño cubo rústico, en el que el An-Nu depositaba suavemente un aparato. Ciertamente, el hijo del Pontífice ya lo conocía habiéndolo contemplado en varias ocasiones, y sabía de memoria las diferentes coordenadas que permitirían a toda la tropa seguir la dirección calculada de antemano, sin temor a dudas algunas.

Pero cada vez que lo veía quedaba igualmente estupefacto por la sencillez aplastante del mecanismo de este minúsculo aparato que, sin embargo, poseía, él sólo, la permanente clave para alcanzar la segunda patria y su luz.

El anciano, que a su vez contemplaba a su hijo, volvía a vivir su propia juventud, leía en el espíritu de Méri-Net como en uno de esos libros inaccesibles que no había conocido, pero que sabía de memoria. Él mismo había tenido las mismas reacciones cuando tenía esa edad, delante del mismo "*gnomon*". Sonrió de satisfacción ya que las palabras que su padre le dijo en ese momento le volvían naturalmente a la memoria y al fin salían a su vez de su boca:

- "Las Combinaciones Matemáticas formulan lo esencial de la Ley Divina, Dios no ha buscado la complicación. Es el Hombre el que lo complica todo buscando torcer la legislación elemental, que regula toda vida y su desarrollo, para no tenerla en cuenta; de ahí su caída y el hundimiento del país que era su alegría y su prosperidad. Ahâ-Men-Ptah se convirtió así en Amenta, no olvides jamás, amado hijo, que Ptah es el Dios-Uno, el Gran

Modelador del Principio Creador. Inculca esto como primer axioma a tus alumnos, y la mitad de tu enseñanza estará resuelta. Ptah es el Ser Primordial, autor de las condiciones de equilibrio del mundo físico e inspirador de las leyes humanas. Es el Señor de la Verdad y el Maestro de la Armonía Celeste."
- "He aprendido todo eso, ¡Oh, mi venerado educador! Estoy convencido de esta realidad, me la repito sin cesar con el fin de enseñarla a mis alumnos con la inmensa fe que mora en mi corazón."
- "Está muy bien hijo mío, cuando me inclinaba sobre tu cuna siendo aún un bebé, te contemplaba y ya me sentía feliz de ver realizarse en ti el flujo de la abundancia de las bondades Divinas. Y la gracia del Creador a lo largo de los años sólo ha añadido su más sublime lucidez, tu corazón es, pues, puro y está lleno de amor. Es por lo que la fe que tienes en tu corazón se refleja de forma magnifica y cada día más fecunda. La claridad que brota de tu corazón pronto te hará ver el verdadero aspecto de las cosas y de la gente; incluso las estrellas no se satisfacerán con describir silenciosamente sus círculos plateados. Ellas proclamarán el ritmo de la eterna armonía de la que te hablaba antes. Ya sabes todo lo que te he dicho, ciertamente, y sólo lo he repetido porque el lugar en el que estamos se presta a ello y tu mirada alucinada me ha motivado. Yo mismo siempre me sorprendo de la sencillez del amor que Dios nos tiene. Este antiguo "gnomon" salvado del Gran Cataclismo, permite ir a cualquier parte del mundo, gracias a las muescas realizadas hace milenios en esta madera. No es una demostración espectacular del Poder Divino el que tiene este pequeño leño de madera clavado por un alfiler de hierro, el cual llegado el momento y expuesto a los rayos dorados del astro Sol, astro resplandeciente que por el brazo de Dios puede ser un instrumento de muerte como en el momento del Gran Cataclismo, o instrumento acordando la vida como en este "gnomon".
- "Mi alma se queda muda por el Eterno, ¡Oh, Padre mío! Hace tiempo que deseo hacerte la pregunta, ya que me parece que la parcela del espíritu divino que me has transmitido se remueve a menudo en mí para imponerme decisiones evidentes, pero que

no veía, esconde algo de irreal que quizás haga de mí un guía demasiado caprichoso..."
- "La parcela Divina que está en ti viene de tu antepasada Nek-Bet, de la que llevas el ilustre patrónimo. Tu hermana mayor también se le parece muchísimo. Está dotada, como su antepasada, del poder de la "segunda visión" que Dios sólo concede a los que quiere utilizar comúnmente de Guía. Tú sabes cómo nuestra venerada ancestra encontró a Osiris el mismo día del hundimiento de nuestra Tierra Original, atascado en una rama baja de un sicomoro, evitando de esta forma ser devorado por los peces en alta mar, permitiéndole volver a la vida para preparar esta gran salida hacia la tierra prometida por el Eterno. Es hacia ese Segundo Corazón donde dirigimos nuestros pasos, nosotros los tataranietos de los valientes pioneros de los tiempos antiguos. Debemos honrarlos y no desilusionarlos. Por ello, algunos de nosotros son guiados para realizar la tarea precisamente definida por los cálculos de las Combinaciones Matemática. Tú eres uno de ellos, hijo mío, y quizás el primero para esta nueva generación, ya que deberás apoyar con valentía el cetro del hijo de Hor-Ou-Tit a lo largo de la travesía por el corazón del desierto."
- "¿Por qué dices eso, padre?"
- "Me parece que no tendré la fuerza necesaria de llevar a cabo esta dura tarea que te espera. Ni la capacidad física ni la fuerza moral, ha habido demasiadas mezclas sanguíneas a lo largo de las últimas generaciones de Pêr-Ahâ, para que la parcela Divina especial de los Descendientes no haya perdido algo de su integridad. Pero como son efectivamente los Hijos de Dios directos, deberás obligarte a que siempre sean respetados como tales."
- "Haré todo lo que esté en mi poder, Padre, para que sea así. El Primogénito permanecerá siempre siendo eternamente el portador de la antorcha Divina."
- "Me satisface plenamente, Méri-Net; dejaré esta tierra de exilio con el corazón lleno de alegría gracias a ti."
- "¡Te lo ruego! No pronuncies esas dolorosas palabras. Yo sé que cuando llegue el momento te irás, no estarás para apoyarme con tus "Justas Palabras", pero deseo que ello sea lo más tarde posible. Dame mejor algunos consejos iluminados sobre el

método a usar para hacer respetar la armonía entre los hombres y que reine al igual que en el cielo."
- "La "Armonía" no viene más que de la comunicación de las almas con el Espíritu Divino mismo. Este logro humano es ciertamente el más difícil de conseguir, sobre todo en lo que se refiere a nuestro pueblo, constantemente en movimiento sobre un suelo ingrato en perpetuo cambio. La humanidad que es la nuestra está extenuada de su pesada carga y por su continua preocupación, sin el menor descanso, buscando sus propios alimentos a diario. ¿Qué tiempo le queda para ocuparse de su alimento celestial? Éste llegaría sin embargo sólo a quien se moleste en investigar, aunque sólo sea para combinar las configuraciones formadas por los Influjos de las Doce desde arriba en relación a uno mismo; entonces cada uno estaría en acuerdo armónico con el movimiento celeste."
- "Sería necesario poder detenerse largo tiempo en un lugar apropiado para intentar reconstruir un Círculo de Oro que todos podrían consultar a placer."
- "¡Qué pena! ya que deberás contentarte de llevar a los que están a tu cargo y guiarlos hacia su destino final. Hasta ahí y a lo largo de toda la navegación solar en esta constelación debilitada por nuestra sangre anémica, verificarás nuestra ruta a la vez que controlarás la salud moral de nuestro pueblo, la llegada al Segundo Corazón no está prevista para mañana. El sufrimiento será terrible antes de llegar al final de la línea."

El anciano tendió un dedo descarnado hacia el paralelo trazado sobre el palo de madera que flotaba en el centro del pequeño cubo. Lo rozó, y luego acarició ese meridiano, como si viese desde el fondo de sus ojos medio cerrados las inmensas dificultades que padecerían estas familias antes de que la sombra marcada indicara el final del largo viaje. No podía imaginar que en los planisferios modernos esa famosa línea imaginaria también sería "*Cáncer*". Sacudiendo la cabeza, volvió a decir:

- "Desgraciadamente para nosotros, el eje de la Tierra Quemada por el Antiguo Sol, es este Sâ-Ahâ-Râ del que no podrás alejarte bajo ningún pretexto, ya que perderías toda referencia: sería entonces la huída eterna hacia un país inencontrable. Dios ha

deseado imponer esta prueba suplementaria a sus hijos para que éstos, alcanzando la meta tan deseada se sientan realmente elegidos. Es el motivo de esta sequía, que bajo los pies de todos los emigrantes será cada vez más árida y menos hospitalaria, no obstante se deberá franquear sin que la ruta se desvíe, a pesar de los llantos o de las amenazas. Mira esta aguja, y la sombra que proyecta en el interior del círculo con las otras líneas paralelas que ves ahí y que rodean el meridiano llegando a "Ta-Mérit", el Lugar Amado. Estos dos trazos deben corresponder al máximo de la separación que podrás dar a los obstáculos que deberás rodear. Aléjate lo menos posible de esta referencia central."
- "Lo he comprendido muy bien, Padre y vigilaré de esta forma nuestro camino."
- "Mi objetivo está pues cumplido. Te puedo confiar completamente el resto de la obra."
- "¿Qué quieres decir, Padre?"
- "Mañana, durante la bendición de la aparición del astro del día, la ceremonia de traspaso de mis poderes sacerdotales en Mérit-Net, el nuevo Pontífice de los Shemsou Hor será entronizado, y tú te convertirás en el 48° An-Nu desde la muerte de Osiris."
- "¡Oh, Padre!"
- "No protestes más, ¡Oh, tú que eres muy digno de sucederme! Hor-Ou-Tit dirigirá él mismo tu consagración, ya que sabe que mi tiempo ha llegado. Pero basta ya de charlas, me quedan aún varios detalles por concluir. Acompáñame a ver a los Sacerdotes."

Dos meses pasaron antes de que los Masnitiou retomaran la marcha para abrir paso a las familias paralizadas por preocupaciones y aún más por el cansancio. El Pêr-Ahâ se ergía orgulloso en su carro, teniendo a menudo cerca de él al gigante Mâsh-Akher y al joven pontífice Méri-Net.

Cada mañana que siguió, un globo solar rojizo, enorme aparecía en su amanecer oriental, justo frente a ellos, en una atmósfera ya pesada, y a lo largo de las horas apuntaba sus rayos ardientes sobre una tierra que acababa de deshidratarse. Concluyó al cabo de pocos días que las preciadas reservas de líquido llevadas en los carros no bastarían para satisfacer las gargantas cada vez más secas.

Pronto, una discusión muy fuerte opuso el joven Pontífice al jefe de los herreros de Horus sobre la conducta a mantener, Mâsh-Akher deseaba imponer un descanso en aquel lugar para poder volver con los carros y algunos de sus hombres para coger una nueva provisión de agua, más grande aún. El último riachuelo cruzado en la región menos tórrida estaba a tres días de marcha. Pero Mérit-Net, que sabía que un gran río debía ser alcanzado en breve y sin riesgo, a pesar de no querer decirlo ya que no deseaba que su capacidad de percepción visual extra humana sea descubierta, mantenía con gran firmeza que era indispensable seguir adelante en la misma dirección hasta que una fuente de agua corriente diera el signo de un prolongado descanso. Esta última formulación hizo saltar al excitado jefe de los Masnitiou:"

- "Puede que contemos con los dedos de una sola mano a los que puedan llegar a ese descanso, y ¿cuándo piensas tú que podremos llegar a esa fuente?, ¡Oh, Gran Pontífice!"

Mérit-Net hizo como que no había captado el tono irónico irreverente del comentario. Esbozó incluso una pequeña sonrisa apreciadora, limitándose en contestar:

- "Las Combinaciones Matemáticas indican las configuraciones del cielo de la Ley Divina, y sólo ella, desea ver a los humanos seguir. Dentro de dos amaneceres del Sol nos veremos beneficiados por un largo tiempo, por lo que es conveniente seguir caminando a paso normal del pueblo dos días más hacia adelante antes de descansar, ello se podría prolongar si tal es el deseo del Pêr-Ahâ."

Mâsh-Akher permaneció triste frente a la cándida mirada del An-Nu, que acababa de hablar con tal seguridad sobre un futuro juzgado aleatorio de por si. Hor-Ou-Tit, agradablemente sorprendido por los propósitos de su Pontífice que le indicaba zanjar el debate, como Maestro que era, requirió con aire interesado:

- "¿Piensas que encontraremos algo diferente a esta arena axficiante, y al color quemado e irritante para los ojos, en el lugar que sitúas únicamente a dos días de marcha desde aquí?"
- "Te puedo asegurar, ¡Oh, tú! que eres el Maestro de todas las cosas, que llegaremos a un lugar mucho más agradable, disponiendo de gran cantidad de agua. Y si Dios quiere, podremos realizar esos designios celestes para asegurar la Armonía entre el cielo y la tierra, estaremos en ese lugar antes de que el astro dedicado a la luz del día esté en su cénit en el cielo por tercera vez. Acabo con esta Verdad."

El Primogénito que sentía el sudor correr por todo su cuerpo bajo su túnica, no pudo más que estar de acuerdo. Se apresuró en zanjar la diferencia que oponía sus dos principales técnicos:

- "Yo acepto el augurio, ¡Oh, Pontífice! La confianza que concedo a tu padre, y que merece ampliamente, te es dada igualmente. Que tus palabras siempre reflejen la Verdad. Saldremos en cuanto acabe el descanso. He hablado."

Cuando el tercer alba apareció sobre el pueblo que se despertaba como podía de un lecho de pedruscos ennegrecidos, una vanguardia de Masnitiou se puso rápidamente en ruta bajo la orden de Mâsh-Akher. Tras dos horas que aún no habían transcurrido, el Sol ardiente mostró un sutil cambio en la configuración del sol mismo. Pero no fue más que una hora después que los herreros comprendieron: la tierra reverdecía, y poco después la hierba aparecía por matojos muy numerosos, luego aparecieron los primeros arbustos. Llegando a una alta colina, los hombres escalaron el terreno a toda prisa, cruzándose con unas gacelas asustadas. En la cima, el horizonte les pareció en todo su esplendor. Una amplia serpiente líquida corría a lo lejos y un oasis inmenso y verdoso lo rodeaba. Al fondo se dibujaba una cadena de montañas que tapaba la vista, pero no se podía pedir más.

Rápidamente, un corredor volvió hacia atrás para unirse al grueso de la tropa casitigada por el calor y quebrantada por los más diversos dolores, deseando llevar el consuelo con la feliz llegada de esta corta etapa. Esa noche, ya que el pueblo estaba saciado de carne de búfalo, (un gran rebaño que pasaba en las proximidades había permitido una caza abundante), el Sol desapareció detrás de Ta Mana, hacia el lugar donde descansaban los "Bienaventurados, en Amenta". Lo que hizo decir al An-Nu que el lugar donde acababan de llegar se llamaría "Ta Mantit", el *"Lugar esperado del poniente"* que mezclaba el lugar de donde provenían y al que se dirigían, Ta Merit. De igual forma este río impetuoso y bullicioso se llamaría para los Anales futuros "Sâ-Ou-Râ", "*el Agua quemada por el Sol*", que era una sutileza del idioma, ya que éste líquido reencontrado parecía estar poseído por una fiebre desbordante después de la desesperante sequía del Sâ-Ahâ-Râ. Esta agua representaba simbólicamente al nuevo Sol convirtiéndose en el Maestro de la Naturaleza inundando por su buen hacer la nueva población[51].

Desde la mañana siguiente, Hor-Ou-Tit hizo prueba de un raro ingenio organizador. La clarividencia de su Pontífice lo había vivificado y tomó las decisiones más útiles que se imponían. Separó los grandes clanes de su inmensa familia a lo largo del río, remontando su curso hacia la fuente. Después de Tamantit, se fundaron numerosas otras aldeas, algunas eran trogloditas ya que numerosas cuevas se prestaban a su ocupación, y todas siguen llevando el mismo nombre después de ochenta siglos.[52]

Merit-Net se alejó más al este con su familia y sus sacerdotes, para estar más tranquilo y repasar los textos aprendidos de memoria, para innovar en materia de enseñanza anatómica, ya que muchas personas tenían miembros rotos y debieron ser abandonados en el camino sin sus familias, ya que éstas poseían un fragmento del Conocimiento. El Pontífice se instaló, pues, en una altitud agradablemente templada, dominando a lo lejos tanto el horizonte occidental, "la Sâourâ", por lo que llamó toda esa región la "*Touat*": en cuanto al panorama que se extendía hacia el Segundo Corazón, lo inmortalizó de forma brillante inspirándose en el nombre de su ilustre antepasado que había

---

[51] Estos territorios situados entre el 0° y el 4° de longitud a altura del paralelo del Trópico de Cáncer llevan todos unos nombres bereberes que se escriben fácilmente con jeroglíficos.

[52] Además de Tamentit, en la Sâourâ, cerca de su fuente, la ciudad más importante es "Lahmer", o la "*Amada de los hombres*".

aconsejado la primera salida hacia un Segundo Corazón de Dios. Es por lo que esa región tomó el dulce nombre de "Ahâ-Net", la antepasada Net, o Nek-Bet. Aún se mantiene bajo la denominación de "Adrar de los Ahmet".

Esta parte de África, todo a lo largo del trópico de Cáncer, pronto fue un lugar de repoblación durante un tiempo muy largo mientras que permanecieron los Seguidores de Horus. Prácticamente más de un milenio, a lo largo del cual la navegación solar retrogradó en esta constelación hoy convertida en Cáncer en recuerdo de los sufrimientos trágicos padecidos por este pueblo. Sobre centenares de kilómetros, entre el paralelo 20º y 30º, miles de grabados rupestres renacen del fondo de las eras, para ser testigo de esta abundante vida descrita en centenares de paredes de arenisca.

También son testigo del segundo terrible choque, que enfrentó un día los Masnitiou a los Râ-Sit-Ou, provocando sangrientos destrozos entre los que no los esperaban visiblemente. Porque lo que no sabía el Descendiente de Horus, *Hor-Ou-Tit*, era que los Rebeldes se habían establecido desde hacia varios siglos algo más al norte, en el mismo Hoggar, bajo el reinado iluminado de un sucesor de Set, menos belicoso que él, el apacible "An-Sit-Râ". Y actualmente la población que había proliferado estaba bajo el mando tiránico de un sanguinario que dirigía su pueblo con mano de hierro, y que sólo aspiraba a partir hacia ese país de Luz prometido a sus enemigos heredados, pero que le era de derecho propio, siendo el producto directo del antepasado de Set que era el único Primogénito de Geb, Rey de toda la Tierra. Y ese título le pertenecía.

La luna aún no había acabado un ciclo cuando varios campamentos instalados a lo largo de la Sâourâ habían sido detectados por los elementos avanzados de los Rebeldes que cazaban a lo lejos por cuenta de "Bâk-Bâ", *"Gavilán-Resplandeciente"*. Éste fue advertido en seguida y decidió preparar una venganza sangrienta a la derrota sufrida muchos lustros antes. Preparó la invasión metódicamente, sin darse prisa, esperando el momento propicio en el que estaría preparado para abalanzarse sobre su presa, como su emblema que era un gavilán, y como tal rapaz de ojos penetrantes, preparó su plan desde lejos, luego, como un rayo, cerraría sus poderosas garras afiladas sobre el enemigo, lo mataría sin piedad y sin darle la posibilidad a esbozar defensa.

Si las armas de los Rebeldes se habían convertido en primitivas por falta de mineral, los golpes que propinaban con el sílex y la cuarcita mataban las bestias las más grandes gracias a la robustez de sus brazos, además habían desarrollado cierta astucia frente a la caza de animales rápidos tales como el avestruz y la jirafa, convirtiéndose en adversarios temidos.

A lo largo de Sâourâ, en la orilla occidental, lejos de los lugares fortificados comúnmente llamados hoy los "*Ksour*", se habían asentado los Masnitiou. Y de forma natural, cerca de ellos y bajo las colinas vecinas, se excavaron las Salas Funerarias, los "*Akh-Menou*", Antecámaras de los Ancestros, donde se había depositado los cuerpos de los que volverían al Más Allá de la Vida. Estas perforaciones subterráneas, en forma de pirámides mantenidas interiormente por enormes bloques de piedras, abundan aún en esta región de la *Touat*, de la que hablan los textos de los Rituales Funerarios egipcios, impropiamente llamado "*Libro de los Muertos*". Apreciablemente cerca de las antiguas fortificaciones defendiendo el acceso a los pueblos de los Rebeldes: "*Raoui*", "*Men-Ouara*", "*Quarari*" y tantos más que los bereberes siguen escondiendo. Las alturas de "*Ahmet*" están llenas de ellas, a pesar de ser difícilmente accesibles debido a su carácter sagrado. Todas están en la "Colina de los Sacerdotes" y su disposición es estrictamente idéntica, geográficamente hablando, a las de los "*Akh-Menou*", de la Colina de los Pontífices, situada en Dendera no lejos del Nilo.

Los grabados de esta zona son significativos; en varios lugares se superponen a los anteriores, demostrando que los primeros habitantes fueron desposeídos por unos invasores que rasparon la arenisca, burilando con furiosos golpes de silex, antes de que sus manos grabaran a su vez sus dibujos y otra concepción, más rústica. Estas subproducciones son casi de tamaño natural, superando a menudo más de un metro de altura. Todos los cuerpos humanos llevan cabezas de animales, carnero, o pájaro, con la aparición de los primeros gavilanes para festejar la gloria de Bâk-Bâ, el "*Gavilán Resplandeciente*". Sin embargo en varios lugares, el cuerpo de los primeros grabados permanece, únicamente se borró la cabeza y fue sustituida por la del pájaro.

En el momento del contraataque de los Masnitiou, mucho más tarde, la cronología se restableció gracias a estos dibujos, ya que cabezas de hombres fueron superpuestas en un tercer grabado sobre los anteriores, y a modo de firma, esta tercera mano añade incluso una cola de león rodeando la cintura. Por ello es fácil restablecer los actos en propiedad de los lugares: en primer lugar, fue un Seguidor de Horus, luego hubo uno Râ-Sit-Ou, adorador del Sol, y por último, justa vuelta de un nuevo Masnitiou.

En Ta Mentit, incluso se ha encontrado varias estatuillas talladas en las rocas basálticas del lugar en agradecimiento a Râ por la victoria de los Rebeldes de Set. Una cabeza de Carnero esculpida sobre una espiga cilindrica puede verse en el museo de Alger. Para comprender bien el embrollo jeroglífico-bereber, debemos saber que el nombre sagrado de Set, muerto en el poniente, fue "*Amen*" *(de Ahâ-Men: el antiguo del Poniente),* apelación dada al Carnero que a fuerza de embestidas simbolizó al primer Rebelde y sus victorias sobre Osiris y Horus, como si la fuerza viva de Set se hubiese reencarnado en todos los carneros.

"*Amen*" fue, pues, la esperanza y la fe en el poder del Sol para todos los Râ-Sit-Ou, ampliándose a lo largo de los siglos a la denominación de agua por el mismo doble sonido silábico. Ya que fue Râ quien protegió los ríos del desierto para que cada uno saciara su sed. Toda Berberia ha conservado esta palabra, "*amen*", para agua, aún hoy.

Los combates de los portadores de lanzas y de hachas contra los honderos, o los carros hundiéndose en los hombres desnudos, son ampliamente detallados en las rocas de Tassili-n'Ajjer, demostrando en la sobriedad de los grabados la venganza que posteriormente se tomaron los Masnitiou sobre los Râ-Sit-Ou. La segunda batalla fue muy encarnizada porque los dos campamentos estaban igualmente armados, los Rebeldes habían reunido un buen arsenal de picos y hachas de la anterior invasión. Después de este sangriento golpe, los adoradores de Râ fueron de nuevo expulsados más adelante hacia el este y hacia otro desierto.

En ese momento, en el que el Sol dejaba la constelación que había cruzado casi durante dos milenios, el jefe de los Râ-Sit-Ou, era "Bâk-Sit-Akher", el mal nombrado, ya que la fuerza del león, Akher, nada había añadido a la del gavilán para permitirle vencer. Su adversario era "Hor-Ath-Akh", pero éste había muerto en la última lucha, aplastado bajo su carro que había volcado. Fue evidentemente su hijo primogénito quien tomó su lugar, y fue el Pontífice de aquel momento, "Anepu-Sen" o el "Segundo Anepu", quien consagró al 150 Descediente del Hijo de Dios la especial ceremonia que ha permitido conservar los nombres intactos. Y el jefe de los Masnitiou, el orgulloso "Kamen-Kapt" se tendió en el suelo para besar el bajo de su túnica en signo de sumisión total al nuevo Maestro.

El segundo Anepu pronto fue muy parecido a su ilustre antepasado y fue temido de la misma forma, ya que se interesó mucho en la anatomía. En una escuela reorganizada en las alturas de Ahâ-Net perfeccionó una técnica de operación de cabezas, ya que los golpes de hacha hendían las cabezas con más o menos gravedad y había que salvar las máximas posibles para la supervivencia de los Seguidores de Horus. En esta tarea, el jefe de los Masnitiou le ayudó mucho, más aún porque era el único ser que no temía al Pontífice. "Kamen-Kapt", el *"Caballo impetuoso de buenos ollares"*, había forjado él mismo varios instrumentos metálicos siguiendo las indicaciones del An-Nu. Pero sólo fue después de varias pruebas que las herramientas de operación estuvieron a punto.

De esta forma nacieron los célebres *"Serk-Kers"*,[53] los *"abridores de cráneos"*, es decir, los *"Trepanadores"*. Desde la más remota antigüedad, esta corporación se ha establecido en este lugar cerca del *"Aurès"*. Actualmente ejerce aún con la misma práctica que se remonta, para ellos, al origen del tiempo. ¡Y los instrumentos, al igual, que los métodos han permanecido iguales!

Esta nueva pausa en el éxodo masivo de la población permitió retomar aliento. Los grabados están mejor cincelados, incluso en los

---

[53] *Serk* es el jeroglífico del verbo abrir, y *Kers* es el "alto de la cabeza" de ahí el término abridor de cráneo.

Rebeldes replegados en Fezzan, siempre adelantados en varios centenares de kilómetros a sus heredados enemigos.

Sólo hubo un pequeño acontecimiento, que pareció insignificante a la época, pero que a continuación tomó una preponderancia inesperada. Horus el Vencedor, "Hor-Nou-Li", consiguió domesticar un halcón y en broma tomó el título de "Horus-Dos-Veces-Vencedor", ya que su halcón había matado un gavilán. El halcón se convirtió desde ese día en el emblema del Descendiente. Ello estaba en el orden eterno de las cosas y se alió a la Armonía Celeste.

CAPÍTULO XII

LOS TREPANADORES
LA ESCUELA DE LOS SERK-KERS,
LOS ABRIDORES DE CRÁNEOS

Se hablaba únicamente una lengua en África del Norte, desde las islas Canarias hasta Egipto, del Mediterráneo a Sudán, todos los antiguos nombres de lugares y de población, son nombres bereberes y sólo se encuentran ahí.

HENRI MALBOT
Estudios de etnografía Argelina, 1895

Existe aún un pequeño pueblo de trepanadores; con hábitos médicos extraños, no sabiendo de donde vienen y practican esta singular operación del trépano[54] desde no se sabe cuándo; la aprendieron de no se sabe quién y permaneciendo aún salvajes e inaccesibles a las ideas médicas modernas, nos sorprende su habilidad en la operación y ¡los éxitos logrados!

DOCTOR R. VERNEAU
La Trepanación en el Aurès

- "Esta Morada en la que Ptah nos permite esta reunión para conservar intacta su enseñanza en nuestras memorias, es el testimonio evidente de su divina bondad. Hace sólo una luna, la sangre y la muerte apestaba el aire, y este edificio no era más que ruinas. Hoy, la huella imborrable dada por su Influjo nos ha permitido elevarnos hacia las alturas celestes dispares de su inefable Sabiduría hacia nosotros. Que nuestra alma siempre tenga tendencia al agradecimiento: ¡Gloria le sea rendida. Gloria a Ptah, nuestro único Dios Todopoderoso!"

---

[54] Herramientas de cirugía que servían a la trepanación. Aún de uso en la actualidad.

- "Gloria a Ptah" esta alabanza sagrada fue repitida por los treinta y ocho alumnos adultos con voz fuerte. Se habían reunido en la sala de las oraciones adjunta a las habitaciones reservadas a las nuevas clases de anatomía. Anepu-Sen acababa de consagrar el edificio rápidamente reconstruido, con delicada arcilla ciertamente, pero suficiente para el uso temporal al que estaba destinado. La primera clase que todos esperaban, consistía en la disección de un cráneo. Lo que para nada asustaba a los alumnos, ya que estos alumnos de medicina habían visto otras operaciones, y por el momento la curiosidad vencía ampliamente al miedo."

El An-Nu, buen psicólogo sabía cómo captar su auditorio:

- "Como sabéis, ¡Oh, mis alumnos! descendientes de los rescatados del León que hoy ya no disponemos de los medios necesarios para escribir, lo que nos obliga, no a estudiar el capítulo referente a las ocho incisiones a efectuar sobre un envoltorio carnal antes de proceder a cualquier embalsamamiento, sino a otro muy nuevo para vosotros, y que será los precisos gestos a realizar para salvar una vida humana cuya cabeza esté gravemente herida en la parte superior. Por ello, las herramientas especiales que veis han sido confeccionadas a mi petición por los maestros Herreros, como conclusión de varios experimentos que yo mismo he practicado sobre los cuerpos de los Rebeldes muertos en el combate, y en las que, por último, tuvimos éxito.

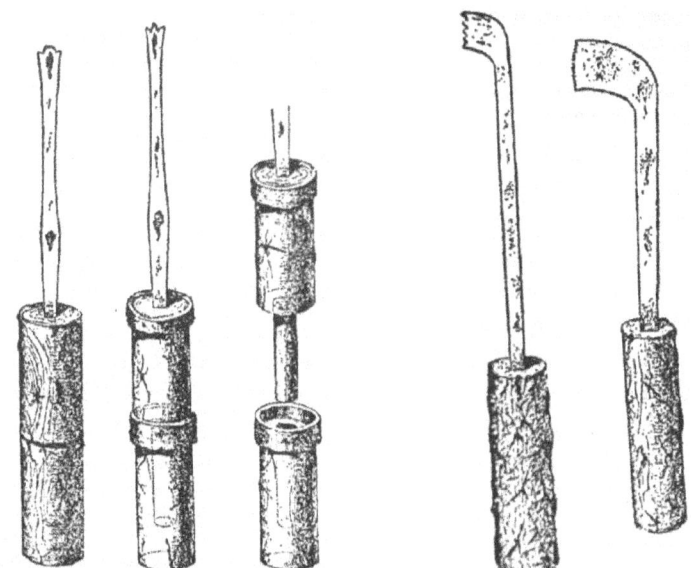

Herramientas que servían a la trepanación, encontrados en Aurès en 1.884 por el doctor Verneau.

Un murmuro de sorpresa y de admiración recorrió la asistencia; los estudiantes estaban, de hecho, sin querer admitirlo, muy preocupados por esta realidad que ellos mismos debían enfrentar. Anepu-Sen los dejó relajarse un poco, ya que no tardaría en llevarlos a la habitación donde esperaban tendidos, rígidos sobre una mesa helada, cuatro cuerpos dispuestos a la trepanación. Cuando el silencio volvió, el Pontífice dijo:

> - "Como ya sabéis, deberéis practicar estas operaciones, fáciles de realizar si se saben de memoria los gestos precisos a efectuar con las correspondientes herramientas. No tenemos tiempo suficiente para repetir múltiples veces las sucesivas operaciones, ya que el número de heridos que está esperando un alivio es muy grande. Pero no os preocupéis, la propia práctica os dará rápidamente la seguridad que os falta. Sólo debemos memorizar los movimientos para enseñarlos luego a las futuras generaciones de practicantes por venir. Entremos pues en la sala contigua."

Gritos de sorpresa marcaban la sucesiva penetración de los alumnos en esa habitación, que pareció más fría a pesar del gran número de ocupantes y de su reducido tamaño, algunos incluso temblaron involuntariamente frente a los cadáveres expuestos de forma tan cruda; sin embargo lo que les molestó no fue encontrarse cara a cara con la muerte de repente, sino verse enfrentados a unos cuerpos dislocados llenos de vida y de odio contra ellos, reflejando el segundo anterior al caer al suelo y dejar de respirar. ¿Realmente había algo más después del final de la vida terrestre, ya que esta carne, tan frágil, se reducía a estas formas inertes y tan pálidas?

Anepu, como buen estratega espiritual, comprendió de entrada la reacción de su auditorio porque ya la había previsto, deseando llegar hasta ello para su homilía sobre lo poco que es la vida terrestre en relación con la eterna. No disponía de mejor comparación posible para llevar la moral de sus futuros cirujanos ahí donde hacía falta para tener el valor de trepanar los cráneos sin temblar ni hacerse preguntas ociosas sobre la inmortalidad de los cuerpos olvidando la de las almas. Por lo que sin dejar tiempo alguno para la reflexión de su entorno, prosiguió:

> - "Estos cuerpos que he sacado de la fosa donde iban a pudrirse y que ahora veis despojados de sus vestimentas de pieles de animales, tendidos frente a vosotros en esta mesa de madera; los cuatros idénticamente rígidos y helados. Quizás alguno fuese jefe de un grupo de Rebeldes, quizás simple guardián del rebaño de cabras de los bárbaros, o bien, se limitaría sencillamente a dibujar sobre los muros de las cuevas que le sirvieron de morada... ¿Quién podría decirlo viéndolos así? ¡Os pregunto hermanos! Ya que nada diferencia un hijo miserable del poderoso jefe; igual podría ser un Gran Sacerdote como yo, porque yo me pareceré a ellos llegado el día. No seré ni más ni menos que como ellos, ¡al igual que vosotros!"

El Pontífice marcó una pausa, y un murmuro general recorrió la asamblea algo descolocada, preguntas asaltaban los espíritus sin respuestas pero Anepu-Sen encadenó:

- "Geb, que dio vida al otro hijo de la tribu de la Tierra que es nuestro enemigo, fue también el Padre humano del que se engendró nuestro descendiente. Por ello somos todos iguales frente a la muerte humana. Sólo es a partir de este tránsito en el Más Allá de la Vida cuando las etapas terrestres vuelven a tomar su valor primordial, y se le pide eventualmente justificación. Sólo será el que haya vivido en la Justicia y la Bondad, al igual que en la Pureza, el que podrá ir directamente hacia los Bienaventurados, poseedores únicamente ellos de la Vida Eterna. En cuanto a los otros, ¡los compadezco de antemano! Por lo que sólo debemos pensar en el momento de la apertura de la parte superior de la cabeza, en preservar de la muerte, sin distinción alguna de su origen, todas las envolturas carnales que necesitarán cuidados. Esto nos permitirá, además, a los sanados poder poner su alma en orden con los mandamientos divinos. ¡Cuidado con las parcelas celestes si el umbral de la Eternidad no les es abierta en el momento de la Pesada! Así que no debéis preocuparos por nada más, sólo debéis realizar los actos precisos para operar siguiendo mi método. Dejad a Dios el cuidado de juzgar el resto. Bien, rodead la mesa, voy a proceder lentamente a la apertura de uno de estos cráneos, y os explicaré cada gesto. Tres de vosotros los repetirán en seguida sobre los otros cadáveres a continuación y mañana todos vosotros operaréis a los heridos que están esperando, ya que no podemos perder más tiempo. Ya he terminado."

El An-Nu se acercó a la mesa de madera apartando sin miramientos dos cuerpos que escondían un poco las herramientas necesarias para la trepanación. Todos los estudiantes se inclinaron con los ojos muy abiertos. Anepu-Sen tomó un simple cuchillo muy afilado, alzándolo para que todos lo viesen bien, explicó con sencillez:

- "Reconocéis todos el cuchillo, este está particularmente afilado, ya que no sólo debe cortar los cabellos a ras, sino también el trozo de piel suficientemente grande que está por encima de la herida, ahí donde a continuación realizaremos la apertura del cráneo."

Con gestos precisos, pero a cámara lenta, cortó mechones de pelos, rasurando luego la piel, y a continuación después de haber delimitado la zona, realizó una profunda incisión, cortó los contornos. Quitando la superficie de piel liberada de tal forma, precisó:

- "Aquí la sangre no chorrea, ya que el sujeto está muerto, pero en un ser vivo puede que la sangre corra mucho desde la herida, por lo que es conveniente tener siempre en el fuego, algunas puntas al rojo, y a mano de forma que se aplicarán sin demora, sin preocuparse de los gritos del paciente ni de la carne chisporroteando al cauterizar la herida. Luego cogeréis esta otra herramienta que he llamado "kem-khem", es decir la herramienta que "sondea bajo el cabello".

Elevando el kem-khem, lo giró varias veces antes de precisar sus características:

- "Con esta herramienta perforaremos el cráneo tal como veis. No es nada complicado y su uso es cómodo. Está compuesto de dos partes independientes. La superior consiste en un tallo de hierro muy resistente, que los herreros han tratado para tal efecto, después de haber dado a la parte superior la forma de tres dientes. Se inserta en un mango de madera de unos cinco dedos de grande, todo él sólidamente hundido uno en el otro para formar un solo elemento. La parte inferior es de madera ahuecada, en la que se desliza el mango y el tallo para perforar más fácilmente el hueso del cráneo. Mirad cómo lo hago y cuando os toque, comprenderéis cuán fácil es."

El Pontífice se inclinó sobre el cuerpo, situando el tridente metálico que iba a oficiar de barrena en el lugar despejado del cuero cabelludo, ahí mismo donde deseaba perforar el hueso frontal. Luego inmovilizo la parte superior fija sobre su propia frente inclinada, empujando y hundiendo de este modo la punta tridente que giraba fácilmente hasta que el hueso superior estuviese perforado. Entonces se detuvo y se reincorporó sacando delicadamente el kem-khem. Examinó atentamente su obra antes de seguir, aparentemente satisfecho:

- "El hueso superior está perforado, y conviene detenerse en este momento para examinar el estado del cráneo, ya que debajo existe aún otro hueso que quizás haya que perforar, pero no se puede hacer de cualquier modo, ya que el cerebro está justo debajo. Dejad pues el kem-khem sobre la mesa para tener tiempo de examinar la cavidad abierta y que el golpe asestado a la cabeza no haya sido demasiado bruto, volverá a brotar sangre, será la prueba de que la protección craneal no está tocada. En efecto, si la sangre hubiese corrido por debajo es que habría una fisura del hueso inferior. Así, si la sangre se ha conservado en el hueco entre los dos huesos, será necesario retomar el kem-khem y realizar otros tres agujeros alrededor el primero para agrandar la apertura lo suficiente para limpiar el lugar donde la pérdida de la substancia se ha producido. Para ello se usará un paño y será suficiente para empapar. A continuación debemos verter en la herida la pomada que veis ahí, y que he confeccionado yo mismo partiendo de una preparación de mi antepasado Anepu, que ha demostrado su eficacia. Mi hijo posee ya su composición exacta; se trata de un conjunto de sal y de alquitrán, más esa sustancia gelatinosa muy dulce producida por las abejas, mezclándolo todo con algo de leche de cabra. ¿Lo habéis comprendido?"

Un murmuro generalizado en forma de aprobación se dibujó en todos los labios. Anepu-Sen lo tomó como un "sí" y se dispuso a seguir la demostración cuando una voz inquieta interrumpió:

- "Pero, Pontífice, si trozos de hueso han caído en el hueco, el paño al empapar, ¿no los sacará?"

Los ojos del An-Nu brillaron de satisfacción por la pregunta muy pertinente. Su voz tomó aire interesado preguntando a su vez:

- "¿Quién eres? Acércate, tú que tienes la cabeza suficientemente sólida para hacer esta pregunta interesante."

Un joven de mirada clara se adelantó temerariamente frente a la mesa y se plantó firmemente sobre sus dos piernas. El Pontífice retuvo una sonrisa ya que esta actitud le demostraba que cara a cara ya no poseía tanta seguridad como quería aparentar. Pero satisfecho, dijo:

- "Pareces muy joven, ¿quién eres?"
- "Soy el hijo del maestro herrero Sâr-Ta-Hem, que antes de fabricar las armas que vencieron a los Rebeldes cincelaba los soportes metálicos de los aderezos que las mujeres llevaban con orgullo. Soy Nek-Pa-Sâr, que tus Sacerdotes han iniciado en la clase oral sobre la marcha de las Errantes en el cielo, ya que, ¡Oh, Pontífice!, tengo muy buena memoria.

Todos los asistentes echaron a reír por el tono usado por el joven y que era el de un gallo cantando de forma sonora. Esto relajó mucho la atmósfera permitiendo a Anepu-Sen volver a la clase de anatomía con un tono más bromista:

- "A partir de mañana me asistirás para que puedas ver con tus propios ojos lo que hay en el fondo de las heridas, ya que tienes una viva inteligencia para operar. En efecto la sangre apenas sacada de la cavidad, lo importante es observar si algún trozo de hueso no permanece, y uno de estos dos instrumentos os permitirá retirarlo."

El Pontífice los cogió de la mesa, los levantó en sus manos y dio detalles:

- "Este posee un gancho que servirá como palanca para hacer saltar los salientes óseos molestos y no tiene, como veis, más que una cabeza redondeada, que permitirá sondear el fondo de la herida; cuando topa con un hueso por diminuto que sea, devolverá un tono particular característico."

Depositó las dos herramientas, y cogiendo unos largos tallos prosiguió:

- "En cuanto a estos instrumentos metálicos, os permitirán recuperar los trozos de huesos esparcidos. Esto es lo que debéis hacer referente a esta sencilla herida bastante corriente, ya que los golpes no faltan últimamente."

- "¿Y si el golpe de la herida es antigua y no fue curado?"

Era otra vez el joven Nek-Pa-Sâr que formulaba esta pregunta, con el mismo tono infantil anterior a pesar de que su pregunta era de lo más serio. El Pontífice lo observó con mayor atención aún y con expresión de admiración esta vez dijo:

- "¡Desde luego que deseas cincelar los cuerpos como tu padre el metal! Tu pregunta es muy pertinente y ya me he interesado por el tema, puesto que he operado y curado un buen número de lisiados con fecha caducada. Cuando el cráneo ha sido hendido desde hace varios años, ello se nota por un cuero cabelludo prácticamente en estado de descomposición y una carne que supura con un agua amarillenta y espesa. Conviene quitar el hueso superior en una amplia superficie. Se deberá cortar pues y no perforar. Para ello hay aquí otro instrumento principal, el "mench-tâ" que separará con facilidad la superficie del hueso gracias a sus ocho dientes mucho más finos que los del kem-khem. La acción se realizará hasta el hueso inferior que en tiempo normal protege el cerebro, ya que aquí esta agua grasienta infectada ha penetrado hasta él y lo enferma, haciendo sufrir al paciente muy a menudo provocando que actúe de forma anormal. Desde este mismo momento, el cerebro abierto de tal modo deber ser inmediatamente ungido del remedio que lo sanará. Se deberá aplicar cada día a lo largo de una lunación antes de espaciar las aplicaciones dependiendo del estado de cicatrización. Este ungüento es muy diferente al que se aplica sobre el hueso, y contiene diferentes ingredientes, lo esencial es una decocción de yema de huevo carbonizada que se convierte en líquido graso. La conseguimos haciendo cocer las yemas de huevo en una vasija de barro hasta que se reduzcan a cenizas. El jugo restante en el fondo del jarro es recogido, en pequeña cantidad, es verdad, pero suficiente para asegurar la cura del cerebro con la mezcla aplicada. Lo indico en caso en que necesitéis pomada y no tengáis, ya que este líquido alivia muchísimo, y os será fácil prepararlo con los huevos de gallina. Para la cicatrización, después de una lunación de tratamiento, la solución a base de alquitrán se usará junto a un compuesto de plantas. ¿Se comprende bien lo que he dicho? ¿Alguna pregunta más?

Fue otra vez Nek-Pa-Sâr que observó un punto importante:

- "¿Se pueden hacer las muescas en cualquier parte de la cima de la cabeza?"

El Pontífice, que ya esperaba la pregunta del joven, decididamente superior en inteligencia a sus mayores contestó sin demora, dirigiéndose exclusivamente a él:

- "Naturalmente, cualquier parte superior del cráneo será buena para perforar, no hace falta localizar de antemano la zona afectada. Si existe una herida visible, una rotura, un hundimiento del hueso, o bien hay un lugar evidente donde el golpe haya sido asestado, será ahí, y únicamente ahí, donde se deba operar. Cuando el golpe es antiguo, será mejor hacer la incisión ahí donde el herido recuerde haber recibido el golpe si no queda huella alguna. Para el resto no hay cambios en el desarrollo de la operación. Sin embargo antes de acabar, me gustaría añadir un punto importante que nadie conoce aún... ¡ni el propio Nek-Pa-Sâr!"

Una nueva risa contagió a los futuros cortadores de huesos, felices de relajarse, pero Anepu-Sen retomó muy pronto:

- "He observado que la envoltura ósea que protege el cerebro es de hecho un receptor de ondas celestes. Por intermedio suyo el Influjo Divino consigue formar el alma al nacer, cuando la envoltura carnal ha tomado forma definitiva. Os dejo ver lo que es y porque os hablo."

Hábilmente, el An-Nu despojó el cráneo de su cuero cabelludo, raspando en un lugar del hueso craneal, dejó aparecer un tipo de costura. La enseñó con el índice, siguiendo los pequeños meandros de estas suturas óseas.

- "Los huesos encajan los unos en los otros de forma diferente y complicada formando una costura muy peculiar para cada individuo. Estas líneas quebradas son el reflejo de la escritura celeste que las Errantes, queridas de Nek-Pa-Sâr, insuflan a cada uno. Pero no es el momento, ni el lugar para hablar de la influencia real de Dios en nuestras vidas, y de los actos que nos hace realizar de forma consciente o inconsciente. Os digo esto únicamente para que comprendáis que un hueso no debe ser perforado en el lugar de las suturas. Y antes de que empecéis a trabajar sabed que cuanto más grande sea el agujero a perforar, más cómodo será aliviar el cerebro de sus desgracias. No será más difícil que ordeñar una cabra. La resistencia de la vida hará el resto para salvar al enfermo. Es el objetivo principar para que nuestra marcha hacia adelante conserve un máximo de brazos válidos."

El éxodo se retomó poco después, dejando en el lugar un equipo de estos trepanadores con sus familias para curar a los numerosos heridos. El Sol en su curso retrógrado, estaba cerca de la siguiente constelación, característica de la Armonía Celeste del tiempo que seguiría, ya que su figuración enseñaba dos Fijas muy brillantes de diferentes colores, que parecían oponerse en un enfrentamiento que las Combinaciones Matemáticas hacía durar dos milenios.

Sin embargo, en esta tierra desolada del Sâ-Ahâ-Râ, los dos gigantes y sus tropas reconstituidas estaban preparados para un nuevo combate que prometía desgraciadamente durar igualmente dos mil años. ¿Qué nombre hubiera sido adecuado para designar esta constelación, mejor que la de Gemelos? Así fue, la Tierra arbitró la lucha de estos dos hijos nacidos de la misma madre y que se odiaban con tenacidad.

Y ningún nombre era susceptible de calificar mejor la lucha titánica de los Seguidores de Horus contra los Rebeldes de Set. ¿Qué término usar más adecuado que el de "gigantes" para los Masnitiou y los Râ-Sit-Ou, que lucharon los unos contra los otros, siglo tras siglo, prolongando su odio a lo largo de milenios?... Incluso después de la unificación de las dos tierras del Corazón, los anatemas[55] contenidos en los cartuchos reales rivales siguieron esta lucha, pero el mal latente ya estaba contenido como semilla en la constelación precedente, royendo el alma de los Descendientes y de los Rebeldes... como un cáncer.

La lucha volvió a empezar en las puertas de Fezzan donde se habían refugiado las familias rebeldes después de la severa derrota anterior. Estas familias se habían reagrupado en el fondo de un gran cañón, en una mancha clara en medio de un gigantesco desierto de piedras negras. Fue al final de esta tierra muerta donde los exiliados respiraron de nuevo encontrando ahí un oasis de frescor, con arena blanca muy fina. Animales de todo tipo vivían en ese lugar de pocos kilómetros de extensión y en buena convivencia entre ellos. ¡Desgraciadamente, los humanos muy numerosos tenían que comer!

Esta etapa que sólo era provisional en el espíritu de los guías, duró más de lo previsto, y los animales de todo tipo disminuyeron, después desaparecieron del oasis que acabó secándose. Antes de dejar el lugar que había sido un paraíso, la nostalgia les hizo reproducir en las paredes la multitud de animales que habían vivido ahí: elefantes, rinocerontes, jirafas, crocodilos, etc. todas grabados con casi dos metros por tres.[56]

Pero ya era hora de intentar alcanzar el Segundo Corazón antes de los que pretendían que esa tierra sólo les era prometida a ellos. Sin embargo, en ese momento, los elementos avanzados de los Masnitiou llegaron a la entrada del Fezzan, en busca de un campamento para la siguiente etapa. Ocurrió un choque terrible que se eternizó bloqueando a los dos clanes sobre sus posiciones en unos cincuenta kilómetros.

---

[55] Anatema significa etimológicamente ofrenda, pero su uso principal equivale al de maldición, en el sentido de condena a ser apartado o separado, cortado como se amputa un miembro, de una comunidad de creyentes.

[56] Un desfiladero de 60 km sinuoso y casi infranqueable, prohibía el acceso a la fuente del Oued Mathendous. Fue ahí donde los descendientes tomaron el nombre de Garamantes, querido a Herodoto. El lugar mismo, "Garamara", en dialecto local guarda su significado, repetido por mi guía: "¡*Doble lugar sagrado del Sol!*".

Las masas rocosas que abundan en esos lugares aún son testimonio imperecedero. Sobre los grabados, los personajes se convierten en animales y los dos Gigantes son los "Gavilanes" y los "Halcones". Los primeros son indiscutiblemente "Adoradores del Sol", los otros los "Herreros de Horus". Y a partir de esta época, los emblemas de los dos clanes por esta denominación se convirtieron pronto en míticos.

Las espléndidas esculturas grabadas sobre las rocas tienen la particularidad de carácter sagrado, ya que están situadas en las caras que reciben los rayos teñidos de púrpura del globo solar poniente. Se encuentran en consecuencia justo en oposición al horizonte occidental, y ello fue tan manifiestamente intencionado que esta práctica se vuelve a encontrar en todos los parajes funerarios faraónicos durante los cuatro milenios en los que estuvieron en diferentes lugares de la orilla occidental del Nilo, ahí donde el Sol se pone sobre las paredes rocosas. El motivo se comprende con facilidad cuando admitimos que los Antepasados, los bienaventurados de Amenta que descansan del otro lado, en la orilla occidental celeste, y que se despiertan cuando el astro del día desaparece a los ojos de los que viven en el Segundo Corazón de Dios, podrían contemplan los grabados durante algunos minutos ahí donde el globo resplandeciente alumbra los dos hemisferios. Y entonces se animan expresamente con el fin de que el lazo armónico entre los dos mundos sea constante. Así se dibujaba la vida de todos los días, los trabajos de los campos, la pesca, la caza, igual que las batallas y las victorias, para los que están en el Más Allá de la Vida estén inmediatamente al corriente.

Lo sorprendente de nuestro siglo XX es que para el tiene la suerte, como yo, de haber visitado el lugar y de haber podido asistir a esta extraordinario puesta de Sol en medio de una soledad sorprendente, uno no puede más que sentirse conmovido. Contemplará el círculo rojizo que parece cada vez más enorme antes de hundirse detrás de las escarpadas rocas de este Fezzan desértico, más allá de esta alta meseta perdida en la inmensidad, y que arroja sus rayos que fueron anteriomente miles de flechas ensangrentadas, como tantos trazos mágicos que tocan las siluetas grabadas animando de repente esta otra forma de vida. Nuestros ojos contemporáneos parpadean en varias ocasiones por sorpresa, ya que la rapidez de la puesta de sol hace evolucionar las sombras con desconcertante fluidez sobre la arenisca, haciendo revivir, combatir y salir realmente victorioso este ejército resurgido, ¡viviendo de esta forma más allá de la noche de los Tiempos!

Estos momentos inolvidables son demasiados cortos porque la noche, bajo este trópico de Cáncer, cae rápidamente, pero la impresión sentida no es por ello perecedera. Lo que sin embargo es muy difícil comprender, y aún más de admitir, es esta lucha fraticida que opuso a los dos miembros de una misma familia engendrada y creada por Dios a lo largo de los milenios que precedieron y que, de la misma forma, prosiguieron antes de la destrucción final de los dos campamentos bajo Cambises en 525 a.C.

Desde el Gran Cataclismo se mataron entre ellos, a la vez que se mezclaron en varias ocasiones a través de los botines de guerra, por lo que los combates perpetuándose de forma sangrienta para las dos familias, dejaron de significar algo concreto cuando ambas llegaron a las orillas del Nilo, a pesar de estar alejadas la una de la otra.

Pero el mito de Set y Horus ya se había integrado totalmente en la vida cotidiana, convirtiéndose en una leyenda épica que se transformó, desde la implantación en Ath-Ka-Ptah, en un simbolismo religioso de lo más estricto, deseado a la vez por el Descendiente y por el An-Nu, como veremos en el capítulo siguiente. Extrañamente y sin buscarse, la religión monoteísta fue restablecida en el nacimiento del primer rey de la primera dinastía, acercándose a la verdad ancestral original, y obsesionó el espíritu de los dos grupos rivales, hasta tal punto que el universo de cada uno fue una concepción opuesta a la del otro.

A partir de Menes, o Menna, el Unificador de Egipto, las luchas no dejaron de sucederse. La maraña imposible de desenredar recomenzó a partir de la segunda dinastía, demostrando que la unión de las Dos Tierras en un Segundo Corazón no permitía el injerto de las dos ramas en una sola. La oposición latente del Norte contra el Sur no había dejado de existir y oponía a los nuevos Rebeldes de Set, a los de la familia reinante de los Seguidores de Horus. Este odio fue siempre vivaz, acechó y ensangrentó a todas las familias en la lucha por la ascensión al poder Divino.

EL GRAN CATACLISMO

El eco se recogió 2.000 años después, grabado sobre los muros de los Templos de Karnac, Ombos, Abu-Simbel y Dendera, las pasiones habían sido desencadenadas primero por Ramses, usurpador del Pêr-Ahâ reinante, y que instituyó la XVIII dinastía siguiendo la cronología de Manetón, que perduró aún hasta la dinastía XX, cuando Sesostris escapó a la traición fomentada por un Rebelde de Set, lo que más tarde será desarrollado en el tomo referente a este capítulo de la historia.

¿Pero no es extraño ver que, en todos los terrenos, un antagonismo tan claro separe las dos patrias? Desde el inicio fue así. Cuando Menes, unificando las dos tierras del Alto y Bajo Egipto, se instaló en la base del delta del Nilo, edificó en primer lugar Ath-Ka-Ptah, el Segundo Corazón de Dios, alrededor del que elevó la capital que los griegos llamaron más adelante Memphis. Sin embargo, en la siguiente dinastía, un Set volvió a apoderarse del cetro y quiso mantener el mismo nombre, los sacerdotes del Sol lo envenenaron, pero escapó. Lo que provocó que algunos decenios más tarde, cuando un Horus volvió al poder, renegase de este nombre, que era de su clan, para introducir el de "*Ta-Nou-It*", "*El lugar del sicomoro de Nut*", que se convirtió en otro nombre de Egipto, "*Tierra de los Sicomoros*", desde la tercera dinastía. Este nombre, lo griegos lo trasladaron fonéticamente como otro célebre nombre, "*Danaos*", que da imagen de otro modo a la "*Naos*", donde estaba plantado el Sicomoro Sagrado.

Amón estuvo así en lucha abierta contra Atón durante milenios, y el apogeo se alcanzó con el envenenamiento de Amenofis IV que bajo el nombre de Akh-en-Aton, quiso destruir a Amón construyendo otra capital y promocionando el culto a Atón. Es por lo que la historia faraónica no fue más que un ir y venir donde se plasmó sin cesar un espíritu vengativo más allá de lo grandioso, desde la VIII dinastía, y no acabó más que con la invasión de los conquistadores de toda índole y la destrucción, no sólo de la civilización presente del momento, sino igualmente de las de los tiempos pasados. Nada sólido subsistió, más que la arena que a su vez lo invadió todo borrándolo de las miradas. Este enredo provocó confusiones continuas de lo más insólito, después de la desaparición de la más remota civilización de la antiguedad. Las interpretaciones más fantásticas y las más descabelladas de una lengua extinta e incomprensible seguirán manteniéndose aún sin descanso a lo largo de los dos milenios que siguieron, trayendo un

Champollion que volvió a permitir un renacer del interés dejando en la sombra la clave del Conocimiento de los jeroglíficos.

Antes de que Dios, cansado como ya dije, de la ceguera de sus criaturas, decidiera no dejar piedra sobre piedra de los edificios del Segundo Corazón, la oposición se mantenía firme entre los rescatados de Ahâ-Men-Ptah de los dos campamentos y aún a la llegada a las orillas del Nilo, donde tomó otra extensión aún más grave referente al monoteísmo. Los Pontífices predicaban evidentemente el temor del Dios-Único Todopoderoso, cuya encarnación humana había sido el Primogénito, o *Ahâ* personificado como *"Halcón Vencedor"*. Los adoradores del Sol igualmente habían creado su Colegio de Sacerdotes doblando a Râ por el Carnero, bajo la misma denominación, y cuyo emblema real permanece siendo el *"Gavilán Solar"*. De esta forma ambos fueron el punto de partida de escisiones idólatras, que generaron rápidamente una proliferación de dioses abominables, y aportaron una zoolatría de lo más contestable. La larga marcha que duró quince siglos sembrados de luchas fraticidas, había permitido un lento desarrollo de las costumbres. Fue casi a la llegada a Ath-Ka-Ptah cuando tuvo lugar la última gran batalla en un estado generalizado de agotamiento de los dos clanes.

Los Masnitiou y los Râ-Sit-Ou, se toparon prácticamente cara a cara a lo largo de la actual frontera liboegipcia, frente a los contrafuertes que permitían el acceso hacia el último oasis del extremo sureste libio, que para cada clan era como una bendición del cielo que debían asegurarse, por supuesto, la propiedad en exclusiva.

Fueron los Herreros de Horus, mejor equipados, los que consiguieron la supremacía en la encarnizada lucha. Rechazaron a los agotados Râ-Sit-Ou hacia el norte, donde una alta cadena desértica amurallaba literalmente la ruta hacia oriente, el oasis así ocupado cerraba la apertura estratégica al este por el sur. Mientras que los *Rebeldes* huían hacia el mar donde se reagruparon y ganaron a base de pequeñas etapas el delta del Nilo, el Descendiente, que fue el último en acampar en el extranjero, fue una mujer. El Pêr-Ahâ sólo había tenido hijas, la Primogénita, "Mout-Pet-Ahâ" o la "*Hija del Antiguo Escorpión*" fue la que reinó. Ella ordenó una pausa bien merecida en este lugar tranquilo lleno de palmeras donde el agua corría en abundancia.

El Pontífice del momento ayudó mucho para que tomara esta sabia decisión al igual que otras muchas, demostrándole que la Armonía Divina exigía esta solución. La espera se imponía, los cálculos efectuados siguiendo las Combinaciones Matemáticas probaban nefastas las influencias celestes. Era preferible modelar ahí la vida futura, que sería de uso en el territorio bendito, a llegar antes se arriesgaban a sufrir los malos influjos solares de la nueva constelación que se acercaba, la de las dos *Fijas*, las gemelas.

Mout-Pet-Ahâ se casó poco después, aprovechó la implantación en este agradable lugar provisional para prolongarlo hasta que su hijo mayor, nacido el año siguiente, llegase a la mayoría real de sus dieciocho años y durante todo ese tiempo en el que reinó, tomó como emblema personal el "*Buitre*", ya que esta rapaz simbolizaba a sus antepasada "Mut" de la que llevaba con orgullo su patronímico y que, desde lo alto de la bóveda celeste protegía personalmente la progresión de la cohorte de sus descendientes. Poco antes de la salida para la última etapa, el nuevo Pêr-Ahâ fue consagrado con el nombre de "Ahâ-Haï", que entró en el Segundo Corazón bajo los augurios favorables que anulaban la empresa de los "*Gemelos del Cielo*", que iban a recibir al globo solar.

Pero lo que el Pontífice no reveló a la reina en el momento de solicitar la larga pauta, era su deseo de tener un tiempo suplementario antes de llegar a Ath-Ka-Ptah para acabar la puesta a punto de todas las disciplinas que deberían ser reproducidas *por "escrito"* desde el mismo inicio de la reconstitución de los Colegios de los Sacerdotes, cosa vital para la futura jurisdicción espiritual.

Para preparar y acabar esta última etapa tan importante, encontró en una parte alta de la colina el lugar propicio a ello, esto duró casi unos veinte años. En poco tiempo la escuela había sido edificada con ese frágil material de la época: arenisca secada en placas gruesas y aglomeradas con ayuda de ramas leñosas de las palmeras. La enseñanza se desarrolló a un ritmo jamás alcanzado. Fue a lo largo de estas dos decenas que se revisaron metódicamente los detalles de los símbolos ideográficos, los jeroglíficos. Durante los escasos momentos de descanso, los alumnos contemplaban la alfombra verde que se extendía por debajo, donde sus familias estaban felizmente acomodadas, y al que dieron el nombre de "*Khou-fRâ*", "*llanura Verde al Sol*", y mantendrá ese nombre ya que aún hoy se denomina "*Kufra*".

Conocemos por *Queremon*, "*Guardián de los Archivos del Templo y Escriba de los Caracteres Sagrados*", el significado real de ello, y no solamente esta existencia ha llegado a través de *Eusebio*[57] y de *Suidas*[58], sino sobre todo a través de un extracto auténtico de la obra original, que permitió a *Tzertzès* disertar en detalle la supuesta ciencia de *Homero* en los jeroglíficos, cuando este poeta emitió la idea de que: "*la plata no es más que la luz blanca de la Luna*".[59]

Este no es el lugar apropiado para hablar de la influencia de Egipto en este notable iniciado inmortalizado por su *Iliada*, aunque es interesante nombrar aquí algunos jeroglíficos tomados por *Tzertzès* en el tratado de "*Queremon*", que muestra y demuestra desde su origen en Khou-fRâ, el poderoso poder evocador de los caracteres sagrados astronómicos. Con eso será más fácil comprender a este pontífice que volvió en teoría a edificar la escritura y el calendario, antes de que las nefastas Combinaciones Matemáticas de los Gemelos lo impidiesen.

En el origen, la jeroglífica era la apelación de la nueva escritura renaciente cuyos caracteres eran el "*depósito Sagrado*" legado por los Ancestros, esos Primogénitos directos de Dios. Eran pues, por pura evidencia, consagrados a la expresión restringida de los temas sagrados. Estos incluían no sólo la teodicea[60] del monoteísmo de Path, pero igualmente la simbología de la Ley, que agrupaba los diferentes

---

[57] Eusèbe, Praep. Evang. V, 10.

[58] Suidas, *Lexique*, tomo V.

[59] Johannis Tzetis Ezegis *in Homeri Iliadem*, publicado por primera vez por G. Hermann en Leipzig en 1812.

[60] La teodicea es una rama de la filosofía cuyo objetivo es la demostración racional de la existencia de Dios mediante razonamientos, así como la descripción análoga de su naturaleza y atributos.

comentarios del "Ritual del Más Allá de la Vida" que justificaba los mandamientos de dicha Ley Divina, al igual que las disciplinas de las matemáticas, de la geometría y del estudio de los astros que componían el "Gran Libro del Cielo" y de los "Cuatro Tiempos" por los cálculos de las Combinaciones Matemáticas Divinas.

Es por este único motivo que Manetón llama a la jeroglífica: *la escritura de los dioses*,[61] el efecto figurativo de los objetos representados. *Clemente de Alejandría*, otro maestro cualificado para hablar de lo que sabía en detalle, habla del mundo sacerdotal exclusivo de esta escritura,[62] y ello explica bien la verdadera interpretación de *Queremon*, él mismo iniciado como "Escriba de los caracteres Sagrados". Por ello comprenderemos fácilmente el significado de los jeroglíficos quinto y sexto de la imagen adjunta. *Queremon* dice:

> "Una serpiente que sale de su agujero o que entra en él, y cuya posición esté a derechas o a izquierdas, significa el amanecer o atardecer de un astro cuando es seguido de la designación de la Fija".

Cuando nombra como ejemplo esta frase de una antigüedad de lo más remoto, él, que estudió astronomía en el año 457 antes de nuestra era, dice:

> "Un año sotíaco (Sirio) acaba, y la fiesta que celebra su nuevo amanecer empezará una era gloriosa".

Por ello es fácil comprender la jeroglífica siguiente:

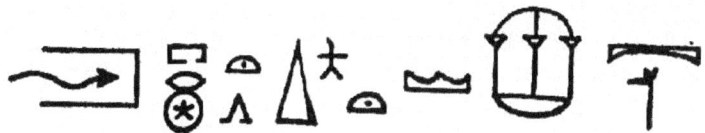

---

[61] Citado por Sincelo en su *Chronique*, cap. 40.
[62] *Stromates*, V, 657.

Así fue como las revisiones orales encontraron su conclusión, acabando una época de mucha paciencia y de abnegación a pesar de las luchas intestinales, y agotadoras tanto para el físico como para la moral y el espíritu, en un tiempo tan deseado a finales de la última etapa. El Pontífice a lo largo de una ceremonia de agradecimiento dirigida por todos al "Dios-Único" que les había permitido, a pesar de los sufrimientos intolerables, llegar a buen puerto en este Segundo Corazón.

El inmenso gentío se derrumbó detrás del último carro en cabeza, que era bajo todos los puntos de vista el polo de atracción porque en su interior, entoldado y estrictamente escondido era de donde venía la indicación de la marcha, efectivamente contenía el último gnomo actualizado, seguramente más perfeccionado que el antiguo. Parecía, sin embargo, que el An-Nu, precavido del futuro, había enviado como vanguardia varias avanzadillas para explorar los mejores lugares, y esperaba su regreso antes de confiar en la sombra solar para introducirse en este último tramo.

El hecho es que la meta a alcanzar estaba en el mismo paralelo, la larga caravana tomó el estrecho cuello de botella ligeramente al sur del oasis y determinado de antemano como el lugar que abría la puerta del valle desértico cuya travesía, por suerte, sólo duraría cuatro lunas. Una noche, a la caía del sol, el grupo en cabeza se encontró atrapado en el filo de un acantilado infranqueable pero agradablemente sembrado de palmeras y árboles junto a un nacimiento de agua. Sólo fue en el último momento cuando los hombres, llegando frente al vacío, gritaron de alegría.

A lo lejos, iluminado por el Sol poniente, brillaba una serpiente muy ancha que saliendo del horizonte norte, barría en perpendicular todo el panorama hasta el horizonte sur. El "*Don de Dios*", ese "*Río Celeste*", pues acordado por Dios era "*Hapy*", el "*Nilo*" se vio alcanzado para lo mejor de la vida de los "*Elegidos*". Aunque lo peor quedaba por llegar con la travesía en retroceso solar en Géminis.

CAPÍTULO XIII

CRONOLOGÍA DE LOS "CUATRO TIEMPOS"

A pesar de la inmensa extensión de esta ciudad, de todos los esfuerzos realizados por los diferentes pueblos para aniquilarla hasta sus más mínimos vestigios, transportando los materiales que la componían hasta lejos, y a pesar de los 4.000 años o más que se han añadido a tantos motivos de destrucción, sus ruinas ofrecen aún una reunión de las maravillas que confunden, y que el hombre emprendería vanamente en describir.

ABD-EL-LATIF[63]
Viaje a Ath-Ka-Ptah, Memphis

Mientras que se cincelaba en Dendera estos arcaicos bajorelieves de emperadores decadentes, y que se servía aún para realizar esta escritura que remonta a la noche de los tiempos, había cristianos que se reunían en Roma en las catacumbas, y que morían en éxtasis en las arenas.

PIERRE LOTI,
Viaje a Dendera

Además de los cortos extractos de los tres libros de la Cronología de Manetón, el sacerdote de Sebenito, sólo han llegado a nuestra era gracias a autores griegos y latinos interpuestos. Además, por suerte, quedan las piedras grabadas que son unos documentos históricos indiscutibles y de primera mano. La crónica original, faraónica, estaba pues, sólidamente establecida. Al menos en lo que se refiere a los tiempos anteriores al rey de la primera dinastía, Manetón era considerado por los especialistas como un bromista burlón. Pero con el descubrimiento del paraje funerario de "Nagada", y su inimaginable cantidad de tumbas reales, de nobles, de cortesanos y

---

[63] Médico árabe del siglo XIII.

esposas, bien hubo que rendirse a la evidencia: mientras que un imperio civilizado florecía en las orillas del Nilo, la Europa humana se reducía a algunos clanes de bípedos que no conocían aún el fuego y que se mataban entre sí de la mejor forma posible.

El traductor de las tradiciones egipcias, encargado de catalogar y traducir los Anales faraónicos bajo la orden Ptolomeo Filadelfo, situaba a Menes, el primer Rey, bajo toda una serie de dinastías de nombres extravagantes: la de "Dios", la de los "semi-dioses", luego la de los "héroes" y de los "manes[64]", a las que sucedieron finalmente las anteriores a Menes, llamadas de los "primeros reyes humanos". Es decir unos 25.000 años de reinados innumerables. Entre los egiptólogos e historiadores que intentaron desenmarañar este embrollo, *Busen* abandonó voluntariamente todas estas dinastías a la única cosmogonía fantástica de los ancestros, pero no a la historia de Egipto.[65] La fábula se adelantó de esta forma a la realidad mientras que sin embargo el hombre sabio pensaba que preconizaba lo contrario, reconociendo sin embargo, que las últimas tres dinastías humanas antes de Menes habrían reinado a lo largo de 4.000 años, y debían ser consideradas exactas y como presumiblemente realidades históricas, ya que una traducción armaniana de la *"Crónica de Eusebio"* confirmaba esta parte de la obra de Manetón.

Lepsius, ilustre egiptólogo alemán, sólo admite una única y corta dinastía anterior a Menes, concediéndole unos 350 años de anterioridad.[66] *Brugsch* a quien debemos el extraordinario *"Dictionnaire des hiéroglyphes"*, en tres volúmenes, piensa él también, pero más radicalmente, que éstas dinastías fabulosas no tienen nada de histórico y no deben pues figurar en ningún manual.[67]

---

[64] Los manes, en plural siempre, en la mitología romana, eran unos dioses familiares y domésticos o caseros por lo general asociados a otros llamados lares o dioses familiares y penates o dioses de la despensa.

[65] *Aegyptens Stelle*, T. I, p. 101 a 107.

[66] Chronoligie der Aegypter, T. I, p. 473 sqq.

[67] *Histoire de l'Egypte*, primera parte, cáp. 3, p. 11.

Un libro de quinientas páginas no bastaría para indicar todas las citas de los más celebres autores y más eruditos del siglo XIX sobre este tema. Después vinieron los descubrimientos de Nagada y desde entonces, existe otro sentir, que exagera aún más el sentido contrario, atribuyendo a las dinastías egipcias prehistóricas dataciones no menos fantásticas. El ejemplo más notable podría ser tomado del muy serio traductor helénico *Larcher,* que trata los sabios cálculos de Herodoto con fervor halagador, concluyendo que el mismo Menes hubiera empezado en el 12.356 a.c.[68]

Sin entrar en detalle, las discusiones sin fin enfrentaron a todos los cronistas de los primeros tiempos cristianos, citaremos a *Eusebio,* que vivió en el siglo IV de nuestra era, y que encontró una duración total de 5.264 años como tiempo dinástico a partir de Menes, hasta la dominación de *Artajerjes Ochus,* consiguió este número sumando los totales de los reinados inscritos en los extractos de Manetón que tenía en su poder. En el siglo VIII, *Georges Le Syncelle*[69], volvió a tomar los mismos datos y no sumó más que 3.555 años, los críticos se dividieron pues en dos grupos, habiendo desaparecido los originales. Esta datación ¿fue realmente extraída de la obra del sacerdote egipcio, o, ya era sólo una extrapolación bíblica más en relación con el Génesis? Con el fin de no extendernos inútilmente sobre el valor real o teórico de los extractos de Manetón, mejor deberíamos intentar unir el contenido del escrito con la solidez que prueban los grabados monumentales. O, al menos, establecer una concordancia dinástica entre los documentos para sacar en definitiva una cronología histórica de su tiempo. A juzgar por los edificios levantados a todo lo largo de mil kilómetros en el Río Celeste, sin olvidar los que se hallan en otros lugares como en Palermo. Son numerosas las genealogías reales, pero no siempre indican el origen de los faraones, ni su lugar de residencia.

Tal serie de cartuchos reales, todos indicativos de pertenecer a la sangre dada legítimamente, ignora la otra parte, enemiga u opositora, que subsistió o no subsistió en tal u otro lugar del territorio a lo largo del

---

[68] *Cronologie,* según la traducción de Herodoto, 2ª edición, T. VII.

[69] Jorge Sincelo, *El Monje.*

mismo tiempo egipcio oficial... y viceversa. Además, otro documento presentará una serie completa de los Faraones que se sucedieron sin interrupción a lo largo de varias dinastías pero ignorando la continuación de los Rebeldes que ocuparon el trono durante un cierto tiempo omitiéndolo pura y sencillamente como si este interreinado no hubiese existido. Algunas veces estos dos clanes rivales establecían cronologías dinásticas paralelas cuando se apoderaban de los monumentos enemigos grabados, aprovechando para martillear, borrar, tachar e incluso sobreponer los nombres y los emblemas de sus dioses y de sus Reyes, enturbiando de esta forma los Anales auténticos de forma enigmática e insensata para los pobres buscadores de nuestro siglo XX.

Las evidentes discordancias, e incluso las concordancias presentadas por las listas de series reales cronológicas de un mismo período muy remoto se explican de esta forma tan evidente. Entre las que son auténticamente faraónicas, como las principales listas que han servido de base a los complicados cálculos de los egiptólogos, listas que no tienen, de ninguna forma cuenta de las diferencias entre los Descendientes de Horus y los Rebeldes de Set y por consiguiente no utilizan sus Anales personales, ya que provienen de los grabados conocidos bajo los siguientes vocablos: "*Las listas Reales del papiro de Turín*", "*Las Tablas de Kar-nak*", "*Las Tablas de Saqqara*", "*Las Tablas de Abydos*", y los "*Anales de Dendera*".

Es natural pues que existan disonancias entre la Cronología del norte grabada sobre los muros de Saqqara en tiempos de Ramses II, y la de Karnak fechada de Toutmes III, mientras que las establecidas en Abydos por Seti I conjunta algo las dos, ya que siendo de la familia de los Ramsés, por su propio nombre incluso, era descendiente de Set. De ahí la aparente complejidad de los trozos de los capítulos de Manetón que disponían los ancestros, pero de los que no podían interpretar los significados, no conociendo ellos mismos nada sobre la historia antigua de Ath-Ka-Path.

Siempre podemos comparar las listas reales nombradas y extraer una posible genealogía:

Saqqara: El Gran Arquitecto encargado de las construcciones Reales, el príncipe "*Tounar de Voz Justa*", descendiente de "Osiris el Puro", en su tumba, penetra en el Más Allá de la Vida después de la Pesada de las Almas efectuada por sus 58 Ancestros, todos nombrados. Él sigue a todos los que le precedieron entre los Bienaventurados, y les enseña el Primogénito a todos, Osiris, llamándolos por sus nombres reales, uno por uno. De esta forma realiza su ofrenda al Hijo del Sol, es decir un Rebelde, Ramses-Méri-Amen, eternamente vivo.

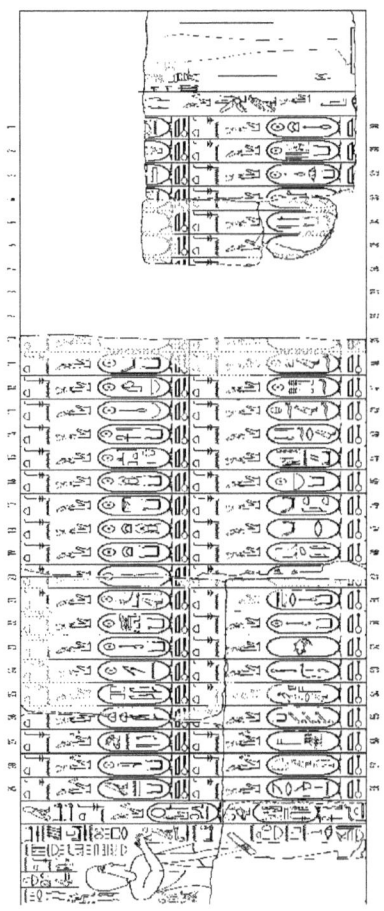

Tabla de Saqqara. El dibujo reproducido fue tomado por Mariette en el lugar mismo, y demuestra bien la disposición.

(Fila superior)

1. Râ-Ousir-Ma, « Voix Juste »
2. Râ-Men-Ma, « Voix Juste »
3. Râ-Ptah-Men, « Voix Juste »
4. Râ-Ousir-Kheper, « Voix Juste »
5. Râ-Neb-Ma, « Voix Juste »
6. Râ-Men-Kheper-Ou, « Voix Juste »
7. Râ-Aha-Kheper-Ou, « Voix Juste »
8. Râ-Men-Kheper, « Voix Juste »
9. Râ-Aha-Kheper-En, « Voix Juste »
10. Râ-Aha-Kheper-Kâ, « Voix Juste »
11. Râ-Sar-Kâ, « Voix Juste »
12. Râ-Peh-Neb, « Voix Juste »
13. Râ-Kher-Neb, « Voix Juste »
14. Râ-Shankh-Kâ, « Voix Juste »
15. Râ-Hotep-Hat, « Voix Juste »
16. Râ-Kheper-Kâ, « Voix Juste »
17. Râ-Noub-Kâ, « Voix Juste »
18. Râ-Schou-Kheper, « Voix Juste »
19. Râ-Schou-Kâ, « Voix Juste »
20. Râ-En-Ma, « Voix Juste »
21. Râ-Ma-Kherou, « Voix Juste »
22. Râ-Sebek-Kâ, « Voix Juste »
23. Râ-Kher-Kâ, « Voix Juste »
24. Râ-Meri-An, « Voix Juste »

(Fila inferior)

30. Râ-Schou-Nefer, « Voix Juste »
31. Râ-Aset-Kâ, « Voix Juste »
32. Râ-Nefer-Meri-Kâ, « Voix Juste »
33. Râ-Saha-Ou, « Voix Juste »
34. Râ-Ousir-Kâ, « Voix Juste »
35. .... (borrado)
36. .... (borrado)
37. .... (borrado)
38. .... (borrado)
39. Râ-Men-Kheou, « Voix Juste »
40. Râ-Shou-f, « Voix Juste »
41. Râ-Tet-ef, « Voix Juste »
42. Khe-Fou-f, « Voix Juste »
43. Si-Nefer-Ou, « Voix Juste »
44. Râ-Hani-ef, « Voix Juste »
45. Râ-Neb-Kâ, « Voix Juste »
46. Râ-Ousir-Teta, « Voix Juste »
47. Râ-Ousir, « Voix Juste »
48. Râ-Baba, « Voix Juste »
49. Râ...... t'à..., « Voix Juste »
50. Seker-Nefer-Kâ, « Voix Juste »
51. Râ-Nefer-Kâ, « Voix Juste »
52. Râ-Ousir-Sent, « Voix Juste »
53. Sit-a-Nesa, « Voix Juste »

25.	Râ-Pepi, « Voix Juste »	54.	Bâ-Neter-Ou, « Voix Juste »
26.	Râ-Teta, « Voix Juste »	55.	Râ-Ka-Keou, « Voix Juste »
27.	Râ-Ou-Nas, « Voix Juste »	56.	Râ-Neter-Baou, « Voix Juste »
28.	Râ-Ma-Kâ, « Voix Juste »	57.	Râ-Kheba-Ou, « Voix Juste »
29.	Her-Men-Kâ, « Voix Juste »	58.	Râ-Meri-Ba-Pen, « Voix Juste »

Karnak: Aquí la situación es totalmente diferente ya que no sólo estamos a más de 500 kilómetros más al sur, sino que el mismo nombre de Karnak, en su jeroglífica no necesita comentario alguno: "La que censa". Así que cuando Tutmosis III, el más célebre de los Pêr-Ahâ de la XVIII dinastía, "Vida, Fuerza y Salud sean en él eternamente", emprendió grabar en los muros de una sala de su palacio los bajorelieves que representaban a sus antepasados, lo hizo con la mayor exactitud. Contando más de 3.500 años, se extiende sobre cuatro filas superpuestas, sentados puestos los unos detrás de los otros con deliberado orden aunque aparentemente dispersos, algunos de ellos notablemente los que van de la III a la XVIII dinastía, enfrentados a los que habían sustituido.

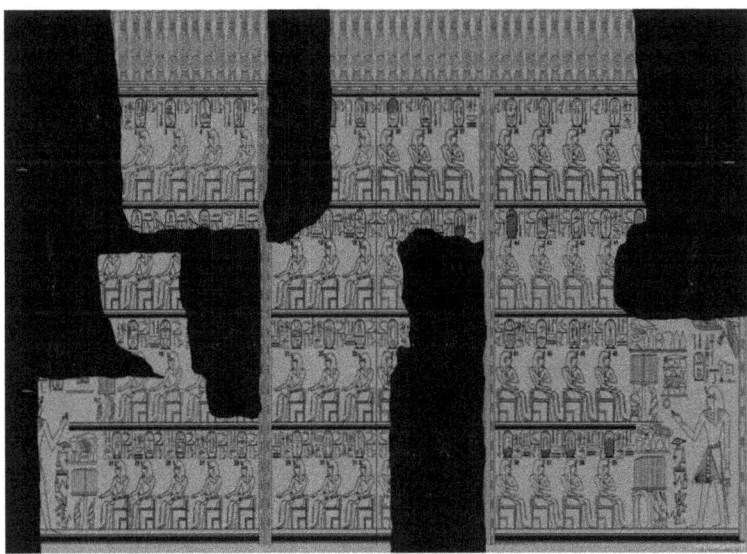

Tabla de Karnak

Abydos: Un poco más arriba en la ciudad de Abydos, se descubrieron varios Anales que se conservan perfectamente, uno de los más célebres es el dejado en los muros gracias a Seti primero. Se titulaba, él mismo, con toda modestia, el "Descendiente del Toro Celeste" y el "Unificador de las Dos Tierras". Para justificar esta denominación no podía hacer menos que volver a grabar sobre los muros de la ciudad los Anales más importantes encontrados hasta hoy. Incluyen no menos de 130 nombres, pero no por ello, no deben ser tomadas con precaución. En efecto, ¿cómo un Rebelde de Set, es decir, un nordista, habiendo accedido al "Cetro Supremo de Mando del Alto y Bajo Egipto", puede pretender ser descendiente directo de Osiris? al que su clan seguía odiando con la misma tenacidad.

Su agradecimiento grabado para la Eternidad es otro desafío, ya que es dedicado sin complejo alguno a "los dioses". Por ello esta dedicatoria de los Anales "*Dos veces duraderas en las Dos Tierras*" debe ser escrupulosamente identificada bajo la única luz del permanente antagonismo que enfrentaba ferozmente los dos clanes enemigos después de milenios, para así únicamente poder extraer los nombres de los Reyes que efectivamente habían gobernado.

La tabla de Abydos reproducida aquí, contiene tres filas de cartuchos superpuestos, que deben ser leídos verticalmente desde la primera columna de la izquierda, donde reconocemos fácilmente el de Menna o Menes y sobre todo su gran sutileza de espíritu de este conquistador de las Dos Tierras[70].

1. Originario de la Tierra Primordial, al Rey Menna, Ancestro-Primogénito, (39) Originario de la Tierra Primordial, al Rey Râ-Mer-Sibès, el Pêr-Ahâ, (77) en respetuosa ofrenda a Set el Halcón, de parte del Hijo del Sol, Mennaptah Seti I.

2. Originario de la Tierra Primordial, al Rey Atota, el Ancestro-Primogénito, (40) Originario de la Tierra Primordial, al Rey Râ-Nuter-

---

[70] Véase Nota A (notas y bibliografía): A propósito del "*Timeo*" de Platón.

EL GRAN CATACLISMO

Kâ, el Pêr-Ahâ, (78) en respetuosa ofrenda al "*Grande de Vida nacido del Sol Poniente*".

3. Originario de la Tierra Primordial, al Rey Tot, el Ancestro-Primogénito, (41) Originario de la Tierra Primordial, al Rey Râ-Men-Kâ, el Pêr-Ahâ, (79) en respetuosa ofrenda a Set el Halcón, de parte del Hijo del Sol, Ménnaptah-Seti I°.

4. Originario de la Tierra Primordial, al Rey Alta, el Ancestro-Primogénito, (42) Originario de la Tierra Primordia, al Rey Râ-Noufer-Kâ, el Pêr-Ahâ, (80) en respetuosa ofrenda al *Grande de Vida nacido del Sol Poniente*.

5. Originario de la Tierra Primordial, al Rey Khou-Koï, el Ancestro-Primogénito, (43) Originario de la Tierra Primordial, al Rey Râ-Nefer-Nubi, el Pêr-Ahâ, (81) en respetuosa ofrenda a Set el Halcón, de parte del Hijo del Sol, Ménnaptah-Seti I°.

6. Originario de la Tierra Primordial, al Rey Mer-Bapou, el Ancestro-Primogénito, (44) Originario de la Tierra Primordia, al Rey Râ-Dekâ-Mâa, el Pêr-Ahâ, (82) en respetuosa ofrenda al *Grande de Vida nacido del Sol Poniente*.

Estos Anales componen de esta forma una sucesión de treinta y ocho registros intercalando y glorificando a los Rebeldes que habían reinado en Ath-Ka Ptah antes de Seti primero. La traducción completa será dada más adelante, a través de un estudio de las diferentes dinastías.

He aquí el dibujo general como ejemplo: la Tabla de Abydos.

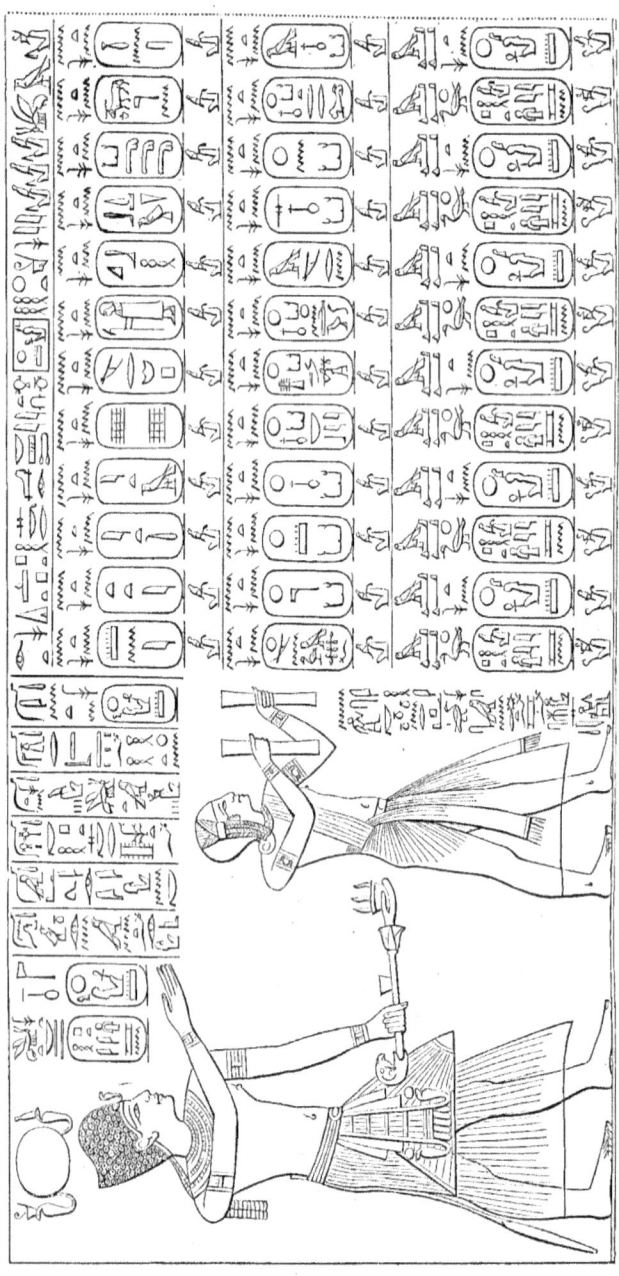

TABLA REAL DE ABYDOS

EL GRAN CATACLISMO

Conviene intentar comprender la mentalidad popular de hace 6.000 años y las circunstancias que llevaron a la fusión de los dos territorios en una monarquía cambiante, según la dominación del norte o la preponderancia del sur, estando bien situados en su contexto espiritual y mitológico.

La era dinástica de los faraones se preparaba activamente con el abandono solar de la constelación de Géminis. Tauro aparecía anunciando la segunda resurrección del Primogénito. Es por lo que Set se convirtió, ya a lo largo de este periodo de transición crucial, en un objeto de reprobación, un sujeto malhechor cada vez más deformado por los mitos que tomaban forma. Un perpetuo rechazo por parte de los Descendientes obligaba a los Rebeldes, cuando volvían al poder, a reintroducir a su Jefe originario de Set, junto a Horus en un mismo plano de igualdad.

Las tribus del norte se organizaban y fueron muy poderosas bajo el impulso de la enseñanza divulgada por las escuelas de sus Colegios de Sacerdotes Solares, que intentaban a su vez crear una unificación de los dos elementos dispersos en el Segundo Corazón, pero formando parte de la misma etnia. Lo que habían prohibido a los antiguos Pêr-Ahâ, lo intentaban de nuevo en el otro sentido, pero sin mayor resultado. La eliminación de uno u otro parecía siempre la única solución. De ahí los contraataques y las severas derrotas infligidas al norte, que no impidieron de ninguna forma al genio constructor de los reyes del sur poner en valor el delta del Nilo realizando canales de irrigación y murallas con forma de presa. Los palacios se elevaban, los nuevos templos de Ptah sustituían los de Râ, y las fortalezas se construían.

Al mismo tiempo la última reina Pêr-Ahâ enviaba expediciones de búsqueda minera a diferentes territorios alejados, empezando por la explotación de las minas de cobre del Sinaí. Los dos siglos anteriores que precedieron a la instauración dinástica fueron un período intenso de progreso en todos los campos, el último fechado es el de la reintroducción de los caracteres sagrados de la escritura. Esto creó enormes dificultades para iniciar con normalidad los Anales, ya que la proliferación de los emblemas, de los clanes, de los protectores de Uhu, o de los nomos terrestres o celestes, acompañados de una abundante categoría de Sacerdotes oficiantes en cualquier lugar posible e imaginable como siendo el lugar verídico del nacimiento de tal o tal otro dios, ello trajo fatalmente esta aberración de los tiempos tolemaicos donde el emperador romano se convertía en "*Faraón amado de Isis*".

Sin remontar tan lejos, aún es legible esta afirmación dicha a Ramses II en Abydos:

"Así tú eres, como fue el hijo de Osiris. Eres igualmente su heredero, a su semejanza".

Este vocablo de Pêr-Ahâ, de Descendiente del Primogénito, inspiró sin duda todas estas fórmulas de divinización repetidas incansablemente siguiendo un ritual muy riguroso, desde el principio hasta el final de la dinastía XXX, asentando la civilización de los egipcios "*Menores de Dios*". Lo que manifiestamente no comprendieron ni los Césares ni los Tolomeos es que, implorando el quinto de este último nombre, se adornaron de epítetos que no le iban, como "bello adolescente que se sienta en el trono de Horus y te hace Dios como hijo de Isis y Osiris". Pero la degeneración y la decadencia de este pueblo que era el *Elegido,* trajeron esta profusión de grandes y pequeñas divinidades en Ath-Ka-Ptah, y el Segundo Corazón de Dios se compartimentó en una multitud de santuarios particulares que asumieron cada uno el papel de Pêr-Ahâ y de Antepasado a la conveniencia de los cambios de reinados.

El "*monoteísmo*" desapareció de esta forma, al igual que el "*helioteísmo*" en el norte, para dar lugar a un panteón increíble de figuras celestes representando los dioses, y cuyos hijos fueron coronados con cabezas de animales más o menos reales. De esta forma nacieron los que los griegos han perpetuado bajo los nombres de Mercurio, Marte, Venus, Saturno, Júpiter, y tantos más. Esta confusión permitió a los faraones usurpadores, y sólo después de la VI dinastía, ser los herederos, los hijos, la carne de los dioses, estableciéndose en el trono de los Antepasados. Este barullo de divinidades aseguraba al rebelde poseedor del cetro, y el consentimiento del clero que ya no podía hacer nada, más que reinar como déspota sobre toda la población de las Dos Tierras.

Desde finales de la época arcaica, mucho antes del acontecimiento de Menes, cuando ciudades como "*Hierakómpolis, Nagada* y *Abydos*" estaban en el apogeo de sus destinos, los dobles y triples títulos reales abundaban, cada nuevo primogénito se apoderaba de los de sus predecesores que confirmarían aún más en los espíritus su ilustre descendencia. Así se construyó, se enredó, se enmarañó la implantación del sur en el norte y viceversa, ya que el desplazamiento de los del norte hacia Nubia provocó las más extrañas mezclas variopintas. El "*Buitre*" de la Reina Nekbeh se unió en el "*uraeus de Bouto*" [71] por casamiento, habiendo sido depuesto el Pontífice de *Herakleópolis Magna* y matado el jefe de los Masnitiou en el norte; el "*souten*" de uno y la "*abeja*" del otro fueron acaparados, cambiados, aumentando las oriflamas[72] y los cartuchos reales.

Los dos Colegios de Sacerdotes más poderosos se mantenían sin embargo cada uno en sus respectivos territorios del norte y del sur, en prudente expectativa. Abydos y Heliópolis "*las Sagradas*" se observaban de lejos, pero no por mucho tiempo, y de la guerra sin piedad que libraron para la supremacía divina nacerá una nueva clase religiosa, la de Karnak, la ciudad fortificada y prohibida del dios Carnero.

Fue el preludio a la destrucción de toda la civilización faraónica, los Pêr-Ahâ ya no tenían más que el nombre de Hijo de Dios, sin tener ni el origen ni la misma mentalidad. En el Delta del Nilo mucho antes de ese tiempo, el ciclo solar heliopolitano agrupaba alrededor de su barca celeste la mayoría de las divinidades de la época, asignando a cada una un papel correspondiente a una función determinada calcada de las leyendas primitivas y que daban todas cuenta de las influencias que ejercían sobre el Sol cuando pasaba cerca de ellas. Los personajes de

---

[71] En el antiguo Egipto, el Uræus es la cobra hembra cuya función es proteger al Faraón contra sus enemigos. También es una poderosa diosa, encarnada principalmente por Ouadjet (la cobra de Bouto). La Diosa Ouret-Hekaou (serpiente o leona) también lo personifica. En la mitología egipcia, el uræus sigue siendo el ojo de Re (y su hija), una diosa solar. Se encuentra la mayor parte del tiempo representado en el tocado de Faraón, que es uno de los atributos. Generalmente erguido en la frente, el uræus también puede adornar la corona y las diademas reales (ver el busto de Nefertiti. A veces se representa grabado en las paredes de los templos funerarios (cobra erecta).

[72] Estandartes.

la época heroica antes del "Gran Cataclismo también encontraron su lugar, al igual que Set, y sus descendientes rebeldes que a menudo fueron Pontífices de Heliopolis. El Gran Rebelde tuvo ahí un papel preponderante y benefactor, que le permitió usar y abusar de su fuerza combativa, esencia misma del renacer del norte en el seno de la lucha titánica que opuso los unos a la opresión continúa de los otros.

Toda la teología menfita, de base heliopolitana, muestra a Set de pie en la proa de la barca solar, matando a la serpiente osiríaca que intenta impedir el renacer de la era por la muerte de Horus, antes de que el astro se ponga detrás del horizonte provocando con ello el acontecimiento cataclísmico que hundió el Primer Corazón y Ahâ-Men-Ptah. Diferentes pasajes de los textos llamados de las Pirámides, demuestran que Set ya tenía este aspecto legendario gigante benéfico sólidamente implantado en el norte del país. Fue además mucho antes del inicio de la era faraónica cuando vieron el día las grandes composiciones teológicas sobre las influencias solares permitiendo el acceso al "Más Allá de la Vida".

En el párrafo 128, por ejemplo, una llamada sin ambigüedad es lanzada al pueblo de los Rebeldes por su jefe, con el fin de que los bárbaros originarios de Set triunfen sobre toda la tierra del Segundo Corazón:

"Levantad, dormilones, despertad vosotros nacidos de Set y del León, con el fin de contemplar y seguir la marcha hacia adelante del Gran Resplandeciente que hace temblar todas las cosas en las marismas y progresar la Eternidad, ya que es el que abre los caminos que progresarán a todo lo largo del Gran Río".

Realizada esta profecía, podemos volver a los Anales cronológicos que habían cerrado el anterior volumen con el hundimiento de Ahâ-Men-Ptah en el día del Gran Cataclismo, para seguirlos aquí mismo hasta el advenimiento de Menes:

Sol en la constellac.	Tiempo años	Años antes de Cristo	Tiempo totales en años	Tiempo desde la Creación	Tiempo desde los Heroes

EL GRAN CATACLISMO

				antes 1975		
Lion	576	9 792	11 767	25 920	11 520	

... En ese día, el Gran Cataclismo detuvo la navegación hacia adelante de la barca solar...

La Tierra basculó unos 180° sobre su eje, la carrera del Sol que se había detenido en 8° frente a la constelación de Leo, retomó su marcha "retrógrada" en 20°, en esta misma configuración estelar. Así el tercer periodo de reagrupación de la población rescatada del hundimiento se inició en otro continente a todo lo largo del retroceso solar en Leo:

Sol en la tiempo años	tiempo años	tiempo totales	tiempo desde la	tiempo desde los	constelación en Cristo Creación Heroes
Leo	1 440	8 352	10 327	27 360	12 960
Cancer	1 872	6 480	8 455	29 232	14 832
Géminis	1 872	4 608	6 583	31 104	16 704

A final de la era de los Gemelos (Géminis) planeaba en todos los espíritus la lucha titánica de los dos hermanos y de su concepción totalmente opuesta para un modo de vida deseado por Ptah, o decidido únicamente por Râ. En el año 4.608 a.c, cuando el Sol penetraba siempre en retroceso en el último grado dentro de la constelación de "Tauro", "Sep'ti" o "Sirio", se aproximaba a su vez al fin de su año sotíaco, preparando el nuevo ciclo tan deseado. Los jefes de los dos campamentos pulían sus armas y tenían a mano el equipamiento para el alistamiento de los hombres que asegurarían la supremacía de uno u otro sobre la totalidad del territorio que pronto debería llamarse el Segundo Corazón.

La formula final, sea quien fuese el vencedor, uniría a Osiris, símbolo de la "Resurrección" y del "Renacimiento" en esta segunda tierra, con el Sol resplandeciente en el "Toro Celeste" para volver a darle cada día una vida renaciente. La misma Escritura tuvo profundos cambios antes de ser reintroducida para la realización de los "Textos Sagrados". La liturgia del ritual fue intencionadamente invertida en el grabado con el fin de que siga el movimiento armónico retrógrado de la nueva navegación solar, saliendo así de derechas para leerse hasta el extremo izquierdo.

En el año 4.303, cuando Menes fue llamado a tomar el cetro, todo estaba dispuesto para su funcionamiento siguiendo el ritmo del nuevo calendario, que no entró sin embargo en funcionamiento hasta 62 años más tarde, cuando Sirio se elevó conjuntamente con el astro del día, abriendo de esta forma el "Año de Dios". Este mismo día, hizo consagrar su Primogénito como Descendiente, el Pêr-Ahâ, que inventó el calendario y lo inició de inmediato en el primer mes de Thot 4.241.

Lo interesante es ver los cartuchos de Menes y de sus tres sucesores:

 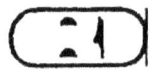 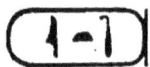 

Aquí están simplemente sometidos a la perspicacidad *ideográfica* de los lectores, ya que serán estudiados más adelante.

Acabemos mejor la cronología histórica, saliendo del Gran Cataclismo, donde había sido interrumpida en la obra anterior, de forma a llevarla hasta Menes y la fundación de las Dinastías:

GEB: Último de los Pêr-Ahâ que reinaron en Ahâ-Men-Ptah.

NUT: Esposa de Geb.

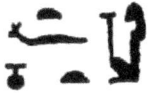

OUSIR: Osiris. Hijo Primogénito de Ptah y de Nut.

EL GRAN CATACLISMO

 (OSIRIS)

OUSIT: Seth. Hijo Primogénito de Geb y Nut.

 (SETH)

ISET: Isis. Hija de Geb y Nut.

 (ISIS)

NEK-BET: Nephtys. Hermana gemela de Iset.

 (NEPHTYS)

HOR: Horus. Hijo Primogénito de Osiris e Iset.

 (HORUS)

De estos descendientes nacieron la multitud, que Manetón clasificó de forma bastante correcta en su Cronología egipcia. Y efectivamnente, pueden ser considerados como unos *semi-dioses* no sólo por su origen, sino por el hecho que fueron los fundadores directos del futuro Segundo Corazón.

A lo largo de estas páginas, varios milenios están desfilando, entre los cuales diferentes reinados han sobrevivido por los cartuchos pre-dinásticos que han llegado hasta nosotros:

HOR-OU-TIT: dejó Ta Mana en la entrada del Sol en la Constelación de Cáncer (22/7/8.352).

HOR-ATH-AKH que fue el 150º Pêr-Ahâ en la entrada del Sol en la Constelación de Géminis.

HOR-NOU-LI, "Dos veces Vencedor" introdujo el símbolo del Halcón en su emblema.

MOUT-PET-AHA, la Hija del Ancestro Escorpión, que tomó el cetro e introdujo el buitre en su emblema.

AHA-KAI, el último Pêr-Ahâ antes de la entrada del Sol en la constelación de Tauro, y de la llegada a Ath-Ka-Ptah.

Los Rebeldes de Set igualmente igualmente hicieron su ascendencia para perpetuar la lucha de los Dos Hermanos:

AN-SIT-RA, organizó la lucha contra los Shesou Hor de forma racional.

BAK-BA-RA, el Sanguinario que fue el primero en introducir un ideograma para definir el: Gavilán.

RA-MEN-AKHER, el Rebelde que intentó unificar los Dos Clanes enemigos antes de la llegada al Segundo Corazón.

Quizás un día, siguiendo este esquema se pueda componer una cronología completa de los Reyes habiendo compuesto la sucesión de Horus y de Set. Quizás se necesiten varios volúmenes y años para conseguirlo.

Ahora es el momento de penetrar en la continuación de los Descendientes de los Dos Hermanos, en esta segunda Tierra Amada de Dios.

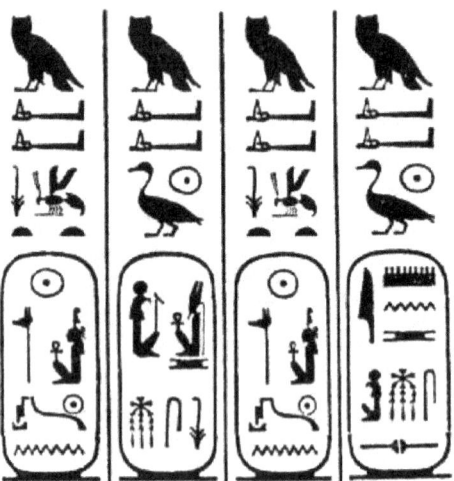

CAPÍTULO XIV

LA ERA DE GÉMINIS O LA LUCHA PREDINÁSTICA DE LOS DOS HERMANOS

Según toda probabilidad, este linaje suplantó el de los Halcones, del que quizás fuese un retoño, y se estableció en Nekhen en una fecha que puede estar situada, si creemos la tradición, en 1.600 antes que apareciese la primera dinastía.

ARTHUR WEIGALL
Historia de Egipto Antiguo

El inicio de la historia coincide igualmente con la aparición, o mejor la relativa difusión de la escritura. En efecto, si los primeros jeroglíficos figuran sobre paletas prehistóricas, será sin embargo en el período tinita que el uso de la escritura se desarrolló.

J. VANDIER
Manual de arqueología egipcia

En pocos siglos la civilización se implantó en las orillas den Nilo, pero claramente separada bajo dos cetros. Los principales "*Uh-U*" *(*que se pronuncia: *"Ouh-U",* y que significa: *"Dos veces salidos de las aguas"),* emergieron casi todos juntos a lo largo de este espacio de tiempo. Fueron los *Nomos*[73] debido a la mala pronunciación helénica.

Un milenio hizo pasar un Sol regular en retrogradación en el cenit de las "Fijas" gemelas. Su claridad nítidamente diferente parecía

---

[73] Nomo se denomina a cada una de las subdivisiones territoriales del Antiguo Egipto. Este nombre es de origen griego (Νομός, 'distrito'); la palabra equivalente egipcia era hesp o sepat, que designaba la superficie cultivable de los territorios.

oponerlas en las noches claras, como un oscuro presagio. Y de hecho, alimentaron los odios y las discordias que constituyeron lo esencial del drama de estas dos descendencias enemigas: "Los Gavilanes y los Halcones".

Para el Reino del norte, el del Bajo Egipto, el Delta del Nilo estaba domesticado por los Rebeldes de Set. La primera localidad cuyo nombre estableció sepa desde la primera dinastía unificada, fue "Pa-Ouet", situada en la costa Mediterránea, pero muy apartada de la zona cenagosa. Se convirtió pues en la residencia de los primeros "Reyes Juncos", tomando más tarde el nombre griego de "*Bouto*".

La segunda localidad fue "Pa-Asit", cuya particularidad fue sobre todo llamarse "Pa-Osiris" después de la unificación, y donde el templo del Sol se convirtió en le de Ptah. Su nombre actual es Abousir, y además de su pueblo de las primeras dinastías, podemos ver tres pirámides tan célebres como las de Giza.

Y la tercera ciudad predinástica importante, fue "Pa-An-Râ", la localidad sagrada de los primeros sacerdotes oficiales del Sol, cuyo Colegio fue calcado del Pontífice del Sur, ¡así de simple! pero esta capital tomó un interés complementario cuando el Rey n° 32 del Norte, decidió instalarse ahí. Esta ciudad se convirtió entonce en "Kemti", que los griegos llamaron "Saïs". El desinterés de "Bouto" proviene de la presencia nauseabunda de las marismas, fuente de diferentes enfermedades infecciosas e incluso de la peste. Es igualmente cierto que el dominio que tomaron los sacerdotes en toda esta región más fértil incitó al Rey a mudarse para vivir.

Los jefes de los Rebeldes de Set, que otra vez fueron a luchar contra su homologo del sur, aprovecharon para abordar un nuevo emblema real, la "Cobra". Este reptil tan temido en el delta y en estas ciénagas había sido vencido a fuerza de las más diversas astucias, convirtiéndose en el símbolo del poder de los descendientes de Set.

A lo largo de toda la era de los Gemelos, que duró 1.872 años, hubo 64 reyes "Cobra", "Gavilán" originario de los "Juncos" y "Adoradores del Sol", de ahí la aparente complicación de las denominaciones protocolarias en los cartuchos que hicieron su aparición a lo largo de los reinados de los diez últimos jefes. El último de ellos hizo se sumisión a los "Masnitiou" de Shemsou-Hor como Maestro "Halcón", nacido del "Loto" y sobrevolando los humanos imperialmente como la "Abeja".

Este tratado de paz, el más importante de todos los tiempos, se anticipó en 217 años a la entrada del Sol en "Tauro", la "era de la Resurrección de Osiris". Este periodo fue consagrado por el Rey de las Dos Tierras, del Norte y del Sur, de Amenta a Occidente y de Ath-Ka-Ptah al este, es decir el "Maestro de los Cuatro Tiempos de la Tierra y del Universo", realizado en honor al "Dios-Único Todo Poderoso" que lo había permitido por ello, unas realizaciones colosales como agradeciendo el Eterno por sus bendiciones, unirían el cielo y la tierra, la Humanidad a la Divinidad.

En tiempos de Khoufou (Jufu, Khufu, Kheops) ya se atribuía a los "Antepasado legendarios", la fundación de la ciudades que hemos nombrado, al igual que la edificación de los santuarios religiosos los más importantes de la época (IV^a dinastía), notablemente, el templo situado junto a la Esfinge, frente a la pirámide.

Naturalmente, volveremos sobre estas gigantescas construcciones en el siguiente volumen, que será consagrado a las seis primeras dinastías, pero es necesario dar aquí algunos detalles, antes de pasar al reinado del sur, donde los que erigieron los monumentos habían podido experimentar a placer con anterioridad sus técnicas.

Extracto del papiro de Turin, que permite hacer remontar la cronología faraónica a los Seguidores de Horus.

Desde estos monumentos "anteriores" a la dinastía, erigidos a la gloria de Dios, en el norte por los "Masnitiou" del sur, la ruina sin duda alguna más importante es el Templo de Ptah, cerca de la Gran Esfinge. El vértigo toma al turista por sorpresa que se hace muchas preguntas cuando cesa el primer impacto de esta colosal construcción. Es de buen tono, antes de empezar la visita, situarse a la derecha de la gran entrada, en la esquina formada por la "*piedra angular*" con el fin de hacerse la foto. Y el sujeto aparece en el cliché más pequeño que un microbio, y aún más.

Imaginad un bloque enorme, lo que no significa nada, ya que pesa unas 400 toneladas, con un error de 50 kilos. Se trata de una sola pieza en granito de Asuán, y es cierto que no existe en ningún otro lugar. Es decir que fue llevado ahí por el Nilo y tenía un volumen al menos del doble, con lo que pesaría dos veces más, ya que fue tallado de manera a formar una fachada angular interna de varios metros, no es más que una piedra, pero hicieron falta centenares de ellas para edificar un monumento suntuoso, exclusivamente en granito muy fino y negro de Asuán, y en alabastro translúcido de Arabia, cuya bóveda en su cumbre tenía un peso inimaginable, incluso para los medios modernos de elevación, y sigue en su lugar después de más de ocho milenios, apoyada en pilares cuadrados cuyos laterales absolutamente lisos son de un solo bloque.

El interior permanece de una pureza impresionante y prodigiosa en su total despojo, ya que no hay por supuesto, ningún jeroglífico grabado, ningún ornamento, ninguna moldura interrumpiendo el ojo o el espíritu dedicado a la oración; únicamente el gigantismo, creado para la gloria de Dios.

En una inscripción conservada en el museo de *Boulaq,* un papiro del Escriba *Khoufou,* el "Keops de la IV[a] dinastía", habla de ello como de una construcción erigida por los "Seguidores de Horus" cuyo origen se pierde en la noche de los Tiempos. El edificio ha sido descubierto por casualidad, bajo este reinado faraónico donde las construcciones colosales abundan, por unos obreros encargados de despejar la Esfinge.

La historia de este pueblo de las Dos Tierras se inicia pues en verdad en este momento de unión, unos dos siglos antes de que Menes inicie la era dinástica en el año 4.241 a.C. En ese momento, el país no era más que la "Tierra Prometida", de ahí su nombre en jeroglífico de "Ta Merit".

Pero estas mezclas tan diversas no formaron una sola nación tras el Dios Único que a partir del día en el que el portador de un solo cetro impuso su poder hereditario, originario de Osiris. Esta monarquía teocrática esperará pues en la expectativa afirmación imperativa un Descendiente, de un Pêr-Ahâ venido del sur para unificar el Segundo Corazón, ya que este reino, privilegiado desde su llegada a la orillas del Nilo, alcanzaba entonces su apogeo edificador al igual que místico.

En cuanto se bajó la pendiente, este valle de limo fértil se convirtió en un verdadero nuevo "Eden" para los que llegaban. Esta masa humana de los Seguidores de Horus fanatizada por el Primogénito y el Pontífice, decidió vivir a la misma escala de los sufrimientos que había padecido durante 3.000 años a lo largo de un recorrido de más de 3.000 kilómetros para entrar y poder estar en posesión de esta tierra y ponerla en valor.

La nación entera con un sólo impulso, detrás del emblema real del Sur, emprendió un programa de trabajos desafiando la imaginación contemporánea, ya que no disponía para ello más que "brazos humanos", incluso si se multiplicaban por centenares de miles. La era de las construcciones se inició simultáneamente alrededor el actual Asuán, en lugares mundialmente conocidos por los gigantescos trabajos acometidos bajo la U.N.E.S.C.O., hace unos cince años, para desplazar los templos faraónicos amenazados de ser engullidos por las aguas de la presa de Asuán.[74]

Pero estos templos: "Philae", "Abu-Simbel", "Elephantine", no son más que unas reconstrucciones efectuadas siglos y siglos después de la edificación de los originales. Luego "Edfou y Kom-Ombo", y la gran masa estableció sus habitaciones en una ciudad: "*Hiérakonpolis*" de nombre griego, pero que en ese tiempo se llamaba "*Nekhem*", ahí se encontraron las primeras tumbas predinásticas, y ya existía entonces todo un ritual funerario.

Primera constatación, y de las más importantes: mientras que las ciudades de los templos nombrados se sitúan en la orilla oriental o sobre las islas en medio del río, la necrópolis se sitúa exclusivamente en la orilla occidental. Será lo mismo para Thebas y las otras grandes ciudades.

---

[74] En 1959 los Gobiernos egipcio y sudanés pidieron a la UNESCO que ayudara a sus países para la protección y salvaguardia de los monumentos y sitios amenazados de desaparición bajo las aguas del lago. En 1960, el Director General de la UNESCO lanzó un llamamiento a los Estados miembros para una Campaña internacional para la salvaguardia de los monumentos de Nubia. Este llamamiento resultó en excavaciones arqueológicas y un inventario de centenares de lugares, el rescate de millares de objetos, y la salvaguarda y el desplazamiento de una serie de templos importantes hacia puntos más elevados, los más famosos de ellos siendo los templos de Abu Simbel y de Philae. La campaña se acabó el 10 de marzo de 1980 y conoció un éxito completo y espectacular.

La segunda constatación y no la menor, es que las piedras de construcción provenían todas, al inicio al menos, de canteras de Asuán, sólo a una docena de kilómetros, y en esa época remota debían estar cerca de la antigua ciudad.

Todas las tradiciones aprendidas oralmente, y repetidas escrupulosamente a lo largo de milenios por unos espíritus, cada vez menos convencidos, fueron sin embargo testimonios conservados íntegramente, encontrando al fin sus primeras reutilizaciones, justo antes de que el papiro fuese tratado y la tinta reencontrada. Al tiempo que los Sacerdotes se especializaban en la teología, las Combinaciones Matemáticas, la Santa Escritura, la carpintería, la metalurgia, la pintura y tantas otras disciplinas más que eran enseñadas. Para satisfacer a los "Sacerdotes Arquitectos", se formó ahí mismo toda una escuela fabricando unas "Mandjit" por centenares, para navegar en el "Gran Río", éstas barcas salvadoras surgidas del Gran Cataclismo fueron el punto de partida paralos grandes astilleros marítimos a lo largo de "Hierakonpolis". Todas las categorías de barcazas, cada vez más especializadas, fueron pensadas y montadas, incluyendo las de fondo plano capaces de transportar los materiales de construcción los más voluminosos como los más pesados.

No debemos olvidar que bloques de casi mil toneladas, sirvieron para la construcción de la "Casa de Dios", situada junto a la "Gran Esfinge", fueron transportados por esta barcazas de Asuán a Giza, sobre el Nilo, sobre una distandia de mil kilómetros, para agilizar la memoria, esto ocurría hace unos 7.200 años y necesitaron unas 500 barcas cuyos fondos planos especialmente estudiados podían mantener cada una mil toneladas a la hora de las crecidas, es decir durante tres meses al año.

Los los primeros exploradores de los lugares que se aventuraron en esta bajada del río bendecido de Dios, no fueron muy lejos, y se satisfacieron abordar los alrededores de la actual Tebas en las "Mandijt", que se convirtió pronto en el algo lugar del "Eterno", al tiempo que en el hábitat de toda la población no indispensable en el sur para las construcciones o en las canteras. El primer Colegio de Sacerdotes se estableció en el hueco del acantilado ideal para la meditación, que permitía la sobriedad del lugar, y tomó el nombre, facilmente comprensible, de "Uhu-Ptah".

Cuando uno está en ese lugar, o si lo vemos más modestamente en una carta o mapa, observamos que está en un rizo del Nilo hacia oriente, único además, y que desvía algo el eje norte sur del río.

Además, este panorama determina un lugar armónico con "Ahâ-Men-Ptah" ya que está en el mismo paralelo del trópico de Cáncer. Esta última situación motivó al Pontífice investigar el entorno, y en el interior del rizo, halló un lugar ciertamente predestinado para la implantación del "Templo del Cielo" y de su "Casa de Vida", que se encargaría del estudio de las Combinaciones Matemáticas. El lugar fue rápidamente nombrado: "*Ptah-Api*", o el "*Dios-Río-Celeste*". Así rápidamente toda la región se convirtió en el centro vital del país del sur. Una actividad intensa reinó en la explanada rocosa occidental para construir las casas Divinas y las del Más Allá. En la otra orilla del Nilo en la llanura fértil y viable surgieron los habitáculos de los vivos hechos de frágil barro.

Rápidamente también se edificaron las barriadas populares de Karnak, Luxor y Kaft, los lugares funerarios se multiplicaron en frente, en los vertientes de los acantilados que se cavaban como queso de gruyere. Ahí también los grabados rupestres muy anteriores atestiguan la llegada de los "*Primitivos del Oasis*" tal y como los denominaban púdicamente algunos arqueólogos.

El Descendiente "Hor-Nou-Ka", el antepenúltimo Primogénito antes del nacimiento del Rey unificador Menes, dirigió una flotilla de Mandijt mejoradas para la conquista de los territorios ocupados en el delta por los Rebeldes. Fue ahí donde uno de los Sacerdotes reconoció el acantilado de Giza donde apareció más tarde la Esfinge, las Pirámides y el Templo. A su regreso victorioso, fundó la ciudad que durante mucho tiempo llevó su nombre, al oeste de la que tiene su tumba. "Hor-Nou-Ka" se convirtió luego en "Hermontis" con una pronunciación griega de lo más contestada. No lejos de ahí, las "Casas-del-Más-Allá" más lujosas se elevan en "Medinet-Abu", y la Morada más fastuosa, la de "Deir-el-Bahari", donde fue enterrada la Reina Hatchepsout que, bajo la XVIII dinastía, conquistó más de un territorio vecino y llevó su pueblo a paso firme con mano de hierro.

Pero el Pêr-Ahâ de entonces no tuvo hijo alguno, así pues la hija primogénita de "Hor-Nou-Ka" tomó el bastón de mando llegado el momento. Era la séptima reina predinástica de esta era de Géminis que llegaba a su fin, el retroceso del Sol acababó en esta constelación. Ella reinaba bajo el ambiguo nombre Divino de "Hor-Sept-Ka", el "Alma de Horus" que habitaba como Descendiente directa, a pesar de su envoltura carnal femenina. Esta Reina, con el fin de que ninguna duda subsistiese en los espíritus, se creó una nueva capital: "Nabt", más conocida en el mundo con el nombre de "Nagada", donde los egiptólogos han encontrado decenas de tumbas reales predinásticas.

Al mismo tiempo, un elemento, y no el menor, iba a rebelarse frente a las orgullosas y despóticas pretensiones de "Hor-Sept-Ka". Se trataba del joven Pontífice, recién horneado en la escuela de su padre, que fue consagrado como jefe de los Sacerdotes bajo el nombre: ¡Oh, cuán temido! de "Anepu", reforzado, gracias a su ilustre ancestro. Fundó no lejos de Nabt una ciudad mística, a la que denominó de forma que mostraba, claramente su desacuerdo con la política bárbara del Descendiente. Él atribuyó al Templo central y de ahí a toda la ciudad misma, el nombre de "Abt" en oposición a "Nabt". De tal forma se elevó cerca de "Nagada", la antigua ciudad de "Abydos", en cuyo Templo se encontraron las "Tablas Cronológicas" las más famosas que incluyen no sólo los cartuchos reales genealógicos desde el primer Rey Menes, sino también la de los Reyes anteriores a esta primera dinastía cuyos cartuchos incluyen los de las famosas siete Reinas.

Esta dura lucha entre el "Cuerpo" y el "Espíritu", la carne débil y el alma espiritualizada en extremo; esta oposición entre la vida terrestre tiránica del Descendiente Divino y la existencia ascética[75] del "Profeta" de Dios no podía acabar más que con una reunificación de las más oficiales.

Así, después de numerosas batallas y victorias, cuando su emblema personal ya incluía el Halcón de los Descendiente de Horus, y el Buitre de los que la habían precedido anteriormente, ella aseguró su poder

---

[75] que se dedica a la práctica y ejercicio de la perfección espiritual y lleva una vida modesta y sobria.

absoluto casándose con el An-Nu, "Anepu", añadiendo en un segundo cartucho la "Abeja" tan querida a los trepanadores de su esposo. Igualmente se señaló frente a la población haciendo edificar por primera vez un enorme edificio que no estaba destinado a la gloria de Dios. Se trataba de una enorme fortaleza que se erigió a las orillas del Nilo, a la altura actual del barrio de Beni Hassan. Poderosa e inolvidable, ahogaba cualquier capricho de invasión de los territorios del sur por los Rebeldes del norte, sometidos ciertamente a una tutela de hierro, pero no aliada.

El acontecimiento más importante de esta boda, desde el punto de vista histórico, fue que nacieron mellizos. El Primogénito, por pocos minutos, se convirtió en el último Rey predinástico, "Hor-Sen-Kaï", el rey "Escorpión"; su hermano menor fue Pontífice, restableció la escritura reinventando el papiro, bajo el nombre de "*Anepu-Ur*" o el "*Gran Anubis*".

Qué apoteosis para la salida del Sol de la Constelación de Géminis. El acuerdo perfecto de estos dos hermanos, uno era portador del cetro real y el otro del cetro Divino, permitió una unificación general del valle del Nilo en toda su longitud y una gran confianza mutua que les daba toda la libertad para ausentarse, lo que permitió al Rey Escorpión encabezar una auténtica armada para colonizar definitivamente los diferentes "*Uhu*" del norte. Después, estableció un puente de barcos sobre ochocientos kilómetros, en proporción a los trabajos que iniciaba en gloria a la clemencia Divina hacia sus "Primogénitos". Estas construcciones, en número de tres, consagraron la alianza que subió al cielo, en signo de unión armónica entre el Creador y sus criaturas, el templo de Ptah, "Akher", el "*León Celeste*" convertido en esfinge; y el bloque piramidal, el "*Amado-hacia-quien-baja-la-Luz*", del que hablaremos ampliamente en el siguiente volumen.

Sus cincuenta y ocho años del reinado a escala de un Dios volviendo a ser hombre, con la multitud obrando para su mayor gloria y su advenimiento, fueron años llenos de una actividad desbordante, inimaginable para nuestros espíritus de este siglo más versados hacia una mecanización incondicional, más que hacia un trabajo manual con un propósito deliberado.

Miles de barcos de todas las formas y de todos los tamaños navegaban formando una cadena sin fin en el Nilo en ambos sentidos, transportando obreros y materiales. Bien para el abastecimiento o para mano de obra, y todas las embarcaciones se ordenaban para ceder paso a las inmensas barcas de fondo plano que llevaban cada una un bloque, un monolito de más de 500 toneladas a más de mil kilómetros. Desde el momento del desembarco, miles de brazos se apresuraban con entusiasmo, trabajando en cadena, uno junto a otro, sobre los trineos que ocupaban seis metros de ancho y una docena de largo. Los equipos de cuatro filas de un centenar de hombres tiraban cada uno de las gigantescas masas con el fin de que éstas se deslizaran más fácilmente, los portadores de jarras corrían desde el río hasta la parte frontal del bloque del que se trataba y echaban los doce litros de agua que contenía cada recipiente para que los patines de un metro de ancho facilitaban su deslizamiento, a la vez que permitían que no prendiese fuego por el roce intenso de la madera contra la arena. Y ello a lo largo de los cuatro kilómetros de pendiente hacia arriba, hasta el gigantesco lugar de trabajo donde se erigía el edificio en gloria al Eterno.

Con cada bloque, un jefe de equipo marcaba el ritmo de la marcha golpeando enérgicamente una caja de resonancia. La operación se repetía por las decenas de vehículos humanos siguiendo este mismo ritmo y avanzando con un mismo movimiento uniforme sobre una carretera que parecía sin fin para estas hormigas. Pero era la única forma de acceder al "Más Allá de la Vida", a través de estas edificaciones a escala Divina, y que constituían las murallas del Cielo.

A lo largo de este tiempo, mil kilómetros más al sur, el Gran Anepu preparaba el Renacimiento espiritual e intelectual de la Parte unificada, restableciendo los textos Sagrados, con su escritura jeroglífica ancestral sobre una especie de pergamino que acababa de reinventar iniciando la fabricación a base de papiro.

La era tan esperada de Tauro se acercaba ahora, día tras día, y cada uno consultaba el cielo, en vano, buscando el signo indicando que el Sol había terminado su navegación nefasta. El pequeño Men-Ahâ acababa de nacer, y este hijo del Descendiente del Antiguo Poniente se convertiría en el primer Rey de esta nueva era, ya era objeto de múltiples atenciones por parte de los que estaban especialmente encargados de su educación, para poder realizar la tarea unificadora que sería la suya, una vez llegado el momento.

Men-Ahâ, convertido en Menâ, o Ménès, uniría indisolublemente las Dos Tierras, "Ahâ-Men-Ptah" y "Ath-Ka-Ptah", uniendo los dos territorios, del Norte y del Sur de Ta Merit, la Tierra Amada. De esta forma podrían nacer, crecer y multiplicarse en la felicidad el Segundo Corazón. Y "Nabt-Négadah" vivía una espera febril del acontecimiento en el que sería consagrado por la nueva era. Por su parte, "Abt-Abydos" trabajaba día, y noche con el humo de sus lámparas de aceite en la reconstitución de todas las formas escritas del Conocimiento.

Fue por esta razón que los grabados rupestres se hicieron cada vez más raros desde esta época predinástica. Y aparecieron aún diferentes modelos de barcos, pero su mayoría recondaban a las "Mandjit" de los "Antepasados", y las líneas dibujadas sobre los muros reproducían estas frágiles embarcaciones de juncos con los lazos uniendo los vegetales a todo lo largo y ancho de las embarcaciones.

Numerosas estatuas en sílex y figuritas de barro de la misma época y todas representaban toros, demostrando la preocupación de los artistas, y a través de ellos, de la población por un futuro que los Sacerdotes pintaban como fastuoso. Observando algunos ejemplares en el British Museum y en el Museo de Berlín, vemos cuernos bovinos redondeados armoniosamente hacia adelante, como para intentar caminar más rápidamente en el futuro y alcanzar la felicidad prometida a los que habían participado en su acontecimiento.

Por ello mismo, el estado de la civilización de este pueblo, 5.000 años a.C., estaba muy adelantado en su desarrollo. No debemos olvidar que en el norte, el Rey Escorpión, además de los tres grandes trabajos realizados, había tenido que edificar presas para mantener las aguas fuera de los lugares de crecida normal, cavando un enorme estanque para sanear la zona y otras obras diferentes que por ser más modestas no eran menos hercúleas. Durante ese tiempo las reglas de la arquitectura y de la construcción alcanzaron tal grado de perfección que, a pesar todos nuestros conocimientos técnicos modernos, si mañana se tuvieran que construir a mano, seríamos incapaces de realizar la centésima parte de los trabajos antiguos tan bien y en el mismo espacio de tiempo que ellos.

Es por lo que en el Sur, Abydos la "Santa", "Abt" la venerada, desarrolló sus edificaciones y sus "escritos" sobre las pieles de gacelas antes de que apareciera el papiro. También fue significativo el brillo que impuso el Gran Anepu en esta región. "This"[76] fue el lugar privilegiado de la población trabajadora que ahí vivió, pero que brilló en este gran rizo que realiza el Nilo en este lugar, para acabar en Luxor.

Y en el fondo de este gran meandro, es decir en la orilla occidental, en el punto estratégico más propicio, geográficamente y astronomicamente hablando, aparecen las primicias de lo que se convertirá en la maravilla la más sagrada y la más secreta de las Moradas de Dios: los "Templos del Cielo", de "Tantri-Nouit", convertido en Dendera. Su escuela o "Casa de Vida" acogía a todos los sacerdotes, ya que su enseñanza era la única que permitía la iniciación, sin la cual el "Conocimiento" no era más que un engaño. Aquí se aprendían las "Combinaciones Matemáticas Divinas".

En diciembre de 1.975, sin desear buscar la verdad en la arquitectura tolemaica del último templo reconstruido por sexta vez bajo Evergetes II, en los laberintos reconstituidos siguiendo los planos antiguos, fue fácil imaginar tenue y estudiosa la atmósfera de la iniciación, recorriendo el interior hueco del perímetro, recinto donde no sólo se sucedieron tiendas, donde se clasificaban, se depositaban las ofrendas y los dones, había capillas distintas para cada Pontífice que accedía a la dignidad de "Gran Sacerdote", sacristías para las diferentes categorías de sacerdotes, y pasajes uniendo unas dependencias a las otras, pasillos rectilíneos de varios centenares de metros, donde se grababan párrafos de los "Textos Sagrados" del *Libro de Cuatro Tiempos"* aparentemente en desorden, sobre todas las paredes y todos los techos y también siguen en numerosos corredores laberínticos aparentemente sin salida, pero sin embargo, algunos

---

[76] This, Thinis o Tinis. En egipcio, Tjenu. Capital en las primeras dinastías. Aún no descubierta, pero atestiguada en numerosos textos. Así, Manetón la cita como centro de la Confederación Tinita.

abrían accesos a los cimientos del edificio central, al mismo corazón fundacional.

En su espesor, que llega hasta seis metros, se encuentran numerosas criptas entre las que bajan unas escaleras hacia las "Salas de los Archivos", las "Salas del Tiempo" y las "Salas del Tesoro", el conjunto se escalona en tres plantas subterráneas, evidentemente conectadas entre ellas por escaleras cavadas en la roca que giran bruscamente dieciséis veces en ángulo recto. En el fondo del último sótano: la "Sala de Osiris", y la "Sala de la Vaca Blanca" para hablar de la interpretación jeroglífica de algunos egiptólogos (¡sic!). Pero la historia de este pueblo, desde los orígenes a su fin, puede ser fácilmente reconstituida encajando las diferentes piezas de este gigantesco rompecabezas. Un tablero de 81,50 metros de base y, hasta su última terraza, con una altitud de un inmueble de "treinta pisos": es lo que debemos intentar imaginarnos para poder comprender.

En todo este contexto aparentemente complicado, pero fácilmente identificable por una muy exacta orientación norte-sur de la fachada, calculada para el año 4.387 a.C., tal y como indican los textos. Pero es necesario rectificar la posición, ya que el Nilo al llegar al final del rizo presenta un codo de 90°, ¡donde el trazado real vuelve al eje oeste-este!

La extraordinaria profusión de textos que cubren hasta la menor superficie desde el suelo al techo, demuestra que los primeros escribas deseaban perpetuar para la eternidad todos los capítulos del conocimiento, grabándolos sobre un monumento único capaz de resistir a todos los cataclismos, haciéndolos fácilmente recuperables en caso de necesidad para una nueva generación. Y desde la última terraza, Osiris resucitado indica con un gesto de la mano una habitación, una planta por debajo, donde será posible volver a encontrar el hilo. Se trata de la segunda habitación, la misma donde estaba el famoso planisferio circular grabado en el techo, cerca del que estaba Iset señalando el occidente.

Ahora no queda más que un agujero abierto, que el sol al atardecer ensangrienta odiosamente a su paso. La historia de este templo tiene tal importancia que será probablemente objeto del siguiente volumen.

La realidad, aterradora e impresionante, supera ampliamente cualquier ficción, y permitirá esta edición que será como la resurrección del Templo mismo. En este templo de Dendera aparece el único vínculo de la Tierra con el Cielo en cuanto a devota realidad y no como ficción imaginativa de algunos sacerdotes con deseos de bienes puramente terrestres. La Armonía a la que todos participaban con cuerpo y alma era el reflejo tangible al que se debía obedecer para evitar una renovación más devastadora aún que la que había destruido el Primer Corazón. Así, el Pêr-Ahâ, el Faraón, el Primogénito, el Descendiente, o cualquier otro nombre que se le de al "Hijo-Ancestro", seguía siendo del "Corazón de Dios" en toda su descendencia. Habiendo sido hundido el primero Ahâ-Men-Ptah, el segundo debía renacer con Ath-Ka-Ptah. Es por lo que la obediencia de todos, grandes y pequeños, no era objeto de contestación alguna, ya que no había ninguna otra posibilidad de supervivencia en el Más Allá de la Vida. Tal es la conclusión que se puede sacar del templo de Dendera, y de los numerosos Pontífices enterrados no lejos de ahí, bajo la colina occidental.

Todos los egiptólogos se han perdido con frases elocuentes y delirantes sobre la belleza de Dendera a pesar de pelearse vivamente acerca de su origen. Reservo centenares de ecos en todos los idiomas para los numerosos capítulos del siguiente volumen, pero no resisto la tentación de citar unas frases del más ilustre de ellos, así como algunos extractos de una carta de un neófito en la materia pero igualmente erudito.

Champollion, en su primera visita a Dendera, se dejó llevar por un lirismo muy poético, escribiendo en su cuaderno:

"Cuando por fin llegamos a Dendera, había una claridad de luna magnífica y sólo estábamos a una hora de camino de los templos. ¿Podríamos resistir la tentación? No intentaré describir la impresión que nos dio el gran propileo y, sobre todo, el pórtico del gran templo. Podemos medirlo, pero dar idea de lo que es, ¡es imposible! Es la gracia y la majestuosidad reunidas al mayor grado. Nos quedamos durante horas en éxtasis corriendo por las grandes salas con nuestra insignificante carga.[77]"

Antes de seguir con Champollion y Dendera, he aquí el extracto de la carta XLII de la correspondencia escrita en 1.828 por el *baron Th. Renouard* de *Bussière*, cuando era segundo secretario en la embajada francesa en el Cairo, a su pasaje por Dendera:

"Al fin estimado amigo, he visto esta maravilla Tentirita, he recorrido sus edificios, sus pórticos, sus templos. No puedo compartir la deliciosa y profunda emoción que me invadió. No puedo dar a sus ojos la imponente inmensidad de los monumentos que acabo de ver. Cuando al fin volví en mi, pude entregarme al examen de los detalles, y descubrí por doquier las proporciones más perfectas, las líneas más sencillas y graves, ¡hasta ser sublimes!. Los bajorelieves, los jeroglíficos, las inscripciones y los ornamentos tan numerosos, no dañan a la imponente masa del conjunto sino que desaparecen en la inmensidad del edificio, para sólo dejar ver las grandes líneas."
"Me sería imposible dar una descripción exacta de los bajosrelieves que decoran las ruinas de Dendera y cuanto más me adentro en mi examen, tanto más me sobrecoge la totalidad de los detalles.
Las columnas del pórtico son veinticuatro, divididas en cuatro filas de seis columnas cada una, las seis primeras, situadas al frente están encajadas en los muros de entre columnas. El espacio abierto que separa la del medio es el doble que del resto. Los capiteles son de forma cuadrada, en las cuatro caras del cubo se ve una máscara con orejas de vaca. Estas cabezas están muy mutiladas, las de la primera fila tienen todas la nariz rota, y sin embargo han conservado una expresión noble, tranquila y dulce. Por encima de las cabezas, el capitel va en disminución y aún está cubierto de bajorelieves representando unos templos y unas figuras simbólicas. Los toneles son divididos en anillos donde se representan temas religiosos. Unas esculturas todas muy ennegrecidas, enriquecen los techos.

---

[77] Cartas inéditas de un Champollion desconocido, publicadas por L. de la Brière, 1897.

Vemos el zodíaco[78] que abrazan dos grandes figuras de mujeres. Los muros se dividen en cuatro filas de compartimentos cuadrados, semejantes en cuanto a la disposición a las casillas del tablero de ajedrez. Cada uno de los compartimentos encierra un bajorelieve consagrado a un tema religioso y algunas columnas de jeroglíficos sin duda contienen la descripción de lo que el cuadro representa."
"Todas las esculturas estaban pintadas, los colores existen aún en parte y han conservado un brillo y un frescor extraordinarios. En los cuadros inferiores los personajes son de talla colosal. Cuanto más profundizaba en mis observaciones, menos sabía qué dibujar en primer lugar. En cualquier lado donde ponía mi mirada, no veía más que objetos notables. Veía a las divinidades, a hombres, a animales, plantas, ceremonias religiosas y campestres. La situación de soledad del monumento, en la entrada del desierto, le da aún un encanto añadido."

No era más que después de una vida consagrada al estudio del "Conocimiento" que era posible comprender lo que pasaba en la otra Vida. Pero una iniciación de diecisiete años permitiría acceder por igual a la Sabiduría y a la comprensión de las Combinaciones Matemáticas Divinas. Fueron enseñadas a un joven griego adoptado por un Gran Sacerdote, que después de superar positivamente el examen de iniciación abandonó su nombre griego de "Mnésarchus" por el que le dio el último Pontífice de Ath-Ka-Ptah, el mismo año en el que Cambises invadió y destrozó el país, "Ptah-Gô-Râ", o el que "Conoce-Dios-el-Sol". Y a su vez, éste se convirtió a su regreso en Grecia, después de once años de exilio suplementarios en Persia, en el filósofo "*Puthagoras*[79] *de Samos*", el "Pitágoras" de nuestros libros escolares.

Cuatro milenios antes de ello, otro iniciado se acercó al trono unificado sobre el que se convirtió en el primer Rey de la primera dinastía faraónica de los Hijos de Dios. Sin embargo tuvo que aplastar

---

[78] Se trata de la carta del cielo que da la fecha del Gran Cataclismo.

[79] Ptah-Go-Ra, el que conoce a Dios y al Sol, o el que conoce el Universo.

una rebelión de los territorios del norte fomentada por un Rebelde de Set, ávido de santa gloria, y que había invertido las sílabas jeroglíficas del nombre de su enemigo sudista para atraer los benéficos influjos solares. Se hizo llamar "*Na-Râ-Mer*", o el "*Unificador-Amado-del-Sol*".

Esta rebelión sólo duró el tiempo de una sonora derrota que, sin embargo, llevó unos veinte años, dando así más experiencia e inteligencia a los dos hombres. Esto hizo que Menna, vencedor magnánimo con perfecta diplomacia, hizo del rebelde vencido su representante personal y divino en el Norte, después de haber dado sencillamente un nombre más ortodoxo al nuevo Hijo de Dios, "*Na-Mer*". Râ o el Sol estaba rebajado a su simple tarea de instrumento de los bienhaceres del Eterno.

Esta oficialización abrió muy brillantemente la Era de Tauro ese día, el 24 de mayo 4.262 a.C. por la lectura del famoso ritual llamado de los "*Dos Maestros*", grabado en todos los Anales. Este fue el sermón de lealtad al Dios-Uno, el único Creador del Universo y de la Humanidad. Fue leído a orillas del Gran Río, en común por los Pontífices del Norte y del Sur, frente a todos los jefes de los *Uhu,* de las *Dos Tierras* reunidos en los márgenes del Nilo. He aquí el texto, conservado en los Archivos de Dendera, y que forma parte de los Anales del *Libro de los Cuatro Tiempos:*

> "Los Dos Maestros hablaron así a los jefes de los clanes de los Uhu, reunidos en un Segundo Corazón, a las orillas de Hapy, estando frente a ellos en una misma Mandijt:
> Ellos dijeron al desierto: "¡*Tú eres nuestra frontera a partir de hoy!*"
> Dijeron a la montaña árida: "*Nadie debe franquearte para dejar nuestro Segundo Corazón, porque ¡su vida cesaría para la Eternidad!*"
> Dijeron al limo fértil: "¡*Tú serás el futuro de la tierra y de nuestra raza, porque tú eres el Amado del Gran Río!*"
> Ellos dijeron al Gran Río: "*Tus fuentes celestes serán las de nuestras Vidas ya que asegurarán cada año nuestra resurrección*".
> Dijeron al pueblo reunido: "*Desde ahora vivid en acuerdo armónico con los Mandamientos de la Ley de Dios, ya que son*

ellos los que permitirán toda la vida en la Tierra como en el Cielo. Vosotros alimentaréis el suelo por vuestro trabajo, y éste os alimentará con sus granos".

Dijeron a los Jefes de los *Uhu* de las Dos Tierras: *"Vuestra autoridad se mantendrá a imagen de vuestros emblemas, ya que ¡tal como gobernéis, tal será el pueblo!"*
Los Dos Maestros se dijeron a ellos mismos:
A fin de que todos los hijos de Dios unidos en este Segundo Corazón puedan crecer y multiplicarse en paz en la glorificación del Eterno y de su Creación, nuestra obra permanecerá Única.
Al fin, elevando los brazos al Cielo, se dirigieron a Dios en ferviente oración:

"Oh, Señor de la Eternidad, Ptah, que Tu Ley sea desde ahora única guía de nuestros actos de cada momento de la Vida, a fin de que nuestros Descendientes se conformen a Tu Armonía sin temor alguno al Cataclismo. Que tu Sabiduría penetre en nosotros y nos ayude a vivir en esta Tierra en espera del Bienaventurado Más Allá de la Vida."

De esta forma se inició históricamente, tal y como citan los Anales de los Cuatro Tiempos, la era de Tauro Celeste y la de las dinastías de los Hijos-de-Dios, los Pêr-Ahâ, o Faraones.

Pero será veinte años más tarde, cuando el hijo Primogénito de Menes, llegando a la edad adulta y siendo llamado para ayudar a su padre, cuando se inicia la "Cronología de los Reyes" con la introducción del "Calendario". Ya que es en el año 4.241 cuando "Sep'ti o Sirio", conjuntamente con el "Sol", entrará en un nuevo Año de Dios.

Este día memorable vio igualmente a "Atota" subir al trono, el "Primogénito de Menes", que se convirtió desde entonces en el segundo Rey de la primera dinastía. Introduciendo el calendario en la rutina diaria, dio otros nombres a los meses que tenían curso en Ahâ-Men-Ptah. Y nada más normal que dar al primer mes su nombre, de forma que se inició por el mes de "Thot", y en griego "Atota" se convirtió en "Athotis". Pero no debo anticipar la fabulosa historia del pueblo en este Segundo Corazón, Ath-Ka-Ptah, ya que el monoteísmo, que debía subsistir para que vivieran los Menores sufrió a menudo contragolpes de decisiones debidas a la razón humana y que la Razón ignoraba.

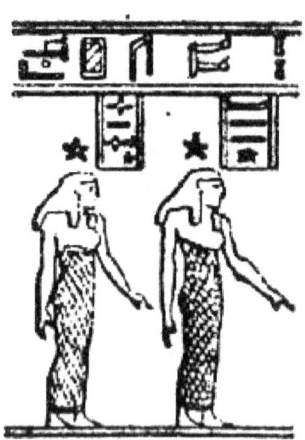

Notas y bibliografía

La iconografía monumental a escala de un inimaginable gigantismo, no sólo nos enfrenta a los grandes hechos civilizadores de un pasado muy antiguo y desconocido, y también a acontecimientos cronológicos que perturbaron, destrozaron el final este pueblo que había sido el "Amado de Dios". Hechos fielmente reproducidos en cada una de las reconstrucciones de un edificio religioso, en el momento previsto por los "Grandes Sacerdotes", con el fin de que el "Templo" se mantuviese en el eje benéfico de las "Combinaciones Matemáticas Divinas" y los mismos jeroglíficos que componen los textos de la "Lengua Sagrada" se mantuvieron hasta los Ptolomeos.

Fue exáctamente lo que ocurrió en el Templo de Dendera, cuando "*Evergetes*" ordenó su sexta reconstrucción, volviendo a leer todos los anales anteriores, usando los grabados de las doce criptas puestas al día, al igual que en las escaleras interiores que permiten acceder a las salas del subsuelo, tan importante en dimensiones como el Templo superior de la "Dama del Cielo". Pero el significado Divino se perdió, enterrado bajo las arenas del desierto y aún hoy, no ha sido ni... ¡Parcialmente descubierto!

Los pacíficos invasores helenos, que se implantaron después de la salida de los persas, sólo desenterraron gigantescos monumentos. Los jeroglíficos, ilegibles fueron falsamente interpretados, conservando en su grafismo "abominable" la llave de la comprensión de la "*Alianza*" concluida entre los hombres y Dios. Los estragos provocados por esta pérdida fueron los promotores lentos pero eficaces del olvido del contenido Sagrado de los Textos, incluso para los encargados de perpetuar el dogma.

Algunos templos progresivamente librados de las arenas, se erigen de nuevo de forma orgullosa en las orillas del "Gran Río"; pero su simbolismo sólo se mantiene en los signos cabalísticos, únicamente sólo aptos para inspirar unas fábulas delirantes que surgen en los espíritus de los viajeros asombrados por la evidente desmesura de estas moles que se remontaban a una era anterior a los tiempos bíblicos. Las escrituras "civilizadas" surgieron mucho más tarde, desarrollándose en tiempos de los fenicios, de los caldeos y de los griegos. Por ello, los relatos mitológicos adaptados a las tradiciones más antiguas, o simplemente inventados a partir de los jeroglíficos, suplantaron los Textos Sagrados y los sacerdotes egipcios aprendieron desde dicho siglo antes de la era cristiana, las lenguas habladas más allá del Nilo con el fin de mitigar el olvido que ellos mismos tenían del "Conocimiento Original".

Fue con cierto humor humanístico que estos religiosos intoxicaron a los que venían a visitarlos con el único objetivo de sonsacar briznas de las ciencias que fueran acuñables. No cedieron a esta tentación, por mayor razón, que ni ellos mismos sabían ya gran cosa; así los turistas rapaces se contentaron con explicaciones engorrosas, para inventar posteriormente con ello su propia trama, más moldeada al concepto del mundo de sus contemporáneos. Todo ello dio por resultado los fantasmas que conocemos actualmente.

Después de esto, siguiendo siglo tras siglo interpretaciones falsas y contrapuestas con errores de aproximaciones bilíteras[80] extraídas del copto por justificaciones a través de sus similitudes hebraicas y árabes. No quedó ninguna tradición oral válida, y menos aún legible, sobre el "Conocimiento y la Sabiduría", y sin embargo, en el momento del renacimiento de la ciencia de la egiptología, la simple lógica demuestra, que el deseo de querer comprender un idioma muerto desde varios milenios con la ayuda de las "letras alfabéticas contemporáneas" es matar esa lengua una segunda vez.

A través de la lectura de nuestros anteriores narradores, se desvelan unos hechos de lo más instructivo: si creemos a Porfirio, Solino, Proclo y otros tantos especialistas del período del renacimiento científico, una imagen muy extraña nos es revelada en la cosmogonía

---

[80] Etimología, estudio del origen de las palabras y sus cambios estructurales y de significado, raíz constituida de 2 consonantes.

egipcia, y sin embargo, era tan precisa como lo podría ser la nuestra en la actualidad.

El ejemplo más significativo de esta senilidad de espíritu propia a todos los escritores que regresaban de las orillas del Nilo, era que:

"Los egipcios situaban el amanecer de la Canícula como habiendo presidido a la creación de la Tierra, y a la formación de los primeros seres humanos".

Esta fabulación, aberrante para nuestra inteligencia, nos permite sin embargo constatar que la "Fija", la estrella "*Sep'ti*", que conocemos con el nombre de "Sirio", y que los griegos transformaron en la estrella "Canicular" o "*el Perro*" tenía una verdadera importancia en el sistema astronómico antiguo. De hecho, para los egipcios, "Sirio" determinaba el inicio de un "Año de Dios" que duraba 1.461 años de nuestras revoluciones solares anuales.

Desde lo más profundo de los tiempos, desde el pasado más lejano descrito, los "Pontífices" que se sucedieron a la cabeza de la "Doble Casa de la Vida" enseñaban las "Matemáticas Divinas" en Dendera, las "Configuraciones Celestes" que se armonizaban con las "Combinaciones Geométricas", teniendo como referencia, auténticos puntos fijos: unos puntos luminosos en el espacio que tenían unas propiedades muy particulares, y Sirio era uno de ellos. Incluso actualmente es fácil reconocerlo en las representaciones celestes grabadas aquí y allí desde hace varios milenios, y sobre todo, se pueden datar con gran precisión gracias al retroceso precesional de la Tierra en el espacio, ya que cada "Fija" posee un día que le es matemáticamente específico en relación a un observador humano situado en el suelo. Ese día, es el momento en el que aparece en el cielo nocturno "*antes*" que el Sol, es decir, cuando brilla con todo su esplendor antes de que salga el día, en la aurora del horizonte oriental. Este fenómeno es denominado por los astrónomos "amanecer helíaco"[81] de una estrella. Y, "*Sirio*" era "la *Fija*" por excelencia desde

---

[81] El día de su orto helíaco la estrella hace su primera aparición durante breve tiempo, porque enseguida el amanecer del Sol la ocultará. A partir de entonces la distancia

el reinado de los Pêr-Ahâ, en el remoto Egipto. Estos Ancestros ya habían observado la anomalía de esta estrella e hicieron de ello un signo divino de uso en las diferentes divisiones antes de ritmar el fluir del Tiempo. Después de haberlo observado minuciosamente y haber anotado todas sus características particulares, habían añadido unas cualificaciones que la experiencia les había confirmado.

Sus lejanos descendientes, después de haber percibido tomó una dirección opuesta a las "Combinaciones Matemáticas" pero que no afectaba el desarrollo de los días, ni el de su significado, decidieron reestablecer el verdadero calendario, partiendo de este año deseado por Dios, de tal forma que se pudieran seguir escrupulosamente las directrices. Así renació en el advenimiento de "Athotis", el hijo de Menes, en el años 4.241 a.C, el calendario sotíaco, el de la estrella Sep'ti, la "Estrella Guía".

Como este tema ha sido tratado en detalle en el volumen dedicado únicamente a la historia del templo de Dendera[82] y a sus Combinaciones Matemática Divinas, no se explicará aquí el proceso de los movimientos Celestes y de sus relaciones con nuestra humanidad. Y el éxodo decidido por los primogénitos supervivientes desde Ahâ-Men-Ptah hacia Ath-Ka-Path propició el desarrollo de una Segunda Alianza prometida por Dios en el momento benéfico de las configuraciones de las "Fijas", tal como estaba establecido en el Cielo futuro en una fecha calculable de antemano, así como el lugar donde debía situarse esa Segunda patria, el Segundo Corazón, en perfecta armonía con el Cielo. Por eso durante los milenios del éxodo, el camino seguido por cada uno de los dos clanes enemigos, a lo largo de todas sus etapas, fue meticulosamente calculado y ordenado en el tiempo, desde la costa marroquí hasta el emplazamiento ideal determinado que sería el Segundo Corazón de Dios. Sean los seguidores de Horus o los rebeldes de Set, ambos descendientes de una misma etnia original se mantuvieron ligados en la búsqueda paralela de un acuerdo cósmico.

---

angular estrella-Sol se incrementa y aquella será visible durante períodos más prolongados de tiempo, hasta que finalmente brille en plena noche.

[82] "...Y Dios resucitó en Dendera", tercer tomo de la Triología de los Orígenes.

EL GRAN CATACLISMO

Es posible comprender aquí un hecho notable y que no puede ser una mera coincidencia. Desde Marruecos y a lo largo de los miles de kilómetros que recorrió la multitud hasta las orillas del Nilo, esta epopeya azarosa que duró milenios, siempre tuvo lugar bajo la misma latitud: la misma bajo la cual estaba erigida el primer observatorio de las combinaciones celestes en "Ath-Mer", la capital del continente engullido, y fue exactamente la misma latitud en la cual se erigió el Templo de "Dendera": la línea imaginaria que llamamos hoy Trópico de Cáncer. No hay duda alguna que la estrella de referencia que sirvió como punto fijo para asegurar la ruta fue "Sep'ti". Dendera fue la culminación, y los sacerdotes supieron que, al fin, habían llegado al término de su camino expiatorio.

En efecto, el Nilo traza en este lugar un único bucle con un largo recorrido, este enorme rizo ofrecía un gran valle fértil antes de verse cerrado por una larga cadena de montañas a un lado y el desierto en la otra orilla del río.

Sólo le quedaba a Sep'ti volver a desgranar los latidos del Tiempo a través de un calendario que regiría el tiempo de los hombres. De esta forma el cielo estaría unido a la Tierra, sería el "Año de Dios".

Y cinco mil años más tarde los griegos ¡se jactaron de haber inventado la astronomía!, pero fueron sorprendidos por esta estrella, de primera magnitud, muy brillante, que los desafiaba en connivencia evidente con los grandes sacerdotes, saliendo deliberadamente a la hora indicada y el lugar previsto por ellos, al igual que preveían muchos otros astros en sus variables momentos. Lo que implicaba un conocimiento perfecto de sus movimientos en el cielo, al dar los egipcios un "ciclo" a Sirio; los viajeros helenos hicieron de esa Fija un "perro guardián" obediente, que además vigilaba el movimiento de las crecidas inspirando un gran respeto por la magnitud de este tiempo rítmico que superaba su entendimiento, no les permitió delimitar con claridad las estimaciones que se derivaban de los complejos cálculos de sus predecesores en esta tierra. Efectivamente, el retorno cíclico de un amanecer helíaco muy bien definido, sólo se efectúa después de 1.460 años solares, es decir, al inicio de la *1.461* revolución anual de nuestro "astro de fuego".

Los más antiguos Pêr-Ahâ ya habían determinado que Sep'ti, es decir, Sirio, tenía su amanecer helíaco al inicio de la crecida con *"seis horas de retraso en relación al año anterior"*. Por ello, al cabo de cuatro años convenía retroceder un día para el descuento del tiempo. Lo que matemáticamente significa que veinticuatro horas eran sumadas cada cuatro años, a fin de que la armonía entre el Cielo y la Tierra no padezca perturbación alguna. Se trata de la implantación de un año bisiesto, sin la utilizar el Sol para el descuento del tiempo. Este año sotíaco, llamado "Año de Dios", tenía 365 ciclos de 4 años más un día, o sea, 1.460 años helíacos de Sirio ó 1.461 helíacos solares. Y en cada retorno cíclico, un amanecer conjunto de los dos astros, conjunción astral que era el signo divino de un eterno reinicio armónico celeste de la Alianza aceptada por Dios.

La mezcla de varias leyendas como resultado de estos cálculos, muy posteriores a estos antiguos acontecimientos, asoció "Sirio" a "Toth", el inventor del calendario. No olvidemos que "Toth" es la abreviatura de "Athotis, hijo de Menes", que en 4.241 a.C. restableció el calendario sotíaco el mismo día de la conjunción "Sirio-Sol", precisamente, el 27 de julio de aquel año. En esta hora memorable se restablecieron todas las instituciones de un Egipto reunificado, llegó la crecida del Nilo que inundó de limo fértil todas las tierras cultivables, y durante todo ese proceso Sirio fue muy visible; pero después esta estrella dejó de aparecer hasta el siguiente inicio de Toth. Pero los griegos sólo retuvieron de estos hechos la imagen de: un punto brillante en el cielo, fijo, vigilante, fiel cual perro y, de ahí, "*Canis, Canicular, Canícula*", se convirtieron en sinónimo de "tórrido" para nuestro mes de "agosto" que era el de "Toth" en aquel momento.

Los mitólogos imitadores de Plutarco que habían visto en todos los muros de los templos y en las tumbas la representación de un enorme perro negro con las orejas fieramente erguidas y grandes ojos abiertos, no se ciñeron a las explicaciones que les fueron dadas: que era el compañero de "Anepu" y prefiriendo hacer de él la configuración terrestre de Sirio que denominaron "Anubis". De ahí la complejidad de las fábulas inventadas, Sirio se convirtió así en la "guardiana del más allá", y en la fija unificadora de la muerte y la vida, más allá del éter.

Se ha hablado mucho de Anepu en este libro, como de su fiel perro negro que lejos de dedicarse a merodear en los cementerios, como lo pretendía nuestro imaginativo Plutarco, fue más bien el amigo fiel protector y para este gran sacerdote que reinventó los principios de la momificación de los cuerpos, favoreciendo de este modo el paso de las almas que dejaban sus envolturas carnales para llegar al reino de los "Bienaventurados". Cada uno de nosotros podrá meditar acerca de las piezas de esta fabulación nacida de los espíritus fuertes de los que se han llamado "¡escritores de nuestra Antigüedad!".

El año de Sirio, por su duración astronómica, permitió un ascenso constante planificado en el tiempo para los primeros rescatados que se convirtieron en multitud y llegaron al final de sus penas a las orillas del territorio que fue su Segundo Corazón. Los mínimos movimientos de estas errantes fueron pensados y preparados, al igual que el perfil y la longitud de cada etapa del agotador éxodo que siguió fielmente el desarrollo de las "Combinaciones Matemáticas Celestes" gracias al punto fijo de la estrella del "Perro", ya que esta estrella, de primera magnitud, no se había visto sometida a ninguna de las perturbaciones sentidas en la tierra. Y su navegación celeste, excepcional, no se resintió en el "Gran Cataclismo", perfectamente reconocido por los sacerdotes en los primeros días del renacer, y considerándolo como un signo divino evidente y preludio del perdón concedido a los supervivientes.

El planisferio de Dendera recupera de esta forma su significado tan claro y primordial a través de las seis reconstrucciones sucesivas. Sin ningún género de dudas, a pesar de ciertos escépticos. Numerosos son los escritos antiguos que lo atestiguan. En el tiempo del rey Khufu, el famoso Keops de los griegos, de la IV dinastía, un escrito del escriba real lo asegura, está conservado en el Museo *Boulaq,* en Egipto, el papiro dice:

"El Templo de la Dama del Cielo, de Tentyris, (Dendera) deberá ser restaurado por orden de Su Majestad Khufu, de Voz Justa. Será la tercera reconstrucción, se hará según los mapas primitivos muy antiguos de los Seguidores de Horus, dibujados en las pieles de gacela que conservamos en la Sala de los Archivos".

Como leemos, se establece formalmente que el origen de los templos de Dendera se pierde en la noche de los tiempos predinásticos, y es exacto que la última reconstrucción sólo se remonta al reinado de un Tolomeo (sin que sepamos de qué siglo antes de nuestra era). Explorando actualmente las múltiples excavaciones, ya al descubierto de los sótanos, al igual que las doce criptas subterráneas, es fácil comprobar que los grabados "idénticos hasta en sus mínimos detalles" difieren, sin embargo, de forma muy evidente del estilo de las reproducciones sobre piedra. Cuanto más nos adentramos bajo tierra a través las salas más antiguas, más grosera se presenta la factura del trabajo en su conjunto. Ello es comprensible si se admite que las herramientas empleadas eran muy rudimentarias.

Lo mismo ocurrió para este zodíaco que indicaba la fecha exacta del Gran Cataclismo, por la posición de la "Fijas" y de las constelaciones que estaban reproducidas, todo era idéntico y en todos sus trazos a la primera grabación original. Sobre esta "Carta del Cielo", el "León" dirige la cohorte de las "Doce", de pie sobre su barca y desarrolla la espiral de la Creación en su eterno movimiento de remolino. Él dirige también de esta forma, las diferentes "Combinaciones Matemáticas" gracias al "Látido" insuflado a la Tierra por Dios mismo. La ruta, muy nueva, en este día preciso que iniciaba un nuevo ciclo, era opuesta a la que la había precedido, como se demuestra por un segundo "León" situado debajo, sentado, girando su cabeza hacia el horizonte occidental y posando sus patas delanteras sobre el jeroglífico que significa "Diluvio".

Esta imaginería finamente grabada casi no necesita ser explicada para ser comprendida, porque ella misma precisa perfectamente el acontecimiento catastrófico que trastocó para siempre la historia de un pueblo que se creía elegido; destrozado por su impiedad, su salvajismo y su inconsciencia. Los hombres que les siguieron quisieron conservar para siempre este recuerdo, imperecedero, de forma que sus descendientes no pudieran iniciar una nueva prevaricación.

Gracias a esta precaución ha sido lícito realizar nuestra investigación contemporánea con ayuda de un ordenador y la programación precisa de datos astronómicos y matemáticos para la obtención un resultado, que hizo caer una fecha de forma seca, impresa en un terminal de cinta la: el 27 de julio de 11.767, es decir, en el año

9.792 antes de nuestra era. Esta fecha representa sin error posible alguno el día de un terrible evento. Sobre el techo de la sala de iniciación, donde está grabado, este planisferio está rodeado por ambos lados de seis líneas quebradas, un diluvio: el Gran Cataclismo que se tragó a "Ahâ-Men-Ptah".

En primer lugar, esto parece demasiado fantástico para resultar verídico, y nuestro estrecho espíritu se defiende contra la posibilidad de tal resurgir. Y, sin embargo, desde Solón y Platón no se niega la seguridad de tal realidad ni la sabiduría que emanaba de este pueblo.

Ahora bien: ¿De dónde podría provenir el conocimiento de los habitantes establecidos a las orillas del Nilo en tiempos de Menes? Incluso Plutarco, que fue testigo ocular, se llenó de respeto hacia los poseedores de las "Ciencias" que consideraba humanamente "inexplicables". Tal como lo indica en este pasaje:

> "Los egipcios, por ejemplo, medían la altura del polo con una tableta en forma de teja que formaba un ángulo recto con un plano nivelado"[83].

En esta descripción reconocemos con facilidad, un tipo de cuadrante equinoccial aún en uso en la Tebaida en el segundo milenio a.C. por lo que convendría admitir, que tal instrumento no nació sin más "de la nada". Sino que sólo pudo surgir como consecuencia lógica del conocimiento de la oblicuidad de la elíptica, y ello durante largo tiempo para poder dominar la curvatura a través de aparatos de medida especialmente estudiados y realizados para ello. ¿Quién se atrevería a pretender que este pueblo capaz de dotarse de tales instrumentos para domesticar el espacio, y orientar sus primeros edificios religiosos con fina precisión, no haya sido capaz de describir y reproducir el estado del cielo en un día determinado en su tiempo?

---

[83] *Des oracles qui ont cessé*, chap. 3.

¿Pero entonces, Anaximandro, Tales, Anaxímenes todos estos sabios no inventaron nada?

Clemente de Alejandría, que sabía muy bien de lo que se hablaba, y que conocía el contenido de los archivos de su ciudad, constató con melancolía en su Stromatas:

> "Si yo debiera citar aquí todos los plagios y todo el saber que los griegos han tomado de los egipcios. ¡Todo el contenido de este libro no bastaría para escribir el nombre de sus autores!"

Otra cosa igualmente cierta, sin por ello deber remontarse a las calendas egipcias,... es que el famoso cuadrante solar, cuya invención está atribuida a Anaximandro según Diógenes Laercio, y a Anaxímenes según Plinio el Joven, ya existía mucho antes del nacimiento de estos dos presuntos inventores. En efecto, si los cuadrantes solares florecían en Mileto durante el siglo VI a.c., un texto de ciento cincuenta años anterior, nos informa de que su existencia era mucho más antigua.

En el *Antiguo Testamento*, se encuentra (Isaías 38-8):

> "He aquí para ti, de parte de Yahvé, la señal que Yahvé ejecutará y la palabra que ha dicho: "Haré retroceder el sol de diez grados sobre los escalones de Achaz, en la sombra que el sol proyecta". Y sobre el cuadrante Achaz el Sol retrocedió diez grados sobre los escalones que había bajado."

Este pasaje significativo nombra a un rey de Judea, "Achaz", que gobernó de 736 a 716 a.C., y mandó construir un cuadrante de grados ya en uso en Egipto. Este cuadrante indicaba el desarrollo del tiempo por medio de la longitud variable de la sombra proyectada por una vara sobre los escalones delimitados para este uso a través de cálculos precisos. Y ello por sólo nombrar un tipo de categoría de los cuadrantes utilizados doscientos años antes de su invención por los "sabios" helenos.

Además, recordemos que en sus respectivas filosofías, Anaximandro inculcaba a sus alumnos que la tierra era plana, y Anaxímenes que el cielo era de piedra. No me queda comentario alguno para añadir sobre la ciencia de estos genios, y ¡qué decir de sus eruditos compatriotas! Sus jefes de fila fueron Eudoxo y Eratóstenes y su posición es también muy incómoda. Además, estos impenitentes plagiadores conocían muy mal el tema que divulgaban a su retorno en Grecia y sus descubrimientos astronómicos fueron largamente explicados en el capítulo dedicado a las "Combinaciones", con pruebas fehacientes.

Meditemos ahora, un momento, las palabras de un ilustre que viajó a este grandioso país más tarde que los filósofos helenos. Durante su estancia en el templo de Sais, recorrido algunos siglos antes por Platón, se planteó un abismo de reflexiones sobre la inteligencia de los que lo acogieron. Después de haber contemplado la masa de los archivos acumulados en los subterráneos del edificio, *Martianus Capella*[84] escribió:

> "Digno de ver, qué libros, cuántos volúmenes, y en cuántos idiomas se conservaban los productos de estos sabios sacerdotes. Unos parecían escritos sobre láminas de papiro alisados con cedro; otros estaban hechos de tela de lino plisado, también había muchos volúmenes sobre pieles de cordero perfectamente conservados. Unos cuantos más, en menor número, eran unos escritos efectuados sobre hojas de tilo y otros tenían aún la coloración del negro religioso, cuyas letras representando efigies de animales parecían acaparar nuestra alma."

Por débiles que pareciesen mis conocimientos en esta jeroglífica de los primeros tiempos en Ahâ-Men-Ptah, los numerosos textos compilados en varias bibliotecas europeas, así como en ciertos monasterios de Egipto y del Sinaí, me permitieron establecer una sólida trama, una red de información de lo más preciso, donde la Lógica encontró su resultado en toda quietud, y en particular, en lo referente a la comprensión de las "Combinaciones Matemáticas Divinas" que se camuflaba bajo estos famosos anaglifos jeroglíficos de los que ya hablaba Clemente de Alejandría y que Champollion no hizo más que

---

[84] De Nuptiis philogiae et Mercurii, liv. II, p. 35.

esbozar el acertijo denominando esta escritura: la de las "Combinaciones Meditadas".

Tuvo gran importancia en la obtención de mis resultados, la biblioteca del "*Centre Culturel des Fontaines*"[85] que me acogió para afinar mis notas y la conclusión de mis investigaciones. Ya que en los más de 650.000 volúmenes reagrupados en esta sala del saber, más de 2.000 están dedicados al estudio de la historia faraónica y de sus logros (tales libros son muy raros hoy). Entre estas obras, 114 se refieren a la gramática y al sistema jeroglífico. Y gracias a poder leer todas las interpretaciones muy eruditas, surgió una conclusión hasta para el neófito que era: No existía ningún acuerdo sobre los datos de base que sirvan a las traducciones, ¡ni el más mínimo hilo conductor! para normalizar una comprensión real de la "Lengua Sagrada": la "Jeroglífica".

Todo nos muestra y nos demuestra que la letra quedó muerta, los egiptólogos se descarnan con violencia sobre este tema desde los ensayos de lectura de Champollion y la famosa piedra trilingüe de Roseta, que como es sabido, fue descubierta por los soldados del ejército de Bonaparte, desencadenando en los investigadores franceses un "mecanismo" de traducción. La materia gris de Champollion resonó fuertemente frente a los jeroglíficos grabados, en lo que popularmente se denominó los "cartuchos", comprendiendo que se trataba de "patronímicos de emperadores romanos" escritos "fonéticamente", pero en el idioma de Ramsés. Le dejaremos la paternidad de esta idea, ya que nuestra meta no es iniciar una polémica sobre este tema, además, el doctor Young, un inglés, había llegado a las mismas conclusiones ¡doce años antes! Pero, no seamos pérfidos y admitamos que no tuvo "conocimiento" de ello, ya que muchas de sus lecturas de los signos se desvelan inadmisibles. Nuestro sabio egiptólogo además, murió varios meses después, y los dos "sabios" unidos en la misma "controversia" fueron el hazmerreír de muchos eruditos que negaban cualquier valor a ese sistema de comprensión aberrante. En su favor diría que en 1830, el horizonte cronológico de la

---

[85] Este Centro, dirigido por los Jesuitas, se encuentra cerca de *Chantilly*, en el *Oise*, en Francia.

historia de los pueblos estaba singularmente acortado, y "La Historia Sagrada", bajo ningún concepto podía ser contradicha bajo ¡disparatada pena de excomunión!, y sólo permitía remontar el hombre al quinto milenio antes de nuestra era. Esto sin embargo, no impidió que numerosos sabios hicieran meticulosos descubrimientos que les permitieron acercarse a una lectura correcta.

En 1869 De Rougé escribió en su "Étude sur l'écriture égyptienne" (Estudio de la escritura egipcia):

"Debido a un concepto que proviene de alguna forma a una razón mística, algunos textos están escritos en un sistema que se puede calificar de "retrógrado", grupo por grupo, porque para leerlos, hay que hacerlo en el sentido inverso del que me indicaría la disposición de los caracteres."

Esta lectura, opuesta a la nuestra, es una de las nociones fundamentales de la Lengua Sagrada. Cuando las frases tienen un doble sentido, algunas partes se leen de derechas a izquierdas, y otras de izquierdas a derechas. La actual fonetización es demasiado azarosa para fiarse de ella, y no es aventurado querer hacer "coordinar una apelación" fonetizada de caracteres con un sentido preciso definido, con un "deletreo" incluso jeroglificado, de palabras que sólo significan "nombres propios de emperadores desconocidos" aunque sean ancestros. Es como si quisiéramos escribir "cohete espacial" en latín, primero deberíamos inventar nombres especialmente cercanos cuya fonética nada tendría de común con el significado original. Por ello, le pedí a un distinguido latinista la traducción de "*pommes-frites"* (patatas fritas), al latín, término que no existía en tiempos de Cristo ya que esta raíz no formaba parte de ningún menú. Después de maduras reflexiones, este erudito investigador me dio la siguiente interpretación: "*Solana Tuberosa ex oleo fricta*". Es como si dentro de pocos milenios pidiésemos a un traductor escribir el texto de "Ovidio o de Julio Verne" en el lenguaje popular argótico, que desgraciadamente se introduce cada vez más.

Esto nos permite comprender que fue un trabajo similar al que se entregaron los escribas para realizar lo representado en la "Piedra de Roseta". Los nombres de "Berenice y Ptolomeo" no tenían ninguna concordancia fonética en los jeroglíficos en uso en las primeras dinastías, ni en la comprensión de los signos, tal y como existían a partir del reinado de los reyes hicsos.

No soy yo quien debo erigirme como juez en esta disciplina extremadamente interesante, ni librar combates estériles con el fin de justificar cualquier propósito avanzado por una crítica sistemática de lo que hombres más competentes interpretaron en los textos egipcios según sus conceptos en relación a la todapoderosa teología cristiana de nuestro tiempo. Porque estos hombres dedicaron su vida entera a investigar, cosa que yo no puedo hacer, ya que, sinceramente, reconozco no tener su hábito. Sin embargo, he efectuado otras investigaciones matemáticas y astronómicas basadas sobre un análisis lógico de todos los datos clasificados cronológicamente, y luego, memorizados metódicamente. De esta forma he podido reagrupar algunas formulaciones que aportan respuestas formales en cuanto a la construcción aritmética dentro de las progresiones de las "Combinaciones Matemáticas Divinas" escondidas dentro de los textos anaglíficos. El álgebra, tanto como la geometría y la utilización de los sistemas fraccionales referentes a la astronomía, me permitieron restituir el proceso en sí mismo. Las estrictas reglas que lo definen no sufren ninguna alteración, y a fin de cuentas definen la ley escondida bajo una apariencia complicada.

Pido a todos los egiptólogos que del modo más leal y sencillo posible entrevean la posibilidad de una traducción integral del "Conocimiento" que, actualmente, evidentemente, está muy lejos de la interpretación abusiva de los escritos de la Lengua Sagrada. Ya es hora de volver a la primera Creación de la Tradición transmitida a través de la iniciación en la "Casa de la Vida" después de una severa enseñanza. Sería el mejor modo de escapar de este cuello de botella del que sólo surgió una fabulación mitológica helenizada, haciendo caso omiso de la "inteligencia" antigua transmitida por Dios a su elegida progenitura, la que fue capaz de edificar estos monumentos que desafían el tiempo y nuestra imaginación tanto como nuestras conciencias.

Por lo que conviene retomar el camino espiritual para devolver a esta escritura jeroglífica a su conocido contexto, que es más matemático que gramatical y más lógico que literal. Es el único acercamiento posible para restituir una completa comprensión del monoteísmo en uso desde la más lejana antigüedad de este pueblo, original de esencia divina. La lucha de los dos clanes marcó una disociación muy nítida entre el bien y el mal desde el momento del Gran Cataclismo, permetuando la lucha de esos titanes que prosiguió con los rescatados a lo largo de su éxodo, durante milenios y se extendió a lo largo de miles de kilómetros, mientras que las dos poblaciones siguían caminos paralelos asentándose en los territorios atravesados pero, si por azar, se encontraban se batían entonces violentamente, y su historia fraticida se vio sometida a muchas transformaciones.

Generación tras generación, siglo tras siglo, las diferencias entre la verdadera y la falsa divinidad se amplificaron hasta llegar a Ath-Ka-Ptah, donde finalizó por la fuerza de los acontecimientos. En los rebeldes de Set no subsistió gran cosa de Dios, mientras que bajo Menes, el sucesor de los seguidores de Horus, se mantuvo su predominancia, conservando el temor de la ruptura de la nueva alianza entre el cielo y la tierra, en la tradición, si los platillos de la balanza celeste, que pesa las almas, se inclinaban hacia el lado malo.

El autor reclama la mayor indulgencia, que con buena voluntad se dirige a sus semejantes a través de este escrito y de otros tomos donde muchos de los puntos aún oscuros parecerán a los especialistas meros balbuceos de un novicio. Sin embargo, en algunos casos, es bueno no poseer estudios conformes a la disciplina elegida y conforme a las investigaciones, ya que permite abrir una "nueva vía", poco ortodoxa, donde las críticas son evidentemente posibles, aunque sólo lleven a contestaciones estériles. No se trata de forma alguna escribir una obra de historiador que niega cualquier significado a los trabajos de eminentes sabios, conocidos por sus brillantes hipótesis sobre la antigüedad faraónica; sino pedir a estas mismas personalidades estudiar a su vez este concepto "diferente" del Creador y de la sucesión de los Pêr-Ahâ.

Habiendo descifrado, o mejor desbrozado, la comprensión secreta de los textos antiguos, gracias a la búsqueda matemática de los anaglifos, ofrezco voluntariamente y con agrado este único acceso lógico a la lectura tradicional de los signos jeroglíficos, porque este idioma de los primeros tiempos, que ha desalentado a los especialista, y totalmente perdido que puede ser reconstruido. Desde la desaparición del continente de Ahâ-Men-Ptah, sólo se pudo mantener el legado tradicional a través de una memorización oral intensiva, siempre comprobada, hasta la llegada a Ath-Ka-Ptah milenios más tarde.

Los grabados rupestres pintados y tallados sobre las rocas a lo largo del camino recorrido, se extienden desde la costa oeste africana hasta la orilla del gran río, el Nilo, sobre varios miles de kilómetros hacia el este, y recuerdan con constancia la trágica época de los milenios vividos tras el Gran Cataclismo, mejor conocida con el nombre que designa el período del "Gran Duelo". Estos dibujos justificaban la esperanza de los rescatados hacia una tierra prometida desde hacía tantas generaciones por sus primogénitos sucesivos en nombre de Dios.

Durante este largo tiempo y hasta la Primera dinastía, una nueva escritura adaptada a las nuevas necesidades espirituales fue restablecida siguiendo la lengua primitiva, dispuesta a ser restituida llegado el momento de restablecer el calendario, y en consecuencia el orden armónico que une el Cielo y la Tierra. La civilización faraónica sobrevivió a numerosos peligros, siendo su tradición un incesante recuerdo soberano para los cerebros humanos desfallecientes.

La jeroglífica se convirtió así en un elemento protector de la Ley del Creador y de los Textos Sagrados, únicos capaces de asegurar la correcta ética de la humanidad encaminada hacia la eternidad del "Más Allá de la Vida Terrestre", solamente accesible a los elegidos del "Segundo Corazón" que no hayan pecado. Pero el olvido de nuevo surgió, favorecido por los usurpadores y forzado por los invasores. La decadencia, provocada en etapas sucesivas definitivamente borró a este pueblo "Amado de Dios" cuando Cambises encabezando sus ejércitos persas, en 525 a.C. practicó el primer genocidio conocido de un pueblo. Y "Ath-Ka-Ptah", el "Segundo Corazón de Dios" desapareció una vez más.

NOTA A:
A PROPÓSITO DEL "TIMEO" DE PLATÓN

Numerosos lectores del anterior volumen, el Gran Cataclismo, se han rebelado contra la interpretación efectuada del texto del "*Timeo*" que glorifica a los ancestros griegos por los innumerables logros que habían precisamente recibidos de aquellos a los que menospreciaban en el diálogo incriminado.

¡Sin embargo nada es más verdad! Volvamos a situarnos en el contexto histórico, Platón que nació en 427 a.c. ya era un acomodado filósofo de setenta años, es decir, fue envejeciendo sin duda alguna cuando emprendió escribir una trilogía, en la que "*Timeo*", no fue más que una de las partes, siguiendo "*Critias*", inacabado, y "*Hermócrates*", que no fue redactado. Platón volvía de Sicilia, viaje que lo deprimió como todos sabemos por el fracaso evidente que cosechó desando implantar una república comunitaria e igualitaria donde todos serían felices. Había aprendido todos los engranajes en los templos egipcios a lo largo de cinco años e intentaba volver a poner esas famosas leyes en vigor. Fracasó y ulcerado por su doloroso, volvió a Atenas y escribió el "*Filebo*". Por esta obra es fácil entrever la admiración de este gran sabio por un pueblo cuyas grandiosas realizaciones superaban con creces la comprensión de los helenos de aquel tiempo. En *Filebo* VIII, se lee directamente un infinito respeto en las líneas:

-" Descubrir que la voz es eterna, fuese obra de un dios de o de cualquier hombre divino, tal como se cuenta en Egipto, de un tal "Thot" que fue el primero en percibir en este infinito, las vocales, no como siendo una, sino varias, después otras letras que sin tener la naturaleza de las vocales, tenían sin embargo un cierto sonido, y reconoció igualmente que eran un número determinado. Él distinguió aún un tercer tipo de letras que hoy llamamos mudas, después de estas observaciones, separó una por una las letras privadas de sonido, luego hizo lo mismo con las vocales y las medianas hasta que, habiendo alcanzado el número, les dio a todas y a cada una el nombre de elementos. Además, observando que ninguno de nosotros podría aprender ninguna de esas letras de forma individual sin tener que aprenderlas todas, imaginó una unión de todas en una unidad, y lo representó como no siendo más que un todo, y le dio el nombre de gramática, formando un solo arte".

Este extracto es suficiente para que podamos percibir la admiración y la nostalgia de un incontestable erudito, frente a un abismo insondable de inteligencia. Pero el hecho importante que pasaría quizás desapercibido, es que Platón confirmó, sin discusión la anterioridad de la escritura atribuida comúnmente a los fenicios. Además los testimonios no faltan sobre este tema, debemos admitir, que el ilustre filósofo interpoló el diálogo de "Timeo" en un intento por hacer renacer la unión "Sagrada" en sus compatriotas.[86] Su consciencia no tuvo quietud, porque si su larga estancia a las orillas del Nilo lo había convertido en un admirador de los logros y de los conceptos de esta antigüedad faraónica, lejos estaba de sentir esa misma admiración para los autóctonos de su época. Había tal decadencia y tal degradación en los egipcios que conocía, comparado a lo que él entreveía intuitivamente de la vida antigua tal y como Solón la había contado, de forma que la obsesión de un reinicio se implantó en él en lo que se refería a sus conciudadanos...pero ya no era tan joven.

Cuando volvió de Sicilia y habiendo escrito el "*Filebo*", a la vez que enseñaba su nueva filosofía, redactó, después de haberlo madurado, la primera parte de su trilogía: "*Timeo*". Sabía que le quedaban pocos años por vivir, así que preparó la estructura de sus 12 libros de las "Leyes" que precisarán su admiración por la República. El "*Timeo*" es el preludio, sin duda alguna la ejemplar introducción de estas "Leyes" que Platón preconizó en forma de testamento a los atenienses. Por lo que convenía, que el "*Timeo*" demostrase toda la gloria y el valor de la antigua grecia para que de esa forma, los griegos no dudaran en adoptar sus "Leyes" y coronar el blasón de Atenas, devolviendo su esplendor. Es fácil seguir el hilo del pensamiento de Platón, ya que al

---

[86] A propósito de la anterioridad egipcia de la escritura, leer: *Orígenes, I, 5;* de Isidoro de Sevilla. De Cirilo de Alejandría: *Contra Julianum, VII.* De Josefo: *Ant. Jud.* De Clemente de Alejandría sus *Stromatas.*

inicio del "Timeo" es un constante recuerdo de este concepto salido de la mentalidad personal del filósofo.

La conversación entre Sócrates, Timeo, Critias y Hermócrates es una justificación notable gracias a la coherencia total entre el *Timeo* 17b/ 19b, y la *República* II-369/V471. Es por lo que la ciudad ideal, capital de otro lugar, Ahâ-Men-Ptah convertido en Atlántida, contada por Solón 150 años antes que Platón, en verso y en otra versión, se convirtió en una antigua creación griega.

A su regreso de Sicilia, es decir con 70 años, Platón se da cuenta que sus hermanos son egoístas, imbuidos de ellos mismos y no creen más que en sus propias creaciones. Un sentimiento amargo de un "ya visto", le volvía a galope, acechando al viejo hombre por el declive de esta humanidad despreocupada que tanto amaba. Y justamente por culpa de esta obsesión de ver la Acrópolis convertirse en un campo de ruinas semejantes a las de Heliópolis o Tebas de las cien puertas de oro, cantada por Homero, por ello vuelve a tomar esa idea utópica de un gobierno ideal que daría a cada uno la consciencia de sus responsabilidades para conservar la Armonía Divina en el Futuro.

Esta experiencia ya la había intentado sin éxito en Sicilia con Denys, pero había sido abofeteado, ofendido, y fue un lamentable fracaso. Es por lo que el *Timeo* fue redactado de esa forma magistral, bajo forma de homilía a la gloria helénica.

NOTA B:
A PROPÓSITO DE LA ANTIGÜEDAD DEL ZODÍACO DE DENDERA

Muchas preguntas surgen también a propósito del templo de Dendera, y de su Zodíaco. El tercer volumen estará exclusivamente dedicado a ello, desde su primera construcción hasta la sexta y última bajo Tolomeo II, no es necesario iniciar una argumentación sobre el propio origen del planisferio, o sobre el edificio religioso. Pero para comprender mejor la autenticidad original, intentemos explicar la matemática del engranaje de la precesión de los equinoccios, único proceso capaz de numerar "en el tiempo" una representación de configuraciones celestes, es decir "fechar" la antigüedad de una carta del cielo y no de los grabados de la imagen.

Si representamos un cuadrante esférico dividido en 360°, del que hemos quitado los dos casquetes. No queda más que un amplio cinturón, de una y otra parte del ecuador celeste, como un tipo de reloj a escala solar cuya aguja al desplazarse de derechas a izquierdas indica por su movimiento, la marcha del Sol del levante al poniente y viceversa, de tal forma que una vuelta completa de este cuadrante, indica el tiempo de un "año sideral".

Pero el hecho primordial de este conocimiento astronómico reside en que la carrera, o la navegación solar, a lo largo de este Gran Río Celeste Circular, no es uniforme en su descuento temporal. Ya que es en virtud del "movimiento retrógrado" terrestre se constituye lo esencial de la matemática de los equinoccios, nuestro año *"trópico tiene una duración de 365 días 5 horas 48 minutos y 51 segundos"*, mientras que la revolución "anual sideral" *es de "365 días 6 horas 9 minutos y 11 segundos"*. Esta diferencia matemática en el tiempo, se repercute en el espacio con un retroceso de "50 segundos" de arco cada año en su punto inicial, el punto vernal, retrocede pues *"un grado cada 72 años"*.

Es debido a esta diferencia, que el cielo vuelve a su emplazamiento primitivo cada 25.920 años (72 x 360), por lo que la cronología antigua ha sido restablecida en su datación con la más rigurosa exactitud.

Cuando se poseen datos precisos, como en el caso del planisferio de Dendera, es fácil calcular el tiempo que separa la posición primitiva de los equinoccios, de los solsticios relativos a las configuraciones celestes, en relación a las nuestras. La diferencia en grados, minutos y segundos de arco será dividido tantas veces por 50 segundos para conseguir la duración del alejamiento en relación al tiempo presente.

Pero el cuadrante circular, recortado en una esfera celeste, no es cómodo de manejar para un neófito y no facilita una comprensión popular. En efecto es imposible situar en un círculo finito, la infinita posición de las retrogradaciones anuales, sin llegar rápidamente una extrema confusión. La eterna marcha del tiempo en el espacio pronto haría que todos los cálculos fueran, tan incomprensibles como azarosos, incluso para los profesionales.

Es indispensable pues buscar otra solución para los profanos. Por ejemplo, se puede pensar en una superficie plana, cuya longitud puede estirarse indefinidamente para asegurar unas representaciones tan claras como precisas. Cada lector puede efectuar de esta forma todos los cálculos deseados. Se supondrá que el círculo, representado de perfil, se desplazaría paralelamente al él mismo de izquierdas a derechas, como una hélice removiendo el aire, representando un cilindro cuya longitud iría en aumento hasta el infinito, según las necesidades de los tiempos por venir.

El punto vernal indicando el inicio del año, está representado por la línea directriz, dividida en partes iguales. El desarrollo cronológico cíclico no se acumulará como dentro de un círculo, sino que se desarrollará en la superficie plana yendo de una intersección a la siguiente, como el paso de "una hélice" removiendo el aire y progresando un "paso" helicoidal". Cada avance de cada paso, representa gráficamente un año sideral, y a través de estos serán anotados por unos puntos las sucesivas retrogradaciones de otros años: "vagos, trópicos, caniculares o cualquier otro".

Estas diferentes continuaciones formarán el *"perfil lineal del tiempo"*, ellas definirán las perpetuas y continuas transformaciones *del "tiempo circular espacial"*. Sobre la figura de forma *cilíndrica transformada en superficie rectangular plana*, la imagen del movimiento circular de nuestro astro del día será perfectamente representado, a plena vista de cualquier ojo, incluso no avisado.

Las divisiones definidas están reproducidas para la línea directriz, arriba y abajo del gráfico, para miles de años. Cada paso es una de las líneas rectas paralelas aa, bb, cc.... dirigidas oblicuamente. La columna extrema de la izquierda incluye los 360° del círculo, divididos en 12 signos zodiacales tales los que representan el estado de las constelaciones en 1976 [87]. En la columna siguiente figurará la movilidad precesional, tal la navegación solar lo presentó a lo largo de milenios al ojo humano, a través de las Combinaciones Matemáticas y de las 7 Fijas, ya que éstas eran las "Estrellas-Referencia" y no los planetas de nuestro sistema solar como incorrectamente se dice a menudo.

Por ello, los cálculos astronómicos reales podrán ser realizados de antemano sin dificultad alguna. La retrogradación de 6h 9' 11" del año sideral en relación al año "vago" (de 365 días) por ejemplo, realizará en 1.423 años; las líneas mm, nn, pp, que la representan finalizan en la línea inferior dividida en años, con 1.423 años de distancia en referencia a su punto de partida sobre la líneas superior. En cuanto a la retrogradación del año del trópico, tendrá lugar cada 25.920 años.

Para dar un mismo origen, el años UNO se inicia en el calendario de "Athotis I", es decir. El primer día de Thot de 4.241 a.c., igualmente el primer día del año canicular de" Sirio", "Sep'ti".

---

[87] Fecha de la primera aparición de la obra. Nde.

BIBLIOGRAFIA

Además de la Bibliografía anexa al Volumen I, los documentos estudiados en este libro son (en orden alfabético de autores):

AUTORES	OBRAS
AMÉLINEAU E.	L'Antiquité des Temps
BALOUT L.	La Préhistoire de l'Afrique du Nord
BARTH DR H.	Voyage en Afrique
BERTHELOT	L'Afrique Saharienne
BIDEZ J.	La Cité du Monde
DE SAINT-VINCENT	Essai sur les Isles Fortunées
BOSCOWIZ	Volcans et tremblements de terre
BOULE	L'Homme fossile du Sahara
BREUIL H.	Les Hommes de la pierre ancienne
BROSSES DE	Culte des dieux fétiches
BRUCE J.	Voyage en Nubie
BUCH DE	Les Isles Canaries
BURMEISTER	Histoire de la Création
CELERIER J.	Histoire du Maroc
CHABAS	Études sur l'Antiquité
CHEVALIER A.	Mission Chari-Lac Tchad
CONTENAU DR	La Civilisation Phénicienne
DAMMANN E.	Les Religions de l'Afrique
DAUMAS F.	Le Sahara Algérien
DELISLES	Histoire Philosophique du Monde primitif

DERIGNE R.	Un Continent disparu
DORESSE J.	L'Éthiopie Antique
DUBOIS M.	La Géographie de Strabon
DUPUIS CH.	Origine de tous les Cultes
DUVEYRIER H.	Les Touaregs du Nord
DUVILLE	Œthiopia Orientalis
FROBENIUS	L'Atlas Africain
FURON R.	Manuel de Préhistoire Générale
GAYET	Les premières Civilisations
GSELL H.	Cherchell
»	Histoire Ancienne de l'Afrique du Nord
GUERIN DU ROCHER	Histoire des Temps fabuleux
HEEREN M.	Les anciens peuples de l'Afrique
JAUBERT	Géographie d'Edrisi
»	Géographie de l'Afrique ancienne
LA FAYE J.B. DE	Histoire des Royaumes de Barbarie
LAPPARENT A. DE	Les Anciens Glaciers
LHOTE H.	Aux prises avec le Sahara
»	Les Touaregs du Hoggar
LOBO PÈRE	Relations d'Abyssinie
MAILLET	La Création
MARCAIS G.	Les Arabes de Berbérie
MAUNY R.	L'Ouest Africain
MENART R.	La vie privée des Anciens
MONOD TH.	Études sur le Sahara occidental

MORGAN J. DE	L'Humanité préhistorique
PANIAGUA DE	Les civilisations néolithiques
SACY F. DE	Les Antiquités Arabes
SALT H.	Voyage en Abyssinie
SAVARY CL.	L'Adrar-Ahnet
SERRES M. DE	Essai sur les cavernes
SLANE DE	Histoire des Berbères
VANDIER J.	Manuel d'Archéologie
VAN GENNEP	État actuel du problème totémique

Esta bibliografía se encuentra en la Biblioteca del Centro "Les Fontaines", cerca de Chantilly, en el Oise, entre los 600 000 volúmenes que los bibliotecarios de los Padres Jesuitas vigilan solícitamente, y permiten de buen grado que los investigadores científicos, teológicos o académicos vengan a consultarlos.

Otros títulos

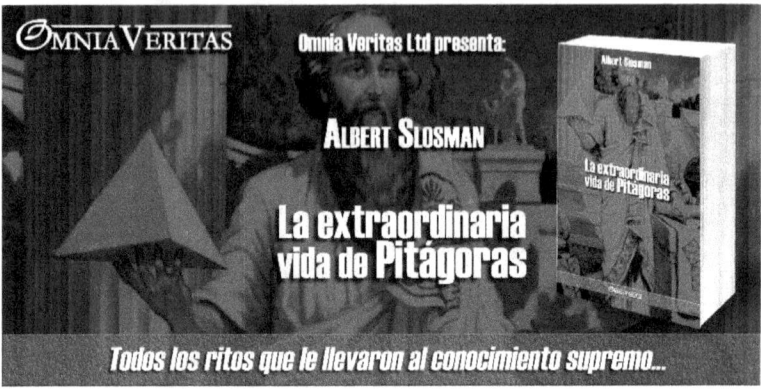

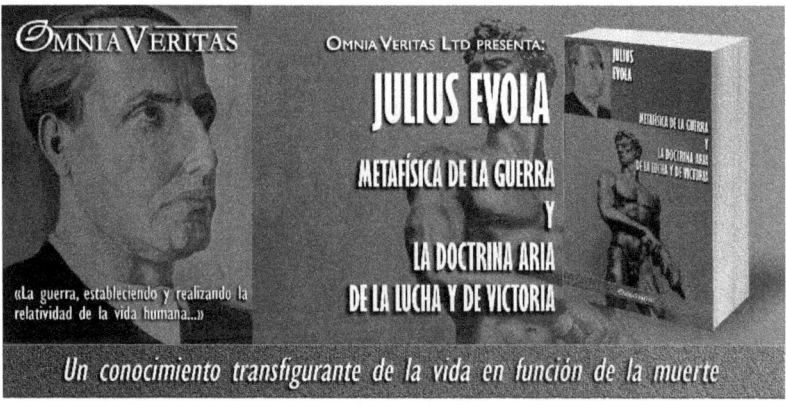

EL GRAN CATACLISMO

Omnia Veritas Ltd presenta:

Historia Proscrita
I
Los banqueros y las revoluciones

por

Victoria Forner

Los procesos revolucionarios necesitan agentes, organización y, sobre todo, financiación, dinero.

Las cosas no son a veces lo que aparentan...

EL GRAN CATACLISMO

⊘MNIA VERITAS

"El verdadero crimen es acabar una guerra con el fin de hacer inevitable la próxima."

Omnia Veritas Ltd presenta:

HISTORIA PROSCRITA
II
LA HISTORIA SILENCIADA DE ENTREGUERRAS

POR

VICTORIA FORNER

EL TRATADO DE VERSALLES FUE "UN DICTADO DE ODIO Y DE LATROCINIO"

⊘MNIA VERITAS

Distintas fuerzas trabajaban para la guerra en los países europeos

Omnia Veritas Ltd presenta:

HISTORIA PROSCRITA
III
LA II GUERRA MUNDIAL Y LA POSGUERRA

POR

VICTORIA FORNER

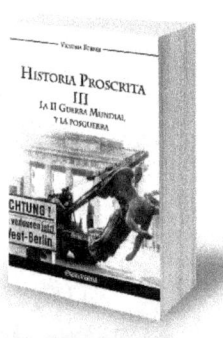

MUCHOS AGENTES SERVÍAN INTERESES DE UN PARTIDO BELICISTA TRANSNACIONAL

⊘MNIA VERITAS

Nunca en la historia de la humanidad se había producido una circunstancia como la que estudiaremos...

Omnia Veritas Ltd presenta:

HISTORIA PROSCRITA
IV
HOLOCAUSTO JUDÍO, NUEVO DOGMA DE FE PARA LA HUMANIDAD

POR

VICTORIA FORNER

UN HECHO HISTÓRICO SE HA CONVERTIDO EN DOGMA DE FE

Omnia Veritas Ltd presenta:

EUROPEA Y LA IDEA DE NACIÓN
seguido de
HISTORIA COMO SISTEMA
por
JOSÉ ORTEGA Y GASSET

Pero la nación europea llegó a ser "nación" porque añadiera formas de vida que pretenden representar una "manera de ser hombre"

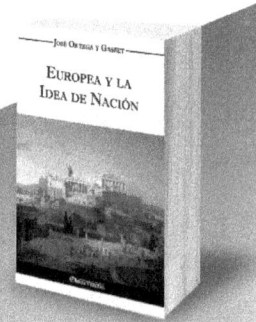

Un programa de vida hacia el futuro

Omnia Veritas Ltd presenta:

FRANCO
por
JOAQUÍN ARRARÁS

"La alegría del alma está en la acción." De Marruecos sube un estruendo bélico, que pasa como un trueno sobre España.

Caudillo de la nueva Reconquista, Señor de España

Omnia Veritas Ltd presente:

LA GUERRA OCULTA
de
Emmanuel Malynski

En esencia, **La Guerra Oculta** es una metafísica de la historia, es la concepción de la perenne **lucha entre dos opuestos** órdenes de fuerzas...

La Guerra Oculta es un libro que ha sido calificado de "maldito"

El análisis más anticonformista de los hechos históricos

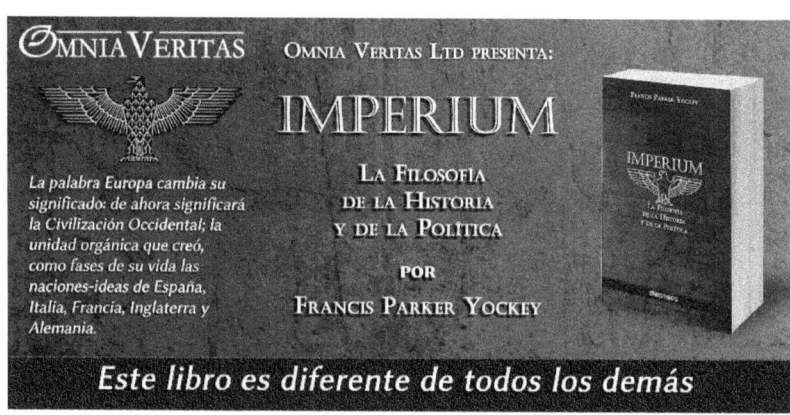

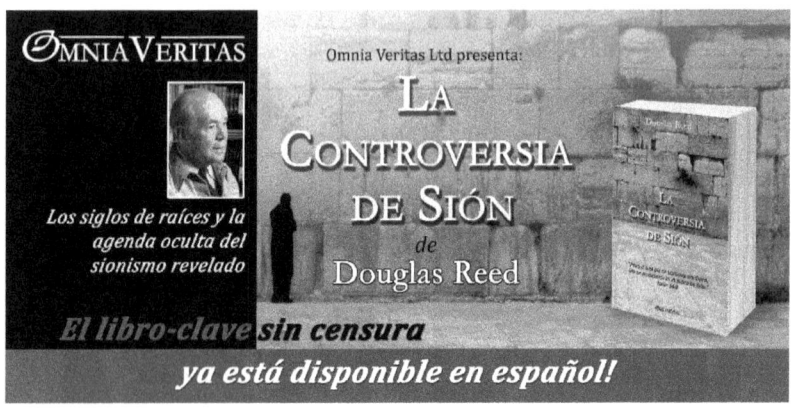

Omnia Veritas Ltd presenta:

RENÉ GUÉNON
Apreciaciones sobre el esoterismo cristiano

« Este cambio convirtió al cristianismo en una religión en el verdadero sentido de la palabra y una forma tradicional ... »

Las verdades esotéricas estaban fuera del alcance del mayor número...

Omnia Veritas Ltd presenta:

RENÉ GUÉNON
Autoridad espiritual y poder temporal

"La distinción de las castas constituye, en la especie humana, una verdadera clasificación natural a la cual debe corresponder la repartición de las funciones sociales."

La igualdad no existe en realidad en ninguna parte

Omnia Veritas Ltd presenta:

RENÉ GUÉNON
EL ERROR ESPIRITISTA

En nuestra época hay muchas otras "contraverdades" que es bueno combatir...

Entre todas las doctrinas "neoespiritualistas", el espiritismo es ciertamente la más extendida

EL GRAN CATACLISMO

« Dante indica de una manera muy explícita que hay en su obra un sentido oculto, propiamente doctrinal, del que el sentido exterior y aparente no es más que un velo »

... y que debe ser buscado por aquellos que son capaces de penetrarle

"Cuando consideramos lo que es la filosofía en los tiempos modernos, no podemos impedirnos pensar que su ausencia en una civilización no tiene nada de particularmente lamentable."

El Vêdânta no es ni una filosofía, ni una religión

OMNIA VERITAS LTD PRESENTA:

RENÉ GUÉNON

EL REINO DE LA CANTIDAD Y LOS SIGNOS DE LOS TIEMPOS

« Porque todo lo que existe de alguna manera, incluso el error, necesariamente tiene su razón de ser »

... y el desorden en sí mismo debe encontrar su lugar entre los elementos del orden universal

OMNIA VERITAS LTD PRESENTA:

RENÉ GUÉNON
EL REY DEL MUNDO

"Un principio, la Inteligencia cósmica que refleja la Luz espiritual pura y formula la Ley"

El Legislador primordial y universal

Omnia Veritas Ltd presenta:

RENÉ GUÉNON
EL SIMBOLISMO DE LA CRUZ

«La consideración de un ser en su aspecto individual es necesariamente insuficiente»

... puesto que quien dice metafísico dice universal

OMNIA VERITAS LTD PRESENTA:

RENÉ GUÉNON
EL TEOSOFISMO
HISTORIA DE UNA SEUDORELIGIÓN

"Nuestra meta, decía entonces Mme Blavatsky, no es restaurar el hinduismo, sino barrer al cristianismo de la faz de la tierra"

El término teosofía sirvió como una denominación común para una variedad de doctrinas

EL GRAN CATACLISMO

OMNIA VERITAS

OMNIA VERITAS LTD PRESENTA:

RENÉ GUÉNON

ESTUDIOS SOBRE
EL HINDUÍSMO

"Considerando la contemplación y la acción como complementarias, nos emplazamos en un punto de vista ya más profundo y más verdadero"

... la doble actividad, interior y exterior, de un solo y mismo ser

OMNIA VERITAS

Omnia Veritas Ltd presenta:

RENÉ GUÉNON

ESTUDIOS SOBRE
LA FRANCMASONERIA
Y EL COMPAÑERAZGO

«Entre los símbolos usados en la Edad Media, además de aquellos de los cuales los Masones modernos han conservado el recuerdo aun no comprendiendo ya apenas su significado, hay muchos otros de los que ellos no tienen la menor idea.»

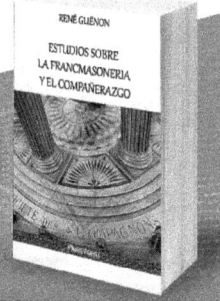

la distinción entre "Masonería operativa" y "Masonería especulativa"

OMNIA VERITAS

OMNIA VERITAS LTD PRESENTA:

RENÉ GUÉNON

FORMAS TRADICIONALES
Y CICLOS CÓSMICOS

« Los artículos reunidos en el presente libro representan el aspecto más "original" de la obra de René Guénon.»

Fragmentos de una historia desconocida

Omnia Veritas Ltd presenta:

RENÉ GUÉNON
INICIACIÓN
Y
REALIZACIÓN ESPIRITUAL

« Necedad e ignorancia pueden reunirse en suma bajo el nombre común de incomprensión »

La gente es como un "reservorio" desde el cual se puede disparar todo, lo mejor y lo peor

OMNIA VERITAS LTD PRESENTA:

RENÉ GUÉNON
INTRODUCCIÓN GENERAL AL ESTUDIO DE LAS DOCTRINAS HINDÚES

« Muchas dificultades se oponen, en Occidente, a un estudio serio y profundo de las doctrinas orientales »

... este último elemento que ninguna erudición jamás permitirá penetrar

Omnia Veritas Ltd presenta:

RENÉ GUÉNON

LA CRISIS DEL MUNDO MODERNO

«Parece por lo demás que nos acercamos al desenlace, y es lo que hace más posible hoy que nunca el carácter anormal de este estado de cosas que dura desde hace ya algunos siglos»

Una transformación más o menos profunda es inminente

EL GRAN CATACLISMO

OMNIA VERITAS

«En todo ternario tradicional, cualesquiera que sea, se quiere encontrar un equivalente más o menos exacto de la Trinidad cristiana»

Omnia Veritas Ltd presenta:

RENÉ GUÉNON

LA GRAN TRÍADA

se trata muy evidentemente de un conjunto de tres aspectos divinos

OMNIA VERITAS

«La metafísica pura, al estar por esencia fuera y más allá de todas las formas y de todas las contingencias»

Omnia Veritas Ltd presenta:

RENÉ GUÉNON

LA METAFÍSICA ORIENTAL Y SAN BERNARDO

no es ni oriental ni occidental, es universal

OMNIA VERITAS

«Vamos a hablar de un hombre extraordinario en el sentido más estricto de la palabra. Pues no es posible definirlo ni "clasificarlo".»

Omnia Veritas Ltd presenta:

PAUL CHACORNAC

LA VIDA SIMPLE DE RENÉ GUÉNON

Por su inteligencia y su saber, el fue, durante toda su vida, un hombre oscuro

OMNIA VERITAS

«Según la significación etimológica del término que le designa, el Infinito es lo que no tiene límites»

Omnia Veritas Ltd presenta:

RENÉ GUÉNON

LOS ESTADOS MÚLTIPLES DEL SER

La noción del Infinito metafísico en sus relaciones con la Posibilidad universal

OMNIA VERITAS

«... nos ha parecido útil emprender este estudio para precisar algunas nociones del simbolismo matemático»

OMNIA VERITAS LTD PRESENTA:

RENÉ GUÉNON

LOS PRINCIPIOS DEL CÁLCULO INFINITESIMAL

Esa ausencia de principios que caracteriza a las ciencias profanas

OMNIA VERITAS

"Hay cierto número de problemas que constantemente han preocupado a los hombres, pero quizás ninguno ha parecido generalmente tan difícil de resolver como el del origen del Mal"

OMNIA VERITAS LTD PRESENTA:

RENÉ GUÉNON

MISCELÁNEA

Este dilema es insoluble para aquellos que consideran la Creación como la obra directa de Dios

EL GRAN CATACLISMO

Omnia Veritas Ltd presenta:
RENÉ GUÉNON
ORIENTE Y OCCIDENTE

«La civilización occidental moderna aparece en la historia como una verdadera anomalía...»

Esta civilización es la única que se ha desarrollado en un aspecto puramente material

OMNIA VERITAS LTD PRESENTA:
RENÉ GUÉNON
ESCRITOS PARA REGNABIT

«Esa copa sustituye al Corazón de Cristo como receptáculo de su sangre. ¿Y no es más notable aún, en tales condiciones, que el vaso haya sido ya antiguamente un emblema del corazón? »

El Santo Grial es la copa que contiene la preciosa Sangre de Cristo

OMNIA VERITAS LTD PRESENTA:
RENÉ GUÉNON
SÍMBOLOS DE LA CIENCIA SAGRADA

« Este desarrollo material ha sido acompañado de una regresión intelectual, que ese desarrollo es harto incapaz de compensar »

¿Qué importa la verdad en un mundo cuyas aspiraciones son únicamente materiales y sentimentales?

www.omnia-veritas.com

www.ingramcontent.com/pod-product-compliance
Lightning Source LLC
Chambersburg PA
CBHW050126170426
43197CB00011B/1731